BIBLIOTHÈQUE

DE L'ÉCOLE

DES HAUTES ÉTUDES

PUBLIÉE SOUS LES AUSPICES

DU MINISTÈRE DE L'INSTRUCTION PUBLIQUE

SCIENCES PHILOLOGIQUES ET HISTORIQUES

CENT DIX-NEUVIÈME FASCICULE

ÉTUDES CRITIQUES SUR LES SOURCES DE L'HISTOIRE CAROLINGIENNE,
PAR M. GABRIEL MONOD, DIRECTEUR D'ÉTUDES A L'ÉCOLE DES HAUTES ÉTUDES,
MEMBRE DE L'INSTITUT.

PARIS

LIBRAIRIE ÉMILE BOUILLON, ÉDITEUR

RUE DE RICHELIEU, 67, AU PREMIER

1898

ÉTUDES CRITIQUES

SUR LES SOURCES

DE

L'HISTOIRE CAROLINGIENNE

ÉTUDES CRITIQUES

SUR LES SOURCES

DE

L'HISTOIRE CAROLINGIENNE

PAR

M. Gabriel MONOD

DIRECTEUR D'ÉTUDES A L'ÉCOLE DES HAUTES ÉTUDES,
MEMBRE DE L'INSTITUT.

————

PREMIÈRE PARTIE.

INTRODUCTION. — LES ANNALES CAROLINGIENNES.

PREMIER LIVRE : DES ORIGINES A 829.

PARIS

Librairie Émile BOUILLON, Éditeur

RUE DE RICHELIEU, 67, AU PREMIER

1898

INTRODUCTION.

CHAPITRE I

CARACTÈRES GÉNÉRAUX DE L'HISTORIOGRAPHIE CAROLINGIENNE.

La littérature historique de l'époque carolingienne se présente à celui qui étudie l'historiographie du moyen âge avec des caractères originaux et bien déterminés. Elle forme un ensemble organique qui a eu ses origines propres, son développement individuel, et elle se distingue nettement de l'historiographie mérovingienne qui la précède et de l'historiographie capétienne qui lui fait suite. Sans doute elle n'apparaît pas dans notre histoire littéraire comme un phénomène isolé; des liens visibles la rattachent à la littérature de l'âge précédent, comme à celle de l'âge suivant. Sur quelques points ses limites sont même malaisées à fixer; car certaines œuvres de l'époque mérovingienne ont été continuées dans le même esprit et sous la même forme à l'époque carolingienne; d'autre part, il faut remonter aux derniers Mérovingiens pour trouver l'origine de certains écrits que nous considérons comme essentiellement carolingiens. De plus, l'historiographie allemande de l'époque ottonienne est étroitement rattachée à l'historiographie franque du ixe siècle. Enfin, bien que les sources de l'histoire capétienne du xie siècle aient une physionomie très différente de celle des sources carolingiennes du xe, il est aisé de les rattacher les unes aux autres. Il n'en est pas moins vrai que l'historiographie carolingienne, comme l'histoire carolingienne elle-même, a sa physionomie propre et certains traits qui n'appartiennent qu'à elle.

L'historiographie carolingienne est en effet une image très fidèle de l'histoire des Carolingiens, en suit les transformations et les vicissitudes. L'histoire des Carolingiens, malgré les rapports étroits qu'elle soutient avec tout ce qui la précède, l'accompagne et la suit, forme une période administrative, politique et intellectuelle plus nettement caractérisée que la plupart des périodes historiques. Sans doute il faut, pour la comprendre, remonter jusqu'au VIIe siècle, aux origines de la famille des Peppins. Mais c'est qu'en réalité, à partir de la bataille de Tertry (685), la période mérovingienne proprement dite est close et la période carolingienne est ouverte. Au IXe siècle, l'histoire carolingienne embrasse à la fois la France, l'Italie et l'Allemagne, et on doit, au Xe siècle, aller chercher dans ces deux derniers pays le développement de certaines idées qui ont pris naissance au VIIIe et au IXe autour des Pippinides. Bien que la France possède seule désormais des représentants de la famille carolingienne, une partie de l'héritage de Charlemagne, l'idée impériale romaine et la conception d'une monarchie chrétienne universelle ont passé en héritage aux rois allemands. Enfin, la grandeur de la famille capétienne se fonde pendant le cours du IXe et du Xe siècle, sous les derniers Carolingiens, comme la puissance des Carolingiens avait grandi au VIIe et au VIIIe sous les derniers Mérovingiens. Aucune des institutions carolingiennes ne se comprend si l'on n'en étudie pas les antécédents à l'époque mérovingienne, et l'on commettrait de graves erreurs si l'on croyait que l'avènement des Capétiens marque une ère absolument nouvelle où la France serait régie par des institutions radicalement différentes de celles des Carolingiens. Néanmoins, l'avènement de Peppin le Bref fut une révolution qui fit définitivement passer du côté de l'Austrasie le centre de gravité de l'Empire franc, qui rendit plus intime l'alliance entre l'État et l'Église, qui permit de donner à l'administration franque une force et une régularité qu'elle n'avait pas eues jusque-là, et qui prépara la création de l'empire romain germanique. D'autre part, l'accession au trône d'un des plus puissants détenteurs de fiefs dans la personne de Hugues Capet donna une sorte de consécration à l'évolution sociale et politique commencée au VIIIe siècle et d'où devait sortir la féodalité. Les Capétiens eurent beau conserver toutes les prétentions des Carolingiens, avoir la même idée qu'eux de la royauté, de ses droits et de ses devoirs, ils n'en furent pas moins les chefs d'une aristocratie féodale, plus puissants en fait que les derniers Carolingiens, parce qu'ils avaient des domaines plus homogènes et des vassaux plus sûrs, mais revêtus aux yeux de leurs peuples d'un caractère moins majestueux et moins sacré. Autant il est important de ne pas méconnaître la continuité historique, la permanence des institutions et la puissance durable des idées à travers les révolutions politiques, autant il serait dangereux d'exagérer cette continuité, cette permanence et cette durée, et de méconnaître les transformations que subissent à travers l'histoire les institutions et les idées. Or, il est incontestable que l'avènement des Carolingiens et celui des Capétiens marquent la fin d'un ordre de choses ancien et le commencement d'un ordre de choses nouveau, qu'à l'époque carolingienne se manifeste une renaissance politique, sociale, intellectuelle, suivie d'une décadence, et dont les fruits serviront de germes pour la nouvelle renaissance du XIe et du XIIe siècle.

La littérature historique de l'époque carolingienne est dans un rapport étroit avec l'histoire de la dynastie carolingienne. Sortie de l'historiographie mérovingienne, elle a cependant ses caractères propres ; elle s'épanouit au moment de la renaissance du VIIIe et du IXe siècle ; elle se divise comme l'empire et se développe parallèlement sur les deux rives du Rhin ; elle subit le contre-coup de toutes les vicissitudes de la politique ; elle éprouve enfin une décadence au Xe siècle ; mais cette décadence est loin de la faire retomber dans l'état de barbarie où elle était au milieu du VIIIe siècle ; et elle lègue à la littérature de l'époque capétienne des modèles dont l'influence se fait longtemps sentir.

Le parallélisme que nous établissons ici entre l'histoire et l'historiographie carolingienne tient aux conditions mêmes dans lesquelles se développait la littérature historique aux premiers siècles du moyen âge. A toutes les époques sans doute les événements de l'histoire exercent une influence considérable sur la littérature historique. A toutes les époques il y a des historiens officiels qui racontent l'histoire telle que les hommes qui détiennent le pouvoir dans leurs mains désirent qu'elle soit connue ; il y a des historiens hommes de parti qui colorent les événements au gré de leurs passions ; il y a même des historiens hommes d'action qui écrivent des mémoires pour conserver le souvenir des événements auxquels ils ont pris part ou pour faire l'apologie de leur conduite et la critique de celle de leurs adversaires. Quelle que soit l'époque qu'on étudie, il est donc nécessaire avant tout de savoir quand, comment et par qui ont été composées les sources contemporaines que l'on consulte, dans quelle mesure leur autorité est accrue ou diminuée par les circonstances au milieu desquelles elles ont été écrites. Mais à mesure que la civilisation devient plus raffinée et plus compliquée, la littérature devient de plus en plus indépendante des événements au milieu desquels elle se développe ; la vie intellectuelle d'une nation a son mouvement propre, qui n'est pas toujours déterminé par la vie politique, qui est même quelquefois en contradiction avec elle ; la personnalité des auteurs joue un rôle de plus en plus grand ; enfin les œuvres historiques perdent pour la plupart le caractère d'écrits de circonstance, nés des événements contemporains, pour prendre celui d'œuvres scientifiques ou tout au moins d'œuvres désintéressées. Dans les temps modernes, l'histoire est écrite d'ordinaire par des savants, par des hommes de cabinet, par des gens de lettres, qui souvent n'ont pas été mêlés à la vie publique, qui parfois même n'ont pas vu de près les hommes politiques, et qui, tout en ayant évidemment leurs tendances, leurs opinions, leurs passions personnelles, font cependant effort pour juger sans parti pris et prétendent à l'impartialité. Les écrits qui traitent de l'histoire contemporaine, mémoires, journaux ou biographies, ne tiennent d'ailleurs qu'une place secondaire, une place inférieure dans la littérature historique des temps modernes. Les écrivains qu'on admire par-dessus tous les autres, ceux qu'on juge seuls vraiment dignes du nom d'historiens sont ceux qui se sont consacrés à l'histoire du passé et qui, par une étude et une critique attentive de tous les documents, ont su faire revivre, présenter sous leur vrai jour les événements accomplis autrefois, sans autre préoccupation que celle de la vérité, sans chercher l'occasion de prouver une thèse ou de défendre une doctrine. L'histoire de l'histoire est à l'époque moderne avant tout l'histoire d'une science, une branche de l'histoire littéraire ; dans les premiers siècles du moyen âge, l'histoire de l'histoire est avant tout une partie ou une face de l'histoire elle-même. Les écrits historiques de cette période sont presque sans exception des écrits de circonstances, composés soit sous l'influence de personnages ou d'événements politiques, soit dans un intérêt personnel, soit en vue d'un but d'édification. Il est impossible de les comprendre et de se servir des renseignements qu'ils fournissent si l'on ne se rend pas un compte exact des circonstances et du milieu où étaient placés leurs auteurs, et l'histoire des événements ne devient vivante que lorsqu'on est arrivé à retrouver par une étude attentive de ces écrits les sentiments et les idées qui ont dirigé les contemporains et les acteurs de ces événements. Il nous paraît nécessaire d'établir comme un fait constant et essentiel le rapport étroit qui existe à l'époque carolingienne entre les écrits et les événements historiques. Ce fait doit être le point de départ du critique qui veut étudier ces écrits, le fil conducteur qui l'empêchera de s'égarer, qui lui permettra de déterminer parfois la date, le lieu d'origine, ou même l'auteur d'ouvrages anonymes. Mettre ce fait en lumière sera le principal objet de notre étude.

Pendant la période du moyen âge dont nous nous occupons, non seulement l'instruction n'est le partage que d'un très petit nombre d'hommes qui appartiennent presque tous à l'Église, mais même parmi eux, ceux-là seuls s'intéressent à l'histoire du présent, ceux-là seuls prennent plaisir à la lire ou à l'écrire, qui se trouvent personnellement mêlés à la vie politique, ou qui sont les spectateurs immédiats de grands événements. Les communications sont trop lentes et trop difficiles pour que l'écho et l'émotion de ces événements se fassent sentir à distance. Quant à l'histoire du passé, il n'existe pas une classe de savants qui fasse de cette histoire l'objet de son étude, et s'efforce d'en élargir le cadre ou d'en préciser les détails. Ceux qui s'en occupent ont à leur disposition un si petit nombre de livres, le cercle de leurs connaissances est si restreint, leur intelligence est si peu capable de combiner des documents, de les critiquer, d'en tirer une œuvre nouvelle composée avec originalité et avec art, qu'ils se contentent de faire des copies ou des compilations d'extraits littéraux. Ces compilations, d'ailleurs, ne sont pendant longtemps que des manuels chronologiques d'histoire universelle inspirés par un intérêt beaucoup plus religieux qu'historique. Il s'agissait surtout de faire connaître les grands faits de l'histoire religieuse, de montrer dans l'Incarnation le centre de l'histoire universelle, enfin de noter le nombre des années écoulées depuis l'Incarnation et depuis la création, soit pour calculer la date de l'accomplissement des prophéties, soit pour ne pas se tromper sur la fixation de la fête de Pâques. Plus tard, il est vrai, une autre idée dominera les compilateurs d'histoire universelle, mais alors ce sera une idée politique : montrer dans l'Empire romain restauré par les Francs, continué par les Ottons, la suite naturelle de l'ancien empire et prouver qu'il n'y eut pas d'interruption dans la transmission du pouvoir impérial. C'est sous l'influence de Césars allemands que ces histoires universelles se multiplieront.

Il résulte de ce que nous venons de dire que la première question à se faire en présence d'une histoire ou d'annales des premiers siècles du moyen âge est de se demander dans quel centre religieux ou politique l'ouvrage a été écrit, sous l'influence de quels événements, de quelle famille, de quel prince. Nous croyons pouvoir dire qu'il n'arrivera jamais qu'un écrit un peu important ait été composé loin du bruit du monde, dans quelque ville ou quelque monastère éloigné du théâtre des grands événements de l'histoire, par un auteur exclusivement inspiré par des préoccupations de curiosité ou de science.

I.

Pour bien préciser notre pensée et faire ressortir les caractères généraux de l'historiographie carlovingienne, il ne sera pas inutile de remonter un peu plus haut dans notre histoire et d'indiquer auparavant en peu de mots quel a été le développement de l'historiographie mérovingienne.

Les écrits historiques de l'époque mérovingienne peuvent se répartir en trois groupes : 1° les *Chroniques*, qui se rattachent aux chroniques du v° siècle, continuations elles-mêmes de la chronique de saint Jérôme. Ce sont celles de Marius d'Avenche et de son continuateur, les annales perdues d'Arles et la chronique du faux Sulpice Sévère.

2° Les *Histoires*, en tête desquelles se trouve la grande Histoire des Francs de Grégoire de Tours. Après cette œuvre de premier ordre, écrite à la fin du vi° siècle, vient à plus d'un demi-siècle de distance la Compilation dite de Frédégaire, avec ses continuations du viii° siècle, et les *Gesta regum Francorum*[1], dont la composition date aussi du premier quart du viii° siècle.

3° Les *Vies de saints*. Un très grand nombre de vies de saints ont été écrites aux vi°, vii° et viii° siècles, et on peut les distinguer en trois groupes qui se rapportent à trois périodes successives de l'histoire religieuse de l'empire franc. Ces trois périodes ne sont pas nettement séparées et n'ont pas pour limites des dates précises ; il est néanmoins légitime de marquer le caractère propre qui appartient à chacune d'elles. J'appellerai la première, qui commence à l'apostolat de saint Martin et qui s'étend jusqu'à la

---

1. M. Krusch les appelle, dans l'édition qu'il en a donnée au t. II des *Scriptores rerum Merovingicarum* (*Monumenta Germaniae historica*, série in-4°), *Liber historiae Francorum*. Ce titre est, en effet, celui que portent les plus anciens manuscrits. Toutefois, nous regrettons qu'il n'ait pas conservé le titre traditionnel qui se trouve dans plusieurs manuscrits, en particulier dans celui de Pétersbourg, et qui répond encore mieux que celui qu'il a rétabli au contenu de l'ouvrage. Nous sommes d'avis de ne pas modifier sans nécessité absolue les appellations traditionnelles, pour ne pas accroître la peine de ceux qui s'occupent de la critique, toujours ardue, des textes du moyen âge.

fin du VI⁰ siècle, *période épiscopale et gallo-romaine*, la seconde, qui occupe le VII⁰ siècle, *période irlandaise*, la troisième, qui occupe le VIII⁰ siècle, *période anglo-saxonne*[1].

Pendant la première période, les évêques, appartenant pour la plupart aux grandes familles des cités gallo-romaines, tiennent la première place dans l'Église, dans les lettres et dans l'hagiographie. Il suffit pour s'en convaincre de lire les œuvres hagiographiques de Grégoire de Tours. Les saints qui appartiennent au clergé régulier sont pendant cette période presque tous des Gallo-Romains. Si je prends pour exemples les principales vies de saints qui peuvent être consultées pour l'époque de Clovis, je trouve dix vies d'évêques, quatre vies d'abbés gallo-romains et une vie de missionnaire irlandais.

Au VII⁰ siècle, nous trouvons sans doute encore des évêques gallo-romains qui, comme saint Éloi, jouent un grand rôle religieux et politique ; mais le clergé séculier, envahi peu à peu par les Germains, subit bien plus que le clergé régulier l'influence de la décadence et de la barbarie. Le VII⁰ siècle est l'âge d'or des ordres monastiques. C'est chez eux que se recrutent les missionnaires qui vont conquérir au delà du Rhin des terres nouvelles au christianisme, et les meilleurs des évêques sont pris dans les rangs du clergé régulier. A la tête des missions du VII⁰ siècle se placent les moines irlandais, ces représentants de l'Église celtique chez qui le culte des lettres anciennes s'allie avec un esprit d'indépendance et un zèle apostolique qui nous ramènent aux temps du christianisme primitif. Il suffit de rappeler les noms de saint Colomban et de ses disciples. Les missions irlandaises sur le continent ont commencé, je le sais, dès le VI⁰ siècle, et elles continuent encore au VIII⁰ ; je sais aussi qu'à côté des Irlandais nous trouvons, au VII⁰ siècle, des Franks, des Anglo-Saxons et quelques Gallo-Romains ; mais il n'en est pas moins vrai que le VII⁰ siècle est le siècle par excellence des missions irlandaises, et

---

1. M. Krusch, qui avait déjà publié, au t. II des *Scriptores rerum Merovingicarum*, plusieurs textes hagiographiques de l'époque mérovingienne, a commencé pour le recueil des *Monumenta Germaniae* la publication des Vies des saints mérovingiens. Le premier volume ne dépasse pas le VI⁰ siècle. On peut reprocher à M. Krusch d'avoir, malgré les services rendus par lui pour l'établissement des textes, apporté un scepticisme excessif dans les questions d'authenticité et de date de ces textes hagiographiques. Il tend à les rajeunir presque tous outre mesure et à leur dénier toute authenticité et toute autorité. M. l'abbé Duchesne a, dans une série d'articles du *Bulletin critique* (1897, n°⁸ 16 et suiv.), contesté avec raison une partie des conclusions critiques de M. Krusch.

que les Irlandais tiennent le premier rang dans les missions et l'hagiographie du VII⁰ siècle.

Au VIIⁱ siècle, l'éclat des missions irlandaises pâlit devant celui des missions anglo-saxonnes. Les Églises celtiques et leur esprit d'indépendance sont peu à peu étouffés en Angleterre par l'Église anglo-saxonne, qui représente les principes d'unité et d'autorité enseignés par Rome. Les moines irlandais se retirent peu à peu de la vie active pour se consacrer à la vie contemplative, à la mysticité et à l'étude. Les moines anglo-saxons, puissants à la fois par l'énergie qui naît de leur tempérament national, et par la discipline que Rome leur impose, deviennent, au VIIIᵘ siècle, les vrais chefs de la mission, en attendant d'être, avec saint Boniface, les réorganisateurs de l'État franc, et avec les disciples de Bède les promoteurs de la renaissance littéraire carolingienne. Cet apostolat anglo-saxon appartient en réalité à l'époque carolingienne, car, dès l'origine, une étroite alliance unit les moines anglais et la famille des Peppins, mais leur martyrologe remplit déjà toute la dernière partie de l'hagiographie mérovingienne.

Il faut mentionner à part un certain nombre de vies des saints qui ne rentrent pas dans les trois divisions que je viens d'indiquer; ce sont les vies de grands personnages dont l'imagination populaire a fait des saints, tels que sainte Bathilde, saint Léger, saint Dagobert III. Celle de sainte Bathilde a été écrite dans le monastère de Chelles qu'elle avait fondé[1]; celle de Dagobert III est une pure légende fabriquée probablement au IXᵉ siècle pour justifier le culte singulier rendu à Dagobert III à Stenay[2]. Les deux vies contemporaines de saint Léger sont des œuvres politiques autant que religieuses, écrites pour faire l'apologie du chef du parti bourguignon, de l'ennemi d'Ebroïn.

1. *Scriptores rerum Merovingicarum*, II, p. 178.
2. M. Krusch (*Ibid.*, p. 509) pense que le Dagobert honoré comme martyr à Stenay était Dagobert II, qui, d'après la *Vita Wilfridi*, aurait été mis à mort en 680, par la volonté des ducs et des évêques, lorsqu'il eut été défait par Thierry III. C'est l'ignorance du scribe chargé d'écrire la vie de saint Dagobert qui aurait fait un saint de Dagobert III, mort de maladie en 716, à l'âge de quinze ans. — Henschen, dans sa dissertation *De tribus Dagobertis* (Anvers, 1650), pense que ce scribe était un moine de Gorze du XIᵉ siècle et que cette vie aurait été écrite lorsque l'église de Saint-Dagobert à Stenay eut été donnée à Gorze par Godefroi le Barbu en 1069. — Tout ce qu'on peut affirmer, c'est que cette vie est une pure légende écrite au plus tôt au IXᵉ siècle, au plus tard au XIᵉ, plutôt au IXᵉ, lorsque Charles le Chauve fit reconstruire l'église de Saint-Dagobert (*Vita*, c. 14).

Si ces dernières vies se rattachent directement à de grands événements historiques et ont été écrites par des amis et des partisans de l'évêque d'Autun, toutes les autres vies de saints peuvent assez aisément se rattacher à l'un ou à l'autre des trois groupes que nous avons indiqués. Elles ont un caractère exclusivement religieux ; elles ont été écrites par des prêtres ou par des moines préoccupés ou d'édifier les fidèles ou de les attirer dans les sanctuaires qui conservaient des reliques du saint dont ils célèbrent les vertus. Celles qui sont anciennes et authentiques retracent avec plus ou moins d'exactitude les grandes phases de la vie de l'Église pendant les vie, viie et viiie siècles. Bien que l'influence des grands centres de la vie religieuse, des sanctuaires ou des monastères célèbres s'y fasse surtout sentir, ajoutons que l'influence des grands personnages politiques n'en est pas tout à fait absente. Tous les hagiographes qui nous racontent la vie des saints du temps de Clovis ont grand soin de faire jouer à leurs héros un rôle dans la vie du roi franc. Ces renseignements, où l'on voit trop percer le désir de grandir l'importance du saint dont on exalte les vertus, ne doivent être accueillis qu'avec une extrême défiance.

Si les œuvres hagiographiques reflètent exactement les diverses phases de l'histoire religieuse, les chroniques et les histoires des vie, viie et viiie siècles ne peuvent être comprises que si l'on marque leur rapport étroit avec les événements politiques et la société au milieu desquels elles sont nées. Au vie siècle, les Francs ont eu beau étendre leur domination sur presque toute la Gaule, les Gallo-Romains ont encore conservé le vif sentiment de leur supériorité, de leur individualité, de leurs traditions antiques. Ils subissent l'influence de la décadence que l'arrivée des Barbares a brusquement précipitée, comme ils subissent le joug des conquérants ; mais ils en souffrent, et le souvenir du passé est encore vivant en eux. Il y a déjà un mélange de races ; il n'y a pas encore fusion. Nous n'invoquerons pas à l'appui de ce fait les Annales d'Arles dont M. Holder-Egger[1] a retrouvé la trace dans

---

1. Holder-Egger, *Ueber die Weltchronik des sogenannten Sulpicius Severus und südgallische Annalen des fünften Jahrhunderts.* Gœttingen, 1875, in-8°. — Voy. aussi, du même, les *Untersuchungen über einige annalistische Quellen zur Geschichte des 5. und 6. Jahrhunderts*, part. I et II, dans le *Neues Archiv der Gesellschaft fur æltere deutsche Geschichtskunde*, t. I, 1876. En examinant de près le texte de Grégoire de Tours, on constate qu'il a dû avoir à sa disposition un grand nombre de notes annalistiques écrites sur divers points du territoire de la Gaule. M. Arndt, dans la préface de son édition de Grégoire (*Scrip-

Grégoire de Tours et dans une chronique de 733 intitulée, par erreur, *Chronique de Sulpice Sévère,* ni cette chronique elle-même, car il est difficile de tirer aucune conclusion de ces notes courtes et fragmentaires qui se rattachent d'ailleurs évidemment à la grande Chronique de saint Jérôme et aux Annales de Ravenne. Mais la chronique de Marius d'Avenche et les œuvres de Grégoire de Tours sont très significatives. Les deux écrivains sont des Gallo-Romains qui, tout en vivant au milieu des Germains, appartiennent encore au monde romain.

Marius, qui réside dans le royaume burgunde, d'abord à Avenche, puis à Lausanne, est un continuateur de la chronique universelle composée d'après Eusèbe par saint Jérôme, au IVe siècle, et continuée au Ve siècle par Prosper d'Aquitaine et par l'auteur du *Chronicon imperiale.* Il a les yeux constamment tournés vers l'Italie et vers l'empire d'Orient; il date les années d'abord par les ans des consuls, puis, quand les fastes consulaires lui manquent, par les années écoulées depuis le consulat de l'empereur Basile, par les années de consulat de Justin et par les indictions. Il n'indique pas les ans de règne des rois burgundes. Il semble qu'il se croie encore sujet impérial. Il est d'ailleurs un des grands personnages de la Burgundie; il a accompli l'acte important du transfert du siège épiscopal d'Avenche à Lausanne, et sa haute situation lui permet de connaître même des événements qui se sont passés loin de sa résidence.

Grégoire de Tours appartient par son père et par sa mère aux familles les plus illustres de la Gaule. Il compte parmi ses parents et ses ancêtres plusieurs évêques et un martyr. Il a été dans son enfance instruit dans les lettres latines, pas assez pour écrire dans une langue correcte, mais assez pour souffrir de son ignorance et de la rusticité de son langage; il a encore l'esprit assez ferme et assez pénétrant pour ne pas se réduire, en écrivant l'histoire du passé, au rôle de compilateur; il réunit des documents en grand nombre, il les combine, il en apprécie même la valeur et se fait une opinion personnelle sur certaines questions difficiles. Évêque comme Marius, il est plus éloigné que lui de Rome et de Constantinople[1]; il vit au milieu même des Francs, il assiste aux luttes que se livrent les rois de Neustrie et d'Austrasie, il est en

---

tores rerum Merovingicarum, t. I, p. 22-23), dit qu'il s'est servi d'Annales arlésiennes, angevines, burgondes, arvernes, poitevines et wisigothiques.

1. M. A. Carrière (*Annuaire de l'École des hautes études de* 1897) a montré que Grégoire a été pourtant beaucoup mieux renseigné sur les affaires d'Orient qu'on ne l'avait cru jusqu'ici.

rapports personnels avec la plupart des rois et des reines dont il est le contemporain; aussi les événements de l'histoire des Francs occupent-ils la première place dans ses pensées, et date-t-il les années d'après les ans de règne des rois à qui appartient sa ville épiscopale. Mais ce n'est ni sur leurs ordres ni pour leur plaire qu'il écrit l'*Historia Francorum;* c'est avec une intention religieuse, pour prouver que la violation des lois de Dieu, le mépris de ses prêtres, les crimes envers son Église ont toujours été punis, et que les maux qui accablent la Gaule sont le châtiment des vices des hommes. Il consacre d'ailleurs une partie importante de ses écrits à l'histoire religieuse. Les vies de saints, les récits de miracles et de martyrs forment les deux tiers de son œuvre totale, et même dans l'*Historia Francorum* de nombreux chapitres sont consacrés à la biographie des évêques de Clermont et de Tours et à des événements d'ordre purement ecclésiastique. Le premier livre tout entier est un résumé de l'histoire de l'Église depuis la création jusqu'à saint Martin, résumé fait d'après la Bible, l'histoire ecclésiastique d'Eusèbe et la chronique de saint Jérôme. Il s'intéresse, lui aussi, à ce qui se passe en Italie ou à Constantinople, aux victoires de Justinien et même aux destinées de l'Église de l'Afrique. Il est sujet des rois francs, mais il est encore un citoyen du monde romain.

Ce n'est point par l'effet d'un hasard que l'*Historia Francorum* a été écrite à Tours. Cette œuvre remarquable qui nous a conservé un tableau si vivant et si fidèle de la vie de la Gaule au vi[e] siècle ne pouvait être composée que là. Il n'y avait pas alors de centre politique; les Francs ne vivaient guère dans les villes, la Gaule avait été morcelée par eux en plusieurs États, ils étaient encore des étrangers campés au milieu de la population galloromaine. Mais Tours était une vraie capitale religieuse et sociale. C'était la ville de saint Martin, le grand apôtre des Gaules. Malgré les guerres civiles, les communications étaient encore, grâce aux belles voies romaines, plus fréquentes et plus aisées qu'elles ne le furent plus tard. On affluait de toutes les parties du pays au tombeau de saint Martin; tous ceux qui se rendaient du Nord en Aquitaine ou d'Aquitaine dans le Nord passaient par Tours, qui était aussi sur la grande route que suivaient les ambassades échangées entre les rois francs et les rois wisigoths[1]. Tours jouait

---

1. Ces ambassades venaient à Bordeaux de Saragosse soit par Pampelune, Roncevaux et Dax, soit par le Perthus et Toulouse, et prenaient pour aller dans le nord la grande voie romaine qui conduisait de Bordeaux à Tours par Poitiers.

un rôle considérable dans les querelles qui divisaient les rois barbares; mais elle était pourtant un peu à l'écart du théâtre ordinaire de leurs querelles; elle conservait des vestiges de son ancienne constitution municipale; enfin elle jouit d'une paix relative depuis le jour où elle appartint au roi Gontran. Si Tours était la seule ville où l'*Historia Francorum* pût être écrite, Grégoire était aussi le seul homme qui pût l'écrire, non seulement à cause de la supériorité de son intelligence, mais parce que sa naissance et son éducation en Arvernie, la résidence de sa mère au sud de la Burgundie, ses nombreux voyages, ses relations intimes avec plusieurs rois et plusieurs reines, en particulier avec Radegonde, Gontran et Childebert, lui permettaient d'embrasser de son regard, mieux que n'aurait pu le faire aucun de ses contemporains, tous les événements de son temps et l'étendue presque entière de l'empire franc.

Après Grégoire de Tours, qui cesse d'écrire en 593, nous ne trouvons plus en dehors des vies de saints aucune œuvre historique jusqu'à la fin du VIIe siècle, car l'appendice ajouté à la chronique de Marius mérite à peine d'être cité[1]. Un siècle après l'*Historia Francorum*, fut composée la compilation qui est appelée *Chronique de Frédégaire* sans que l'on sache exactement d'où a été tiré ce nom de Frédégaire, car rien dans les manuscrits ne nous dit le nom de l'auteur, le lieu où il vivait, la date à laquelle il écrivait. Le nom de l'auteur restera sans doute toujours un problème, mais divers indices nous permettent de croire qu'il était un moine, gallo-romain d'origine, vivant à Saint-Marcel de Chalon-sur-Saône, qui écrivit sa chronique vers 642, et qui ajouta plus tard, entre 658 et 664, quelques traits à son

---

1. D'après M. Mommsen, qui a publié, dans le t. II des *Chronica Minora* du recueil des *Monumenta Germaniae*, les chroniques de Marius et d'Isidore de Séville, cet appendice serait à tort considéré comme un appendice de Marius. Il était en réalité un appendice, ajouté en 624 par un auteur gallo-romain, aux *Chronica Majora* d'Isidore terminées en 615. Il apporte un témoignage indépendant et original sur Brunehaut et ses petits-fils, et il est le seul document historique contemporain que nous possédions sur la tragédie qui mit fin à la vie de la reine d'Austrasie. C'est à tort que M. Brosien a vu dans ce document une fabrication du VIIIe siècle. Ajouté dès la première moitié du VIIe siècle à la chronique d'Isidore, il fut utilisé au VIIIe siècle par l'auteur des *Gesta regum Francorum*. Je verrais dans l'emploi de cet appendice d'Isidore une raison de plus de croire que l'auteur des *Gesta* était bien un wisigoth, ainsi que je l'ai suggéré dans mon mémoire sur les *Origines de l'historiographie à Saint-Denis* (*Mém. de la Soc. d'hist. de Paris*, t. III). Voy. sur cet appendice Kaufmann dans les *Forschungen zur deutschen Geschichte;* H. Hertzberg, *Die Historien u. die Chroniken des Isidorus von Sevilla.* Gœttingen, 1875.

œuvre[1]. Si l'Histoire de Grégoire de Tours nous apparaît comme le produit presque nécessaire d'un certain milieu et d'une certaine époque, mais en même temps comme l'œuvre d'un homme également remarquable par le caractère et par l'intelligence, l'œuvre de Frédégaire, qui appartient à une époque plus basse, est bien moins personnelle, et son caractère est bien plus étroitement déterminé par les circonstances historiques au milieu desquelles elle est née. La domination franque s'est affermie en Gaule, et la dynastie mérovingienne est arrivée avec Clotaire II et Dagobert à l'apogée de sa puissance. Le mélange de la race conquérante et de la race conquise commence à se faire, et il est déjà impossible de déterminer d'après la forme de son nom si un personnage est gallo-romain ou germain. L'épiscopat est envahi par les Francs, et le clergé séculier est rapidement gagné par la barbarie environnante. Ce qui reste encore de culture intellectuelle se cache au fond des monastères, où beaucoup d'hommes d'origine gallo-romaine durent chercher un refuge contre les violences des Germains et la dureté des temps. Dans quelle partie de l'empire franc est-il le plus naturel de penser qu'une chronique pourrait être écrite? Ce ne sera pas dans l'Austrasie, qui est le moins civilisé, le plus germanique des royaumes barbares; ce ne sera pas non plus dans l'Aquitaine, qui a une existence à part, et qui, après avoir été deux fois ravagée au temps d'Alaric II et au temps de Gondovald, après avoir été traitée en pays conquis par les Francs, cherche à reprendre son indépendance grâce à la force militaire des Wascons, plus barbares que les Germains eux-mêmes. Sera-ce en Neustrie? La Neustrie est le siège du gouvernement de Clotaire et de celui de Dagobert pendant la fin de son règne; elle est donc un centre de vie politique et nous ne nous

---

1. M. Krusch a donné, au t. II des *Scriptores rerum Merovingicarum*, une excellente édition de cette chronique. Pour lui, la compilation dite de Frédégaire n'est pas l'œuvre d'un auteur unique. Elle a été composée en trois fois. En 613, un premier compilateur a réuni le *Liber generationis*, Jérôme, Idace et un certain nombre d'anecdotes sur Theodoric, Chrocus et Justinien (*liber cujusdam sapientis*); un second compilateur a, en 642, abrégé les six premiers livres de Grégoire de Tours et y a ajouté comme continuation une chronique originale de 584 à 641; enfin, un interpolateur a ajouté plus tard les chapitres 81-82, 85-88 et probablement aussi 48. Les deux premiers auteurs vivaient, d'après M. Krusch, à Avenche et le troisième à Metz. Nous reviendrons sur ces diverses questions dans une étude spéciale sur Frédégaire. Nous avons eu occasion d'exprimer notre opinion sur la composition de la compilation dite de Frédégaire dans le *Jahrbuch für Schweizerische Geschichte*, t. III, et dans la *Revue critique* de 1873, t. II, p. 253.

étonnerions pas d'y trouver un chroniqueur écrivant sous l'influence directe de la cour neustrienne. Mais la Neustrie a subi presque autant que l'Austrasie les effets de l'invasion franque; elle a de plus été pendant les cinquante dernières années du VIᵉ siècle constamment ravagée par la guerre; jusqu'à la victoire de Clotaire sur Brunehaut, elle n'a joué qu'un rôle politique très effacé. Même après la réunion des trois royaumes dans les mains de Clotaire II, la Burgundie exerce une influence prédominante sur les destinées de la Neustrie. La Burgundie était mieux encore que la Neustrie préparée à donner naissance à un historien. Pendant les neuf dernières années du règne de Gontran, elle eut la direction de toutes les affaires franques. Brunehaut, qui gouverna l'Austrasie et la Burgundie sous le nom de ses deux petits-fils, résidait d'ordinaire en Burgundie, et ses favoris, Protadius, Claudius, étaient des gallo-romains de cette province. C'est la Burgundie qui joua le rôle capital dans la révolution qui renversa la vieille reine. Sous Clotaire II, les Burgundes et leur maire Warnachaire jouissent d'un très grand crédit et sont les meilleurs appuis du roi. A sa mort, ils aident Dagobert à prendre possession de l'héritage paternel, et il commença, au début de son règne, par séjourner en Burgundie. Quand il se fixa en Neustrie, il se laissa aller à l'enivrement et aux désordres de la toute-puissance. La Burgundie fut donc dans l'empire franc, du milieu du VIᵉ siècle au milieu du VIIᵉ, un élément de force et de puissance. C'était un pays prospère, habité par un peuple énergique, de mœurs plus réglées et d'habitudes plus disciplinées que le reste de la Gaule. Elle avait conservé plus de souvenirs de l'époque romaine que la Neustrie, et elle fournissait des armées solides qui allaient combattre les Wisigoths, les Wascons et les Bretons. Enfin, la noblesse burgunde nous apparaît comme un corps politique fortement constitué sous la conduite de ses maires du palais. C'est sur les Burgundes que s'appuiera surtout saint Léger.

C'est dans ce pays, plus discipliné et plus civilisé que le reste de la Gaule, où subsistent encore quelques vestiges de la culture gallo-romaine, et qui exerce une action puissante sur la politique franque, que fut écrite la chronique de Frédégaire. L'auteur vivait probablement à Chalon-sur-Saône, la résidence habituelle de Gontran et de Thierry II, dans le monastère de Saint-Marcel, comblé des faveurs des rois de Burgundie. C'était un Gallo-Romain, car il distingue avec soin la nationalité de chacun des personnages dont il parle et il qualifie la manière dont les Francs font la guerre de *ritus barbarus*. Il rattache son œuvre, lui aussi, aux chroniques romaines, reproduisant en tête de sa compilation un ouvrage de chronologie, le *Liber generationis*, attribué à saint Hippolyte et primitivement écrit en grec[1], un abrégé de la chronologie hiéronymienne, une liste des papes, un *Liber chronocorum*, traduit du grec, puis la chronique de saint Jérôme et celle d'Idace. Il transcrit aussi la chronique d'Isidore de Séville[2], ce qui prouverait les rapports qui existaient entre la Burgundie et les pays wisigoths; enfin il s'intéresse comme Marius aux événements d'Italie et d'Orient, bien que les renseignements qui lui parviennent soient rares et incomplets. Il souffre comme Grégoire de Tours de la faiblesse de son esprit et de la barbarie de son langage, et ses plaintes sont encore plus justifiées, car il n'a plus aucune notion de la syntaxe latine et il joint à l'incorrection de la langue une extrême pauvreté d'intelligence. Il y a chez Grégoire de Tours un réel talent de narrateur, de la vivacité et de la force dans le style, parfois même de la grâce et une sensibilité charmante. Rien de pareil chez le chroniqueur burgunde. Il copie sans intelligence et sans ordre les documents qu'il fait entrer dans sa compilation; l'abrégé des six premiers livres de Grégoire de Tours qu'il y ajoute est rempli d'inexactitudes; enfin, dans la chronique originale qui fait le prix de son œuvre, après avoir transcrit des annales burgundes dont le texte primitif est perdu, il raconte platement et sèchement ce qu'il a vu ou appris sur les événements de 605 à 641. Quand il trouve un document écrit, comme la Vie de saint Colomban par Jonas, il profite de cette heureuse rencontre et en transcrit simplement deux longs chapitres. Quoique Gallo-Romain d'origine et même à quelques égards d'éducation, il est Burgunde par ses sentiments. C'est aux Burgundes qu'il s'intéresse; c'est exclusivement par les ans du règne des rois burgundes qu'il date les années; il fait valoir le rôle joué par la Burgundie et sa supériorité morale sur le reste de la Gaule, car il montre Dagobert perverti par son séjour en Neustrie, tandis qu'en Burgundie il faisait régner la justice et la paix.

1. M. Krusch accepte l'attribution à saint Hippolyte. M. C. Frick, dans son édition des *Chronica Minora*, vol. I (Leipzig, Teubner, 1892), a démontré péremptoirement, ce me semble, que, si l'auteur du *Liber generationis* a fait usage des chroniques de saint Hippolyte, il ne saurait être confondu avec ce dernier.

2. M. Krusch pense que la chronique d'Isidore a été introduite à tort par le scribe du manuscrit de Paris, lat. 10910, dans la compilation dite de Frédégaire, et qu'elle n'en faisait nullement partie à l'origine.

A la fin du vıı^e siècle, non seulement la Burgundie cesse d'exercer de l'influence sur le nord de la Gaule, mais toute la vallée
du Rhône a une existence à peu près indépendante qui obligera
plus tard Charles Martel à en faire la conquête comme s'il s'était
agi d'un pays ennemi. Le nord-ouest de la Burgundie est entraîné
à la remorque de la Neustrie, le nord-est à la remorque de l'Austrasie, et les histoires de ces régions se confondent.

La fin du vıı^e siècle et le commencement du vııı^e sont remplis par
la lutte de la Neustrie et de l'Austrasie. Il y a deux familles en
présence, celle des Mérovingiens, qui continuent à régner de nom
et qui parfois exercent même une autorité de fait grâce aux maires
du palais neustriens, et celle des Peppins, dont la puissance
grandit tous les jours, grâce aux Austrasiens, dont ils sont les ducs
presque indépendants, et grâce à l'Église qu'ils comblent de
bienfaits. Il semble que la royauté neustrienne soit consciemment
ou inconsciemment la représentante d'idées monarchiques héri-
tées de Rome, et que l'Austrasie représente au contraire la tradition germanique. Quoi qu'il en soit, l'antagonisme des deux parties de l'empire franc ne peut faire l'objet d'un doute. Chacune
d'elles a, au vııı^e siècle, sa chronique : la Neustrie les *Gesta
regum Francorum*, l'Austrasie la continuation de la Chronique
de Frédégaire. L'historiographie est encore ici le miroir fidèle de
l'histoire.

Les *Gesta regum Francorum* ont été écrits sous le règne de
Thierry IV, entre 722 et 727, par un moine, probablement wisigoth d'origine, qui vivait à Saint-Denis, peut-être après avoir
séjourné à Saint-Germain-des-Prés[1]. Bien que les rois mérovingiens résidassent d'ordinaire dans leurs villas situées au nord de
Paris, dans les bassins de la Seine, de l'Oise et de l'Aisne, la
ville de Paris était leur capitale, le centre politique de leur puissance. Les monastères de Saint-Germain et de Saint-Denis étaient
les objets spéciaux de leurs libéralités et ils tenaient à y être
enterrés. Au vı^e siècle, c'est Saint-Germain-des-Prés qui est le
monastère royal par excellence, au vıı^e et au vııı^e siècle ce rôle
appartient à Saint-Denis. Aussi ne nous étonnons-nous pas d'y
trouver un historien des rois de Neustrie. Il est probable que si

---

1. Voy. notre étude : *les Origines de l'historiographie à Paris*, dans les
Mémoires de la Société de l'histoire de Paris et de l'Ile-de-France, t. IV,
p. 215-240. M. Krusch veut que l'auteur du *Liber historiae* soit du diocèse de
Rouen, à cause de la place faite à saint Ouen. Il nie aussi qu'il puisse être
wisigoth. Il le croit de race franque.

Paris avait conservé son importance politique, Saint-Denis aurait continué à produire des chroniqueurs, et l'on y aurait vu naître, dès le VIIIe ou le IXe siècle, ces Grandes Chroniques, qui ne devaient y être commencées qu'au XIIe, quand Paris est redevenu la ville royale par excellence. Mais, avec les Carolingiens, le centre de la vie politique est transporté dans les pays rhénans, et, par suite, c'est là que nous devons chercher les principaux auteurs des chroniques ; mais nous possédons dans les *Gesta* des Grandes Chroniques du VIIIe siècle. Il est assez curieux que l'auteur ne soit ni un Franc ni un Gallo-Romain, mais vraisemblablement un Wisigoth fuyant devant l'invasion arabe, par conséquent un homme venu d'un pays où la civilisation romaine avait été moins radicalement détruite que dans les pays au nord de la Loire[1]. — Les souvenirs de l'antiquité sont d'ailleurs bien plus effacés chez lui que chez Frédégaire. Il ne songe même plus à s'affliger de son ignorance et de son mauvais langage, il n'en a pas conscience. Sa chronique est purement franque, ne s'occupe que de l'histoire des rois francs, et il mêle à l'abrégé qu'il fait des six premiers livres de Grégoire de Tours une quantité d'anecdotes qui presque toutes ont une origine parisienne. Pour la fin de son récit, de 628 à 720, il a eu sous les yeux des sources écrites perdues, et il est permis de supposer que c'étaient des notes écrites à Saint-Denis. Le caractère essentiellement neustrien de son récit apparaît à chaque ligne, surtout si on le compare avec celui du continuateur de Frédégaire. Il n'a pas un mot de blâme pour Ébroïn ; il représente les rois de Neustrie comme prenant une part active au gouvernement et il donne toute la série des maires du palais de Neustrie, tandis qu'il évite d'associer aucun titre au nom de Peppin et diminue autant que possible l'importance des maires du palais d'Austrasie. N'est-il pas frappant d'ailleurs que cette histoire ait été écrite au lendemain de la guerre soutenue contre Charles Martel par Chilpéric II, le seul des Mérovingiens qui, depuis Dagobert, ait été majeur à son avènement ? L'auteur des *Gesta* peut très bien être venu du Midi à la suite d'Eudes, l'adversaire de Charles Martel.

La continuation de Frédégaire forme, dans sa première partie, le plus complet contraste avec les *Gesta*. La chronique de Frédégaire a été continuée par trois auteurs différents jusqu'à l'an-

---

1. Cette hypothèse, suggérée par M. Julien Havet, peut, je le reconnais, être considérée comme un peu subtile, quoique vraisemblable.

née 768[1]. De ces trois continuateurs, tous trois Austrasiens, le premier écrit probablement à Liège, en 735, le second écrit sous le règne de Peppin (751-755), il était attaché à la personne du comte Childebrand, le frère de Charles Martel, et vivait peut-être auprès de lui dans le domaine de Persy, au diocèse d'Autun ; le troisième, qui écrivit à l'instigation de Nibelung, fils de Childebrand, l'histoire des années 752 à 768, vécut sans doute à la cour. Il écrit un récit presque officiel par ses allures et par son contenu et empreint d'une partialité évidente pour la famille carolingienne.

Le premier continuateur (chap. i-xvii de l'édition Krusch) est pour l'Austrasie ce que l'auteur des *Gesta* est pour la Neustrie. Il connaît les *Gesta*, il s'en sert, mais, tandis qu'il supprime systématiquement une série de faits relatifs à la Neustrie, il en ajoute que les *Gesta* ignorent et qui tous se rapportent à l'Austrasie ; enfin, non seulement il fait l'éloge de Grimoald, de Peppin et de Charles, et ajoute toujours le titre de *dux* au nom de ces derniers[2], mais il représente les maires du palais d'Austrasie comme très puissants, et passe souvent entièrement sous silence le rôle des rois et des maires du palais de Neustrie. Il est donc l'historien de la grandeur naissante des Pippinides, et nous sommes autorisés, je crois, à chercher sa résidence à Liège ou près de Liège, dans cette vallée de la Meuse où se trouvaient Héristall, Jopila, Nivelles.

Le comte Childebrand, frère de Charles Martel et oncle de Peppin le Bref, qui prit une part importante aux campagnes de Charles Martel dans le Midi et fit reconnaître l'autorité de Peppin dans ses états de Bourgogne, Neustrie et Provence, fit rédiger les chapitres xviii à xxxiii-xxxiv de la continuation de Frédégaire. Bien que cette partie de la continuation semble former un tout assez homogène, cependant il est aisé de reconnaître qu'elle est formée de deux documents bien distincts : un récit poétique et

1. M. Krusch, p. 8, cite l'opinion que j'ai émise en 1873, dans la *Revue critique*, I, 153, où je me ralliais à l'opinion de M. Hahn, qui attribuait l'œuvre des continuateurs à un seul auteur compilant diverses sources de provenances diverses. Il néglige de dire que dans l'article du *Jahrbuch für schweizerische Geschichte*, qu'il avait cité et discuté six pages plus haut, et dans ma dissertation sur les *Gesta*, qu'il discute aussi, j'ai donné pour les continuateurs de Frédégaire la division même qu'il a adoptée, en trois continuations : 1-17 (je suis ici la numérotation des chapitres qu'il a établie), 18-33, 34-54. Les pages qui suivent ont d'ailleurs été écrites avant l'apparition des volumes des *Scriptores rerum Germanicarum*, où M. Krusch a donné ses conclusions.

2. Il appelle même Charles *princeps*.

emphatique des événements de 736 à 740 (ch. xviii-xxii), où la campagne de 737 dans le Midi est en particulier racontée sur le ton de l'épopée, et des annales de 741 à 751, écrites dans un style simple et précis [1]. Il est vraisemblable que Childebrand fit rédiger cette chronique, alors qu'il séjournait dans son domaine de Persy au diocèse d'Autun, par des clercs de sa chapelle. A l'époque carolingienne, nous voyons que ce sont fréquemment les chapelains qui ont été chargés d'écrire l'histoire des princes. On ne s'étonne pas que cette partie de la continuation soit également bien renseignée sur les événements du Midi et sur ceux de la Saxe, et écrite à un point de vue strictement carolingien. Elle supprime toute mention de Grifon au moment du partage du royaume de Charles Martel entre ses fils, de même qu'elle ne parle pas de la révolte de Grifon. Les noms des fleuves allemands sont donnés sous leur forme germanique et les habitants du sud de la Loire sont désignés par le nom de *Romani*, appellation qui doit venir plus naturellement sous la plume d'un auteur franc.

La troisième continuation (ch. xxxv-liv) appartient déjà à l'époque triomphante de la royauté carolingienne. Le récit a une ampleur, une gravité, une juste proportion qui mettent cette partie de l'œuvre bien au-dessus des deux premières continuations. La première laisse de graves lacunes dans la suite des événements ; les derniers chapitres sont dans le plus complet désordre et la chronologie en est très inexacte. La seconde continuation est mieux ordonnée, mais elle est composée, comme nous venons de le voir, de morceaux fort disparates et aucune proportion n'est observée dans le développement donné aux diverses parties du récit. Au contraire, le continuateur qui, probablement en 769, a rédigé le récit des événements de 752 à 768 ne laisse rien à désirer ni au point de vue de l'exactitude des faits, ni au point de vue chronologique, ni au point de vue de l'unité de com-

---

1. M. Brosien, dans son opuscule *De continuato Fredegarii chronico*, a considéré les chapitres 18 à 24 comme appartenant à un continuateur et les chapitres 25 à 33 à un autre. Cependant, quand on voit que le comte Childebrand est l'inspirateur de la continuation qui s'arrête au chapitre 33, il est bien difficile de ne pas lui attribuer aussi les chapitres 18 à 24, qui sont précisément les seuls où Childebrand joue un rôle, mais il est évident que les chapitres 18 à 22 sont d'un autre style que les suivants. Rien n'empêche d'admettre que deux clercs différents ont successivement écrit, à la demande de Childebrand. On pourrait même croire que les chapitres 1 à 17 ont aussi été compilés par l'ordre de Childebrand ; mais cette hypothèse souffrirait d'assez graves difficultés que nous ne pouvons exposer ici.

position. Il ne s'occupe que des actes de Peppin et on pourrait intituler son œuvre : *Gesta Pippini regis*[1].

Comme on le voit, par une transition graduelle, une œuvre appartenant à l'historiographie mérovingienne se transforme en une chronique officielle carolingienne et suit ainsi les destinées des ducs des Francs austrasiens. Les *Gesta*, au contraire, la chronique neustrienne par excellence, s'arrêtent avec Chilpéric II, le dernier des Mérovingiens qui ait exercé vraiment le pouvoir. Sans vouloir tirer de ce fait aucune conséquence, il est permis de remarquer que, par une curieuse coïncidence, tandis que les *Gesta* sont une œuvre isolée, sans lien avec le passé, et brusquement interrompue, la chronique tout austrasienne et carolingienne des continuateurs de Frédégaire se rattache à une chronique gallo-romaine et à la chronique de saint Jérôme, symbole de la dynastie carolingienne, bien plus germanique que la dynastie mérovingienne par son caractère, ses mœurs et sa langue, et qui, cependant, se rattachera bien plus qu'elle à la tradition romaine.

II.

Si l'œuvre des continuateurs de Frédégaire est tout à fait carolingienne par son esprit, elle est mérovingienne par sa forme, en ce sens qu'elle se rattache à cette série de chroniques qui sont venues se greffer sur la chronique d'Eusèbe, traduite et remaniée par saint Jérôme. Avec l'époque carolingienne l'historiographie change de caractère et nous voyons apparaître des œuvres historiques d'une forme toute nouvelle.

L'hagiographie est le seul genre de littérature historique qui reste à l'époque carolingienne à peu près ce qu'il était à l'époque mérovingienne. Cependant, il faut remarquer que les vies de saints[2] deviennent de moins en moins nombreuses à mesure que l'on s'éloigne de l'âge héroïque des missions et que le christianisme s'étend, non plus par le martyre des missionnaires, mais par les victoires des rois francs. Par contre, les saints de cet âge

1. Cette chronique du règne de Peppin a dû exister à l'origine dans des manuscrits séparés. L'auteur de la chronique de Moissac, ou la source dont cet auteur s'est servi, a connu le troisième continuateur de Frédégaire et n'a pas utilisé directement les deux premiers.

2. J'entends les vies de saints contemporaines et originales, car jamais on ne s'est livré à un aussi grand travail de fabrication et de remaniement de vies de saints qu'au IXe siècle.

nouveau sont souvent de grands personnages mêlés aux événements politiques, et les ouvrages qui racontent leur vie sont des biographies étendues qui offrent un grand intérêt historique. C'est le cas pour les vies de saint Boniface, pour celles de saint Willibrord par Alcuin, d'Eigil par Sturm, de saint Guillaume d'Aquitaine, de saint Brunon, de la bienheureuse impératrice Mathilde, de saint Adalbéron II, évêque de Metz, etc.

A côté de ces écrits pieux où l'édification reste, malgré tout, la préoccupation principale du biographe, nous voyons paraître des biographies profanes semblables à celles que l'antiquité nous a léguées. De même que le christianisme avait remplacé les biographies des empereurs ou des philosophes par les vies des saints et des pères du désert, l'Empire d'Occident restauré a suscité un imitateur de Suétone, Einhard, et Einhard, à son tour, a eu des imitateurs, Thégan et le biographe anonyme de Louis le Pieux. Ce qui a provoqué la composition de ces biographies, ce n'est pas seulement la résurrection de l'Empire romain, c'est aussi la valeur personnelle des deux empereurs, l'importance du rôle joué par leur volonté et leur caractère dans l'histoire de leur temps. L'histoire d'aucun des rois mérovingiens ne tranche fortement, ne fait saillie sur celle de la dynastie. Il en est de même des Carolingiens qui succèdent à Louis le Pieux. Ils n'auront pas et ne mériteront pas d'avoir des biographes, tandis qu'Otton le Grand aura un panégyriste en Hrotsuita et un historien en Widukind. Deux grands personnages de la cour de Charlemagne et de Louis, Adalhard et Wala, trouveront aussi un panégyriste dans le moine Paschase Ratbert.

Un autre genre d'écrits historiques, qui apparaît pour la première fois à l'époque carolingienne, c'est celui dont Paul Diacre a donné le modèle en écrivant les Gestes des évêques de Metz. Le gouvernement de Peppin et de ses successeurs a été pour l'Église catholique une période de renaissance et de puissance. La hiérarchie ecclésiastique a été reconstituée, les évêques ont été dans l'État des délégués de l'autorité royale en attendant d'être dans la société féodale des seigneurs puissants et indépendants. Les monastères, enrichis, réformés, jouissent d'immunités et de privilèges, et sont, de plus en plus, émancipés de la juridiction épiscopale, si bien qu'ils prennent eux aussi leur place dans les cadres de la féodalité. — Les églises épiscopales comme les couvents ont leurs archives qui contiennent leurs titres de propriété et les documents de leur histoire; bien avant les comtés et les duchés carolingiens, ils forment comme de petits États qui ont la cons-

cience de leur vie propre et des traditions fidèlement transmises
d'évêque en évêque et d'abbé en abbé. Le moment devait venir
où, avec les progrès de l'instruction et des lumières, on songerait
à coordonner ces documents et ces souvenirs en racontant l'histoire d'un diocèse ou d'un monastère. Paul Diacre fut le premier
à le faire pour les évêques de Metz; il eut de nombreux imitateurs et nous possédons les *Gesta abbatum Fontanellensium*,
les *Gesta abbatum Lobiensium* de Folquin, les *Acta abbatum Fuldensium*, les *Gesta episcoporum Cenomannen-
sium*, l'*Historia episcoporum Antissiodorensium*, l'*Historia ecclesiae Remensis* de Flodoard, sans parler des ouvrages
du même genre compilés à une époque postérieure, mais composés d'après des documents anciens. Nous pouvons rapprocher de
ces écrits certains recueils de miracles comme les *Miracula
S. Benedicti* ou les *Miracula S. Germani Antissiodorensis*
qui, sous prétexte de raconter les miracles arrivés au tombeau
d'un saint, donnent une véritable histoire du monastère.

Un troisième genre d'écrits historiques appartient aussi en
propre à l'époque carolingienne et forme, on peut le dire, le
fond de l'historiographie de la seconde race; c'est *les Annales*.
Les Annales ont pris naissance, il est vrai, à l'époque mérovingienne au commencement du VIIIe siècle, mais elles ont été, au
VIIIe, rédigées exclusivement en Austrasie, dans les monastères
des bassins du Rhin et de la Meuse, et l'influence de la famille des
Peppins se fait sentir dès leur naissance. — D'abord composées de
notes extrêmement brèves et sèches, qui n'ont d'autre mérite que de
fixer la date précise de quelques faits, elles deviennent peu à peu
de véritables histoires, mais des histoires écrites sinon au jour
le jour, du moins année par année, et qui ont le mérite de nous
fournir des témoignages immédiats et contemporains sur les événements. Ces Annales sont écrites en général par des témoins
oculaires qui ne rapportent que ce qu'ils ont vu ou ce qu'ils ont
appris de première main. Ce sont, au début du moins, des œuvres
sinon impersonnelles, du moins anonymes, et où les sentiments
du rédacteur ne se manifestent que par le choix de ce qu'il dit et
de ce qu'il tait. Elles sont la source essentielle de toute étude sur
l'époque carolingienne, aussi importe-t-il au plus haut degré de
savoir les liens qui les unissent, la date de leur composition, les
auteurs qui ont pu concourir à leur rédaction, les éléments dont
elles sont formées. Précisément à cause de leur caractère d'im-
personnalité relative, elles reflètent d'autant plus fidèlement les
diverses vicissitudes de l'histoire carolingienne.

Nous étudierons de quelle manière les divers critiques les ont classées et ont établi leur filiation. Ce qu'il importe de retenir ici, c'est que toutes ces Annales ont pris naissance dans la partie orientale de l'Empire franc, dans les pays soumis à l'influence et à l'autorité de la famille des Peppins. Les plus anciennes viennent de Saint-Amand, sur la Scarpe, à 13 kil. de Valenciennes, par conséquent tout près du berceau même de la puissance des Carolingiens. Elles portent, à leur première ligne, l'indication de la bataille de Tertry. D'autres Annales ont été écrites dans les bassins de la Moselle et du Rhin où les Carolingiens avaient des possessions nombreuses et où, depuis Peppin le Bref, ils résident souvent. C'est dans le monastère de Gorze, près de Metz, dans celui de Lorsch, près de Worms, que furent principalement composées ces Annales. Enfin d'autres notes annalistiques proviennent des monastères d'Alémannie, d'abord du monastère de Murbach en Alsace, puis de ceux de Saint-Gall et de Reichenau dans le bassin du Rhin supérieur.

Il faut remarquer que l'influence des missions irlandaises et des missions anglo-saxonnes que nous avons signalée dans l'hagiographie se manifeste aussi dans la rédaction des Annales. On trouve des fragments d'annales irlandaises dans les *Annales Mosellani* et on possède d'autres fragments d'annales anglosaxonnes apportées sur le continent par Alcuin. Les Annales de Saint-Amand ont été écrites à la suite d'un *De ratione temporum* de Bède. C'est donc certainement à l'imitation des moines d'Angleterre et d'Irlande, qui exercèrent une si grande influence sur la renaissance du viiie siècle, qu'on se mit à noter dans les monastères du bassin du Rhin les principaux événements religieux ou politiques. On les inscrivait sur des tables de Pâques, c'est-à-dire sur des feuilles de parchemin où étaient établies, parfois pour un siècle à l'avance, les dates de la fête de Pâques. Il n'est pas étonnant que les tables de Pâques aient été empruntées aux moines d'Angleterre, très versés dans les études de chronologie. On voit quelle est la différence entre les Annales et les Chroniques du ive, du ve et du vie siècle écrites à la suite de la Chronique de saint Jérôme, avec l'intention avouée de rattacher l'histoire du temps présent à la chronologie de l'histoire universelle établie par Eusèbe. Les Annales, au contraire, sont, à l'origine du moins, sans lien avec le passé; elles n'ont pas non plus, à l'origine, de prétentions historiques ou chronologiques. Elles sont un simple memento d'événements particulièrement frappants à l'usage des moines d'un couvent. Elles ont un avantage, c'est d'être, sous leur forme première, absolument contemporaines, tandis que les Chroniques, celles de Prosper ou de Marius, par exemple, ont été composées à une certaine date, pour une période de plusieurs années..

Mais les Annales ne devaient pas tarder à changer de forme et de nature. Dans les relations fréquentes qui unissaient entre eux les divers monastères, on transportait d'un couvent à l'autre les notes qu'on avait écrites dans chacun d'eux, on les recopiait, on les mêlait et on les grossissait peu à peu. L'idée devait venir bien vite à ceux qui se trouvaient à même d'être bien informés de se servir de ces Annales pour écrire une histoire annalistique développée des événements contemporains. C'est précisément ce qui arriva au moment où les Carolingiens devinrent les maîtres de l'Empire franc. Le développement des Annales coïncide avec l'accroissement de leur puissance.

Les principales parmi ces Annales, devenues ainsi des histoires suivies, sont les Annales dites Pétaviennes, les *Annales Laureshamenses* et les *Annales Laurissenses majores et minores*. Elles ont toutes, à un degré plus ou moins marqué, le caractère d'annales officielles, écrites dans le voisinage et sous l'influence immédiate de la cour des rois.

Ce sont les *Annales Laurissenses majores* qui offrent ce caractère au plus haut degré et leur histoire se modèle exactement sur l'histoire de Peppin et de ses successeurs immédiats. Elles commencent en 741, au moment où Charles Martel partage son royaume entre ses fils. La première partie de ces Annales s'étend jusqu'en 788, c'est-à-dire jusqu'au moment où la soumission de Tassilon et de Witikind paraît avoir assuré à Charlemagne un pouvoir incontesté. Cette première partie est écrite dans un style rude et incorrect qui se ressent encore de la barbarie mérovingienne. La seconde partie, de 788 à 813, nous conduit presque jusqu'à la mort de Charlemagne. Elle est écrite dans un style beaucoup plus correct et élégant que la première partie. On y voit clairement l'influence de la renaissance des lettres latines. Il n'y a pas de différences essentielles à signaler entre la troisième partie, qui s'étend de 813 à 829, et la seconde. Le caractère officiel du récit y est peut-être encore plus apparent. Vers la même époque, on fut choqué de l'incorrection de la première partie des Annales et on leur fit subir un remaniement complet au point de vue du style, en y ajoutant un certain nombre de détails. Des changements, mais beaucoup plus légers, furent introduits dans le texte des années 788 à 801.

Pendant la dernière partie du règne de Charlemagne, l'Aquitaine avait constitué un royaume, ou plutôt une province à part, à la tête de laquelle se trouvait le futur Louis le Pieux, qui était rattaché à l'Aquitaine par le fait de sa naissance à Chasseneuil en 778. Quand il monta sur le trône, il accorda sa confiance à ses conseillers aquitains, en particulier à saint Benoît d'Aniane, qui l'accompagna en Austrasie et fut l'âme des réformes de 817. C'est vers cette époque que fut composée dans le Midi, peut-être à Aniane même, une chronique dite *Chronique de Moissac*, rédigée par un homme qui connaissait également le Nord de l'Allemagne et le Midi de la Gaule, et qui a fait entrer dans son œuvre des notes annalistiques écrites au VIII° siècle dans la Septimanie, encore séparée de l'Empire franc. On voit donc que ce rôle spécial de l'Aquitaine, sous le gouvernement de Louis le Pieux, a eu immédiatement son contre-coup dans l'historiographie.

L'année 830 marque la fin de l'unité de l'Empire franc. A partir de cette date commence la division de l'État franc en France occidentale et France orientale. Aix-la-Chapelle peut bien être encore la capitale nominale de l'Empire, elle n'en est plus le centre politique. Deux grands États se forment, dont la force réside, pour l'un, sur la rive droite du Rhin, dans les bassins du Mein et du Weser, pour l'autre, au delà des Ardennes et de l'Argonne, dans le bassin de la Seine. Entre deux se trouve un pays mixte, objet des ardentes compétitions des deux États voisins, mais qui, pendant quelque temps, va être sous la domination de Lothaire, qui réside au loin, en Italie.

Les *Annales Laurissenses majores* se divisent comme l'Empire et, à partir de 830, elles sont continuées d'une manière indépendante en Allemagne et en France. Ces deux continuations sont les Annales de Fulda et les Annales de Saint-Bertin.

Les Annales de Fulda sont écrites jusqu'à 882 par trois auteurs différents, tous trois moines du célèbre monastère fondé par saint Boniface et étroitement uni au siège archiépiscopal de Mayence, dont le titulaire Liutbert fut archichapelain de Louis le Germanique. Rudolf, le second de ces auteurs, écrivit à la demande même de Louis le Germanique. En 882, la lutte qui éclate entre Charles le Gros et Arnulf amène une modification profonde dans la rédaction des Annales. Elles sont continuées à Fulda jusqu'en 887, mais dans un sens hostile à Charles le Gros; tandis qu'une autre continuation, jusqu'en 901, a été probablement écrite en Bavière par des annalistes plus impartiaux, mais dont le style

se ressent de la décadence intellectuelle qui marque la fin du
IXᵉ siècle.

Les Annales de Saint-Bertin offrent une aussi fidèle image des
destinées de la France occidentale que les Annales de Fulda de
celles de la France orientale. Leur titre n'indique pas le lieu où
elles ont été composées, mais le monastère d'où provient le plus
ancien manuscrit connu. — Une première partie de ces Annales,
de 830 à 835, a probablement été encore écrite dans l'ancienne
Austrasie, en tous cas sous l'influence directe de Louis le Pieux[1].
La seconde partie, de 835 à 861, appartient au contraire complètement à la France occidentale. Elle est l'œuvre de Prudence
de Troyes. Cette entrée en scène d'un évêque comme historiographe nous indique, non seulement que le haut clergé séculier
a repris la première place dans le mouvement intellectuel, mais
aussi que l'épiscopat, sous le règne de Louis le Pieux et surtout
de son fils Charles le Chauve, a pris la direction des affaires politiques. — La dernière partie des Annales de Saint-Bertin s'étend
de 861 à 882. C'est une période pendant laquelle le plus grand
personnage politique de la France n'est pas le roi carolingien,
mais l'archevêque de Reims, Hincmar. De 861 à 872, il est le vrai
roi de France, et si Charles le Chauve ose un instant secouer son
impérieux ascendant, son fils Louis le Bègue le subit complètement. Au moment de mourir, en 882, il trace encore aux grands
et aux évêques un plan de gouvernement pour Carloman. C'est
Hincmar qui est l'auteur de la dernière partie des Annales de
Saint-Bertin. S'il ne l'a pas écrite de sa main, il l'a dictée, car à
chaque ligne on y retrouve ses idées et ses passions, et les Annales
deviennent le journal de ses actes.

Après la mort de Carloman, la France est en proie à la guerre
civile et à la guerre étrangère. D'un côté, ce sont les compétitions entre Eudes et Charles le Simple, de l'autre, les ravages des
Normands. Le chroniqueur français de cette période est un moine
de Saint-Vaast, monastère qui, sous l'abbé Rodolphe, joua un
rôle politique important, et qui se trouvait aux avant-postes en
face des invasions normandes. L'abbé, partisan de la dynastie
légitime, tenait cependant la balance égale entre Eudes et
Charles, et l'annaliste nous retrace avec impartialité les péripé-

---

1. M. Kurze attribue cette partie des Annales à Hilduin (*Hilduin et les
Annales Einhardi*, dans les *Mélanges Havet*, 1895). Cette attribution est peu
vraisemblable.

ties de la lutte. En 900, l'archevêque Foulques de Reims, qui était devenu abbé de Saint-Vaast, fut assassiné; le monastère perdit son influence politique et les Annales se taisent.

Pendant cette même période, la Lorraine avait aussi joué un grand rôle politique. Jusqu'à la mort de Lothaire II, elle avait été indépendante de l'Allemagne et de la France, et depuis elle n'avait pas cessé d'être un enjeu entre elles. Après avoir été tour à tour prise et reprise, elle avait formé de nouveau, sous Zwentibold, le fils d'Arnulf, un royaume presque indépendant. Elle prenait part aux intrigues politiques qui se tramaient à l'Est et à l'Ouest, et elle se trouvait en même temps en relations étroites avec le comté de Flandre au Nord et avec la Bourgogne au Sud. De plus, elle était une des contrées où la terreur normande se faisait le plus sentir, en attendant que les invasions hongroises vinssent la ruiner. Les riches monastères des bassins de l'Escaut et de la Meuse, de la Moselle et du Rhin n'avaient pas tous eu également à souffrir des incursions des Normands, et c'est un des plus florissants d'entre eux, resté jusqu'en 892 à l'abri de leurs coups, qui donna un chroniqueur à la Lorraine à la fin de cette période agitée et brillante de son histoire. Le monastère de Prüm, situé à 50 kil. de Trèves, fondé au commencement du VIIIe siècle, avait acquis au IXe une certaine renommée littéraire. L'empereur Lothaire vint y mourir, et Hugues, le fils de Lothaire II, y fut enfermé. Prüm fut un objet de convoitise et de disputes, au milieu des troubles civils qui marquèrent le règne de Zwentibold, et l'abbé Réginon, qui avait succédé en 892 à Farabert, fut obligé de se retirer à Trèves. Cela ne l'empêcha pas de continuer la grande œuvre historique qu'il avait commencée sans doute dans des temps moins agités. Il la poursuivit jusqu'en 906. La continuation qui lui fut donnée plus tard en Allemagne appartient à l'historiographie des Ottons et non plus à celle des Carolingiens.

L'œuvre de Réginon a d'ailleurs un caractère très particulier. Si elle peut être rattachée aux Annales, parce que le récit des années 876 à 906 forme bien réellement des Annales, elle ne prend point rang dans la série des Annales, plus ou moins officielles, de France ou d'Allemagne. Elle ajoute des annales contemporaines à une chronique universelle commençant à l'Incarnation et elle ressemble à quelques égards aux chroniques du Ve siècle. Aussi lui donne-t-on avec raison le titre de Chronique de Réginon. Elle a eu peut-être pour modèles la Chronique universelle de Fréculf de Lisieux, composée pour l'éducation de

Charles le Chauve, ou celle d'Adon de Vienne, composée à l'imitation de celles de Bède et d'Isidore de Séville et qui fut, comme celle de Réginon, composée dans le royaume de Lothaire, c'est-à-dire dans la partie des pays francs où l'idée de la monarchie universelle avait peut-être été le mieux comprise. Elle servira de modèle aux grandes chroniques du même genre qui seront composées en Allemagne sous l'influence des empereurs franconiens. A ce point de vue, Réginon appartient à l'historiographie allemande encore plus qu'à l'historiographie française. Placé dans un pays limitrophe, entre les deux grands royaumes formés des débris de l'Empire de Charlemagne, dans un pays qui avait appartenu à Lothaire, le fils aîné de Louis le Pieux et son successeur à l'Empire, et où le dernier des empereurs carolingiens, Charles le Gros, avait souvent séjourné, il est pénétré de la grandeur de l'idée impériale et il a parlé en termes d'une remarquable vigueur de la dissolution de l'Empire. On sentait en Lorraine mieux qu'ailleurs les maux produits par les rivalités des royaumes nés de l'Empire carolingien.

Réginon ne nous apprend presque rien sur ce qui se passe en France depuis la mort d'Eudes. C'est, en réalité, l'annaliste de Saint-Vaast qui est notre dernière source française pour le ixᵉ siècle. De 900 à 919, le silence des historiens est à peu près complet sur les affaires de France; silence qui ne peut nous étonner quand nous pensons au désordre auquel le pays était en proie, livré aux ravages des Normands et gouverné par le faible Charles le Simple, mais silence à jamais regrettable, car il nous empêche de rien savoir de certain sur un des faits les plus importants de notre histoire : l'établissement des Normands dans le bassin inférieur de la Seine.

Au xᵉ siècle, ce n'est pas auprès des rois carolingiens ni sous leur influence que l'histoire pourra être écrite; ils sont faibles, constamment en lutte contre leurs vassaux, sans résidence fixe. Ce n'est pas non plus les grands feudataires laïques qui inspireront des œuvres historiques; ils sont encore trop rudes, trop exclusivement préoccupés de la poursuite de leurs ambitions ou de leurs querelles, pour songer à faire écrire, je ne dis pas l'histoire de leur temps, mais même l'histoire de leur maison. Ce n'est que dans les grands monastères ou dans les villes épiscopales que l'on trouvera des hommes assez cultivés pour s'élever à la conception d'une œuvre historique. Dans les monastères, on s'en tiendra au récit des événements qui intéressent directement la congrégation et ses propriétés, mais les évêques qui sont mêlés à toutes les affaires politiques du temps peuvent embrasser du regard un plus large horizon. L'aristocratie ecclésiastique a exercé au ix\ siècle et continue à exercer au x\ une action politique importante, et, parmi ses chefs, les archevêques de Reims, successeurs d'Hincmar, et archichanceliers des rois carolingiens, sont les premiers personnages du royaume. La possession du siège de Reims est, au x\ siècle, l'objet des plus ardentes convoitises et de luttes sanglantes. La compétition entre Artauld, partisan des Carolingiens, et Hugues, le fils d'Herbert de Vermandois, dure vingt ans et le triomphe définitif d'Artauld est une victoire pour Louis d'Outremer. Plus tard, Adalbéron sera un faiseur de rois; c'est à lui que Hugues Capet devra surtout sa couronne et, après sa mort, la compétition entre Arnulf et Gerbert sera l'épisode le plus important de la lutte entre Hugues Capet et Charles de Lorraine. Les écoles de Reims furent florissantes sous la direction des élèves de Remi d'Auxerre et acquirent un éclat plus grand encore sous celle de Gerbert. Reims enfin, qui avait des possessions en Allemagne et qui était la métropole de diocèses dépendant de l'empire allemand depuis que Henri Ier avait reconquis la Lorraine, se trouvait en relations également étroites avec la France et avec l'Allemagne et ses archevêques étaient mêlés à la politique des deux pays. Reims, la principale ville de Champagne, à deux pas de la Lorraine et de la Bourgogne, peu éloignée des résidences royales de Soissons, Laon, Senlis, et voisine aussi du comté de Paris, était véritablement, au x\ siècle, un centre politique aussi bien qu'un centre intellectuel.

Aussi est-ce Reims qui donne à la France, au x\ siècle, les deux seuls historiens qu'elle possède, Flodoard et Richer. Les Annales de Flodoard, l'auteur si remarquable de l'*Historia Ecclesiae Remensis*, qui s'étendent de 919 à 966, sont un véritable journal des événements de son temps, d'une exactitude presque impeccable. Les notes annalistiques recueillies ailleurs, par exemple à Sens, dont les archevêques jouèrent à la fin du ix\ et à la fin du x\ siècle un certain rôle politique, ou à Fleury-sur-Loire, un des principaux monastères des domaines des ducs de France, n'ont qu'une importance secondaire et appartiennent d'ailleurs plutôt à l'historiographie capétienne qu'à l'historiographie carolingienne.

A côté des Annales et en étroite relation avec elles, nous trouvons, à l'époque carolingienne, deux œuvres qui méritent assurément d'être mises au premier rang parmi tous les écrits historiques de cette période : ce sont les quatre livres d'histoires de Nithard et les quatre livres d'histoires de Richer. Ces deux ouvrages offrent ce point de ressemblance qu'ils ont l'un et l'autre pour objet de nous faire connaître les diverses péripéties d'une grande révolution politique. Nithard nous raconte la lutte entre les fils de Louis le Pieux, qui a pour conséquence le démembrement de l'empire de Charlemagne ; Richer la lutte entre les Carolingiens et les descendants de Robert le Fort, qui a pour résultat l'établissement de la dynastie capétienne. L'un et l'autre ouvrage se ressemblent encore en ceci qu'ils sont composés avec un certain art, que leurs auteurs ont voulu faire œuvre de littérateurs, qu'ils ont mêlé l'expression de leurs idées politiques, de leurs appréciations et de leurs sympathies personnelles au récit des événements. Nithard, qui est le premier des écrivains laïques du moyen âge, et le seul écrivain laïque de la période carolingienne, qui appartient à un moment encore brillant de la renaissance des lettres, est un esprit bien plus ferme et plus net que Richer, comme il est aussi un écrivain plus correct et plus simple. Son premier livre, où il cherche dans l'histoire de Charlemagne et de Louis le Pieux les causes politiques de la guerre de Fontenoy, est l'œuvre d'un esprit supérieur. Sans vouloir établir une comparaison dont les termes seraient par trop disproportionnés, il est impossible, en lisant Nithard, de ne pas songer à la guerre du Péloponèse de Thucydide. Bien qu'il soit nourri de la lecture des Annales de son temps, il en est tout à fait indépendant et son Histoire est une composition d'une incontestable originalité.

Richer, au contraire, se présente à nous dans sa préface comme le continuateur d'Hincmar et de Flodoard et le remanieur des Annales de ce dernier. Mais comme il est un lettré prétentieux et un historien fantaisiste et passionné, il se garde bien de s'astreindre au rôle ingrat d'annaliste. Émule des écrivains de l'antiquité, de Salluste surtout, il groupe les événements en tableaux avec plus de souci du pittoresque que de l'exactitude, il trace des portraits, imagine des discours, anime son récit de mille anecdotes plus piquantes qu'authentiques. Nithard est presque un homme d'État philosophe, Richer est presque un romancier.

Il nous reste à dire un mot de deux genres d'écrits historiques qui appartiennent en propre à l'époque carolingienne : la poésie historique et les correspondances et écrits politiques.

La renaissance des lettres au VIII° siècle s'est manifestée par un renouveau de la poésie latine en même temps que par les progrès de la prose. Depuis Fortunat jusqu'à Paul Diacre, la poésie avait été à peu près muette dans l'Empire franc. A partir de la fin du vIII^e siècle les poètes, ou pour parler plus exactement les versificateurs, sont aussi nombreux que les prosateurs. Une double influence a provoqué à la cour des Carolingiens ce réveil de la poésie, celle d'Alcuin d'un côté, celle de Paul Diacre et de Pierre de Pise de l'autre; sans parler de celle des moines irlandais. Nous trouvons en effet des poètes parmi ces derniers, tels que Dicuil et l'auteur anonyme connu sous le nom d'*Hibernicus exsul*, et, de plus, on peut croire que les disciples de saint Colomban ont contribué à enseigner les secrets de la métrique aux Anglo-Saxons et même aux Italiens.

Les nombreuses poésies de l'époque carolingienne que nous possédons ont presque toutes, à l'exception des hymnes d'église, un intérêt historique. Élégies, épîtres, poésies lyriques de tout genre, acrostiches, épitaphes, inscriptions en vers, elles contiennent presque toujours ou quelque renseignement utile sur tel ou tel personnage, ou des traits de mœurs qui ne sont pas à dédaigner; la *Paraenesis ad judices* de Théodulf, par exemple, peut servir de commentaire à plus d'un texte des capitulaires. Mais ce qui nous intéresse ici ce sont les poèmes d'un caractère spécialement historique ou épique, puisque l'épopée, à l'époque qui nous occupe, ne peut guère être autre chose que de l'histoire versifiée.

Nous n'attacherons qu'une médiocre importance à l'hagiographie poétique, vies de saints, martyrologes ou visions en vers qui sont toujours des remaniements; et nous ne nous arrêterons pas davantage ici au versificateur qui a mis en vers les Annales dites d'Einhard, et qui est connu sous le nom de *Poeta Saxo*. Mais nous possédons, indépendamment des pièces courtes d'un caractère plus lyrique que narratif composées en l'honneur des princes ou en souvenir de grands événements historiques, telles que la *Querela de divisione imperii* du diacre Florus, des poèmes ou des fragments de poèmes qui doivent avoir leur place dans l'historiographie et qui sont des sources importantes pour l'histoire de l'époque carolingienne.

A l'époque de Charlemagne et de Louis le Pieux, ces poèmes sont composés exclusivement sous l'influence de la cour et des rois. Tel est le fragment d'*Hibernicus exul* sur la révolte de Tassilon en 787; tel était surtout le poème épique sur Charlemagne et Léon III qu'on attribue avec vraisemblance à Angilbert et dont malheureusement nous ne possédons aussi qu'un fragment. Tel est également le grand poème en quatre livres d'Ermoldus Nigellus, *de Gestis Ludovici Caesaris* où, pour rentrer en grâce auprès de l'empereur, il célèbre ses hauts faits ; tel est même le second des poèmes adressés par Ermold à Peppin d'Aquitaine, fils de Louis le Pieux.

A la fin du IXᵉ siècle, un autre poème historique a été composé, qui est loin de valoir les précédents pour l'élégance de la forme, mais qui est une source précieuse pour l'histoire d'Eudes de Paris. Le *De Bello Parisiaco* d'Abbon, moine de Saint-Germain-des-Prés, écrit dans un style barbare et prétentieux à la fois, et terminé par un troisième chant, presque inintelligible, sur les devoirs des clercs, contient dans ses deux premiers chants une espèce de journal du siège de Paris par les Normands en 885-886, suivi d'un récit moins détaillé des actions d'Eudes, de 886 à 893. Ce poème, écrit à Paris, né évidemment de l'enthousiasme provoqué par l'héroïque défense des Parisiens, complète admirablement les récits des Annales de Saint-Vaast et de Réginon. Nous ne possédons pas de poèmes historiques du Xᵉ siècle ; la poésie latine semble sommeiller à cette époque, laissant toute la place au développement spontané de la poésie épique en langue vulgaire ; mais elle aura son réveil au XIᵉ siècle et une sorte d'épanouissement au XIIᵉ siècle, siècle qui restera l'âge d'or de la poésie latine en France.

L'époque mérovingienne nous a laissé un assez grand nombre de monuments épistolaires, mais, à l'exception des lettres de Saint-Avit et de la correspondance de saint Grégoire le Grand, aucun grand recueil de lettres[1]. Au contraire, les recueils de lettres tiennent une place très importante parmi les sources historiques de l'époque carolingienne. La renaissance du VIIIᵉ siècle a eu pour promoteurs des Italiens et des Anglo-Saxons. Les Italiens et les Anglo-Saxons ont été les maîtres et ont fourni les modèles de l'art épistolaire. Charlemagne a fait réunir en un recueil dit *Codex Carolinus* les lettres adressées par les papes aux princes carolingiens du VIIIᵉ siècle. Malheureusement, nous n'avons conservé qu'un petit nombre des réponses de ces princes. Mais, telle qu'elle est, cette correspondance pontificale et royale éclaire très vivement toute l'histoire des rapports de l'État franc avec le Saint-Siège. Les recueils considérables des lettres de saint

1. Le t. III de la section des *Epistolae* des *Monumenta Germaniae* contient les lettres de l'époque mérovingienne. Le t. IV est tout entier rempli par les lettres d'Alcuin, celles de Boniface et de Lull, le *Codex Carolinus* et les lettres qui s'y rattachent.

Boniface et d'Alcuin, moins riches en renseignements historiques proprement dits, sont précieux pour l'histoire religieuse comme pour celle des mœurs et des lettres. Pour le ixᵉ siècle, nous possédons un très grand nombre de lettres, parmi lesquelles il faut citer, avant tout, les recueils de lettres d'Einhard et de Loup de Ferrières, qui sont des sources de premier ordre pour le règne de Louis le Pieux et frappent par la précision des idées et du style, par l'absence de toute rhétorique et de tout bavardage théologique. Ce sont de vraies lettres d'affaires. — Dans la seconde moitié du siècle, à côté de la correspondance du pape Jean VIII, nous possédons celle d'Hincmar. Elle est loin de comprendre toutes les lettres écrites par l'actif et ambitieux prélat, mais Flodoard nous a laissé dans son Histoire de l'Église de Reims une sorte de dépouillement méthodique de sa correspondance ainsi que de celle de son successeur Foulques. Il est intéressant de voir un savant du xᵉ siècle se rendre déjà si bien compte de l'emploi qui pouvait être fait des recueils de lettres pour écrire l'histoire. Le xᵉ siècle est beaucoup moins riche que le ixᵉ en monuments épistolaires ; mais le recueil de Gerbert qui servit de secrétaire à l'archevêque Adalbéron, et qui fut lui-même archevêque de Reims avant de devenir archevêque de Ravenne, puis pape, est une mine incomparable de renseignements sur l'histoire des deux derniers Carolingiens et sur celle de Hugues Capet. Ce recueil de plus de deux cents lettres, dont un grand nombre sont des actes politiques, a été la principale source pour les événements du dernier quart du siècle jusqu'à la découverte des Histoires de Richer, et il est toujours indispensable pour compléter ou rectifier les récits de ce chroniqueur passionné et imaginatif[1].

Si les lettres de l'époque carolingienne l'emportent sur la plupart de celles de l'âge précédent, par l'intérêt de leur contenu comme par leur style, elles ne s'en distinguent point comme genre littéraire. Il n'en est pas de même des écrits politiques, que nous voyons apparaître au ixᵉ siècle et auxquels nous ne trouvons rien à comparer à l'époque mérovingienne[2]. Il fallait le progrès intellectuel déterminé par la Renaissance carolingienne et la vivacité des luttes politiques de l'époque de Louis le Pieux et de ses fils pour faire naître une littérature de pamphlets et

---

1. L'édition de Gerbert donnée par M. Julien Havet a précisé, et on peut même dire accru, la valeur historique de ces lettres.

2. L'*Exhortatio ad regem*, publiée par Digot en appendice à son *Histoire d'Austrasie*, est un écrit d'un caractère purement religieux et moral.

d'ouvrages de doctrine politique. Agobard est le premier des pamphlétaires du moyen âge, soit dans ses écrits contre les Juifs, soit dans son opuscule contre la loi Gombette, soit surtout dans sa lettre à Matfred sur la division de l'Empire et dans ses deux livres contre Louis le Pieux et contre Judith. L'*Apologeticus* d'Ebbon et les *Acta exauctorationis Ludovici Pii* sont aussi des écrits politiques de circonstance. Paschase Ratbert dans son *Epitaphium Arsenii* fait de la vie de l'abbé Wala un virulent pamphlet contre Louis le Pieux sous forme dialoguée. Plusieurs des petits écrits d'Hincmar ont aussi ce caractère de pamphlets politiques. Mais d'autres sont des livres de théorie politique, ainsi le *Libellus de regis persona et regio ministerio* ou l'opuscule *Pro institutione Carolomanni regis* et surtout le *De Ordine palatii*, qui reproduit en partie un écrit semblable d'Adalhard. Les ouvrages de Jonas d'Orléans, *De institutione laicali* et *De institutione regia*, celui de Sedulius Scotus, *Liber de rectoribus christianis*, ont le même caractère, mais avec une portée pratique beaucoup moindre. Les écrits politiques se rapprochent ici des ouvrages de théologie et de morale qui sont au IXe et au Xe siècle très nombreux et parfois très remarquables, où l'histoire et surtout l'histoire des idées et des mœurs peut trouver beaucoup à prendre, mais que l'on ne peut pourtant ranger au nombre des véritables sources historiques.

L'historiographie carolingienne, telle que nous venons de la dessiner dans ses lignes générales, se divise en deux grandes périodes, l'une qui s'étend depuis le milieu du VIIIe siècle jusqu'à la fin du IXe, l'autre qui comprend tout le Xe siècle, et qui sont séparées par une époque obscure pour laquelle nous n'avons presque aucun document : les dix-huit premières années du Xe siècle. Si l'on voulait même être tout à fait exact, il faudrait arrêter la première période à 882, au moment où cesse avec les Annales de Saint-Bertin l'histoire suivie et officielle des Carolingiens. La fin du IXe siècle formerait alors une période de transition qui est en effet marquée par trois œuvres d'un caractère spécial, les Annales de Saint-Vaast, la Chronique de Réginon et le poème d'Abbon, qui ne font pas directement suite aux écrits de l'époque antérieure. Mais en séparant cette période de la période antérieure on compliquerait inutilement l'étude des sources historiques carolingiennes, et il est plus simple de se contenter de la grande division qui réunit le VIIIe et le IXe siècle, et en sépare le Xe, où brillent trois noms de Flodoard, Richer et Gerbert.

L'hagiographie, les poèmes historiques, les correspondances et écrits politiques peuvent être considérés comme formant des catégories spéciales de documents historiques qui demandent à être étudiés à part. L'historiographie carolingienne proprement dite a pour objet de son étude : 1° les Annales ; 2° les Chroniques universelles, telles que Fréculf et Adon de Vienne[1] ; 3° les Histoires spéciales, Nithard, le bréviaire d'Erchampert, Richer ; 4° les biographies profanes ; 5° les histoires d'églises et de monastères.

Après Flodoard et Richer il se passera plus d'un siècle avant qu'on retrouve en France des chroniqueurs sachant embrasser de leurs regards une période tout entière et un pays tout entier. L'historiographie va se morceler comme le territoire avec l'avènement des Capétiens et subira les conséquences de l'établissement de la féodalité au xie siècle. La royauté affaiblie n'inspirera aucune œuvre historique ; la vie de Robert par Helgaud, la continuation des miracles de saint Benoît, c'est-à-dire des œuvres hagiographiques d'une assez pauvre inspiration, voilà les seuls documents qui portent directement la marque de son influence. Quand, au xiie siècle, Hugues de Fleury veut raconter l'histoire des rois, il ne trouve rien à recueillir que les maigres renseignements qui sont épars dans ces miracles et dans les Annales écrites à Sens. L'historiographie royale capétienne naîtra quand Louis VI aura prouvé à ses vassaux que le roi de France sait commander et châtier. Elle commencera avec la vie de Louis VI par Suger, et Saint-Denis, depuis ce moment, deviendra une école d'historiographes royaux. De Hugues Capet à Louis VI, de même que l'histoire de France n'est plus que l'histoire des grands vassaux, l'historiographie est devenue toute locale et seigneuriale. Les ducs de Normandie, d'Aquitaine et de Bourgogne, même les comtes d'Anjou, font beaucoup plus grande figure que le roi de France. Aussi est-ce en Bourgogne, en Aquitaine, en Normandie et en Anjou que sont écrites les œuvres historiques les plus importantes du xie siècle : les Chroniques des comtes d'Anjou, les Histoires des ducs de Normandie de Dudon de Saint-Quentin et de Guillaume de Jumièges, la Chronique d'Aquitaine d'Adémar de Chabannes et le bizarre ouvrage de Raoul Glaber, si pauvre en événements historiques, mais si riche en anecdotes, si précieux pour l'histoire des mœurs. Enfin quand commencent les croi-

---

1. La *Chronique universelle*-741, composée en 801 et dont la première partie est encore inédite, tandis que Waitz en a publié au t. XIII des *Monumenta Germaniae* tout ce qui concerne l'histoire franque, est le premier essai de chronique universelle tenté à l'époque carolingienne.

sades, ces grandes expéditions, qui ébranlent toutes les imaginations, attirent toute l'attention des historiens, et, au xiie siècle, les ouvrages historiques les plus nombreux, les plus étendus et les plus remarquables sont ceux qui racontent les guerres saintes.

Comme on le voit, l'historiographie capétienne ne se distingue pas de l'historiographie carolingienne comme celle-ci s'est distinguée de l'historiographie mérovingienne par la création de formes littéraires, car il n'en restait plus guère à inventer de nouvelles. On continue à composer des biographies, des histoires, des Annales, des Chroniques universelles, des histoires d'évêchés et d'abbayes; mais ces ouvrages portent fortement l'empreinte des conditions sociales nouvelles au milieu desquelles se développe l'histoire de la société féodale qui a succédé à la société franque. Par contre, si l'historiographie carolingienne emprunte une originalité frappante aux formes nouvelles qu'elle a créées au moment de la Renaissance du viiie et du ixe siècle, elle n'est pas séparée de l'historiographie mérovingienne comme elle l'est de l'historiographie capétienne par une brusque rupture, par un changement caractéristique d'inspirations et d'allures. Nous avons vu que les Annales ont passé par une longue période de formation sous les derniers Mérovingiens, et que la Chronique de Frédégaire, commencée en pleine époque mérovingienne sur un fond gallo-romain, devient insensiblement une Chronique carolingienne. C'est qu'il y a en effet une différence bien plus grande entre l'époque carolingienne et l'époque capétienne qu'entre l'époque mérovingienne et l'époque carolingienne. Ces deux époques constituent l'histoire franque. L'histoire de France ne commence réellement qu'à l'avènement de Hugues Capet. De même l'historiographie des deux premières races, malgré l'originalité saillante de celle de la seconde race, constitue l'historiographie franque, tandis qu'avec le xie siècle commence l'historiographie française qui aura un développement beaucoup plus varié, beaucoup plus irrégulier, à qui la féodalité créera une foule de centres différents, et qui bientôt, par l'emploi de la langue vulgaire, prendra une vie et un charme tout nouveaux.

CHAPITRE II.

LA RENAISSANCE CAROLINGIENNE.

Ce n'est pas ici le lieu de faire une étude complète de la Renaissance carolingienne, quelqu'utile que puisse être cette étude pour marquer la place de l'historiographie dans le mouvement intellectuel de l'époque; mais nous ne pouvons nous dispenser d'indiquer ce qui, dans cette Renaissance, a agi directement sur le développement de l'historiographie, les influences qui ont déterminé son caractère et ses progrès.

J'entends d'ailleurs par ces mots, Renaissance carolingienne, non seulement le progrès des lettres latines et l'activité littéraire dont les savants attirés par Charlemagne dans ses États furent les initiateurs, mais aussi la réorganisation politique et religieuse qui a favorisé cet essor littéraire et a donné à la civilisation franque un éclat dont les contemporains furent éblouis. Le mouvement littéraire du VIIIe et du IXe siècle ne peut pas plus être séparé de l'œuvre politique et religieuse de Peppin et de Charlemagne que la Renaissance italienne ne peut être comprise sans marquer les liens qui la rattachent à la vie des républiques italiennes au XIVe siècle, à la domination des tyrans princiers au XVe, au rôle de la papauté au XVe et au XVIe. Sans entrer ni dans le récit des événements, ni dans l'analyse des institutions, ni dans le détail de la réforme et de l'organisation des études à l'époque carolingienne, nous devons dire quelle influence ont exercée sur l'historiographie la marche des événements politiques et la réorganisation de l'État, la personne des princes et la cour qui les entourait, enfin le rôle de l'Église, à cette époque la seule dépositaire des traditions littéraires et la seule éducatrice.

Je n'insisterai pas sur l'influence exercée par les événements politiques, car j'aurai sans cesse à y revenir au cours de cette étude, où j'ai précisément pour but de montrer les rapports de l'historiographie avec l'histoire, mais je rappellerai que jamais événements ne furent plus propres à exalter l'imagination de ceux qui en furent les témoins que la série des victoires carolingiennes au VIIIe siècle. En moins d'un siècle, les descendants de Peppin d'Héristall soumettent à leur domination toute l'étendue des royaumes mérovingiens, détruisent les duchés nationaux formés en Alamanie, Thuringe, Bavière et Aquitaine, conquièrent et convertissent les Saxons, enlèvent aux Sarrazins la Septimanie et le nord de l'Espagne, soumettent l'Italie jusqu'au Garigliano, refoulent les Slaves et les Avares et enfin rétablissent au profit de la nation franque l'Empire romain après avoir donné un royaume à la papauté. Les empereurs de Constantinople et le calife de Bagdad envoient des ambassades au roi des Francs. Il prend des airs de suzerain dans ses relations avec les rois de Mercie et de Northumbrie[1]; le roi de Galice et les chefs irlandais se font gloire d'être ses vassaux[2]. N'y a-t-il pas là un ensemble de circonstances bien fait pour inspirer des historiens, en exaltant chez les contemporains à la fois le sentiment religieux, l'orgueil national et les grands souvenirs de l'antiquité? En même temps, ces continuelles et lointaines expéditions avaient fait connaître aux compagnons de Charles Martel, de Peppin et de Charlemagne toute l'Europe occidentale; elles avaient rapproché les unes des autres les diverses parties de cet immense Empire qui s'étend de l'Elbe à l'Èbre et de la Cornouaille bretonne au Garigliano et à la Save. Les rois francs ne s'étaient pas contentés de conquérir, ils avaient donné à leurs États une administration régulière, ils y avaient fait régner l'ordre et la paix; le commerce avait repris une certaine activité. Aussi, grâce aux marchands, grâce aux voyages de Charlemagne et de ses fils, grâce aux ambassades, grâce aux missions, grâce aux pèlerinages des évêques et d'une foule de fidèles à Rome et aux ambassades des légats du pape dans les pays francs, grâce aux visites, aux échanges de lettres et aux associations de prières de monastère à monastère, grâce aux pérégrinations des *missi dominici* dans tout le royaume, grâce enfin aux grandes assemblées qui réunissaient périodiquement les personnages les plus importants, fonctionnaires ou grands propriétaires de toutes les parties de l'Empire, une sorte d'unité morale avait été créée entre tous les pays de l'Europe occidentale. Il y avait quatre siècles que l'on n'avait pas été aussi bien renseigné sur ce qui se passait dans toute l'étendue de l'ancien Empire romain, et s'il se rencontrait auprès des rois francs des hommes d'un esprit assez étendu et assez ferme pour réunir et coordonner tous ces renseignements,

1. Voy. dans la correspondance d'Alcuin les lettres à Offa, roi de Mercie.
2. Einhardus, *Vita Caroli*, c. 16.

ils devaient être dans des conditions excellentes pour écrire l'histoire de leur temps. On ne s'étonnera donc pas que le règne de Charlemagne ait été marqué par une renaissance de l'historiographie; s'il n'a pas produit plus d'historiens remarquables, c'est que les esprits des hommes de ce temps n'étaient pas suffisamment préparés à profiter de ces circonstances exceptionnelles.

Si la prodigieuse fortune des Carolingiens au VIIIe siècle était propre à favoriser l'éclosion d'une littérature historique, le brusque effondrement de cet Empire n'était pas moins fait pour frapper les imaginations. Il les amena même, par le spectacle des tragiques vicissitudes des choses humaines, à réfléchir sur le cours des révolutions politiques et à en examiner les causes. Nous trouvons dans Nithard et dans Réginon des pensées et des mots qui nous étonnent par leur force et leur profondeur. Mais en même temps la dissolution de l'Empire amène une prompte décadence. L'anarchie, commencée sous Louis le Pieux, accrue sous Charles le Chauve, devint complète après ce dernier. Dès Louis le Bègue, l'activité législative des grandes assemblées cesse, et bientôt elles ne sont plus qu'un vain simulacre des assemblées d'autrefois; les guerres civiles continuelles, les invasions des Normands, des Hongrois, des Sarrazins interrompent le commerce et les relations pacifiques; l'horizon des lettrés se rétrécit à mesure que s'affaiblit la culture intellectuelle, et les historiens du Xe siècle, malgré leurs mérites, se placent à un point de vue bien plus étroit que les historiens du IXe.

Les grands événements peuvent à eux seuls provoquer la composition d'œuvres historiques, même quand les acteurs de ces événements ne sont pas des héros dignes d'exciter l'enthousiasme. On le vit lors de la guerre entre les fils de Louis le Pieux. Mais si les grandes choses suffisent à inspirer les historiens, l'influence des grands hommes est encore plus efficace; non seulement ils provoquent un enthousiasme et des dévouements qui leur suscitent des biographes, mais ils ont eux-mêmes une conscience assez claire de leur valeur pour diriger la plume des écrivains et faire naître une historiographie officielle. Sans parler de deux ancêtres de la famille carolingienne, Peppin l'Ancien et Arnulf, qui paraissent avoir été tous deux des hommes remarquables, les cinq premiers membres de la famille qui ont exercé le pouvoir suprême ont dû, par leur caractère et leur destinée, exercer une puissante action sur l'imagination des contemporains. — Dans les chansons de geste nous retrouvons le souvenir de Charles

Martel constamment mêlé à celui de Charlemagne et il n'est pas toujours aisé de reconnaître lequel des deux est le roi Charles des poèmes[1]. — Dans les récits du moine de Saint-Gall nous trouvons une légende de Peppin le Bref qui précède la légende de Charlemagne. Charles Martel et Peppin n'ont pas eu de biographes, il est vrai, car c'est au réveil des lettres latines et peutêtre aussi à la restauration de l'Empire que nous devons de trouver, au IXᵉ siècle, des imitateurs de Suétone, mais ils ont des historiographes : les continuateurs de Frédégaire. Louis le Pieux n'est ni comme législateur, ni comme guerrier, ni comme politique l'égal de son père et de son aïeul, mais il hérite de leur gloire, et, d'ailleurs, par son œuvre de réformateur religieux, par sa piété, par sa mansuétude, par la pureté de ses mœurs, par ses malheurs, sa figure prend quelque chose d'imposant et de touchant qui commande l'admiration et la sympathie. Lui aussi a été considéré comme un grand homme par ses contemporains, et ses biographes parlent de lui comme d'un héros et d'un saint.

Mais, si grands que soient Charles Martel, Louis le Pieux et les Peppins, Charlemagne les dépassa tous. Sa grande image, également populaire en Italie, en France et en Allemagne, domine à la fois la poésie et l'historiographie ; on l'aperçoit à toutes les avenues de l'histoire. Sa personne et sa cour ont joué un rôle essentiel dans la renaissance littéraire du VIIIᵉ siècle. Non seulement il a inspiré les écrivains par la majesté de son œuvre et de son caractère, mais il les a réunis, dirigés, encouragés. Sans lui ils n'auraient pas été ce qu'ils furent ni n'auraient accompli ce qu'ils ont fait.

Charlemagne avait été élevé à une époque où, malgré l'influence de saint Boniface, les lettres latines étaient encore mal cultivées dans l'Empire franc, et son éducation avait dû être avant tout militaire. Toutefois Peppin l'avait fait instruire avec soin et nous n'avons aucune raison de rejeter le témoignage de Paschase Ratbert, qui nous montre Adalhard[2], neveu de Peppin, élevé à la cour « inter palatii tirocinia » et instruit par les mêmes maîtres que Charlemagne « omni mundi prudentia. » Parmi ses compagnons d'étude et de vie se trouva aussi Benoît d'Aniane, qui, nous raconte Smaragd son biographe, avait été envoyé à la

---

1. Voy. Garin le Lohérain. — Dans une chronique espagnole du XIIᵉ siècle, Charles Martel a pour fils Charlemagne et celui-ci Charles le Chauve.
2. *Vita Adalhardi.*

cour de Peppin par son père « inter scholares nutriendum[1]. » Mais,
sans doute, ce qu'il apprit et ce qui pouvait passer pour un degré
d'instruction remarquable chez un prince, si on prenait pour
point de comparaison les derniers Mérovingiens ou même le père
ou l'aïeul de Charlemagne, était peu de chose en comparaison
de ce qui fut enseigné à Louis le Pieux, qui n'aurait pas été
déplacé parmi les clercs et dont le plus grand plaisir était de
corriger les livres saints, avec l'aide d'interprètes grecs et syriens.
Dès 753, Charles est associé avec son frère Carloman au couronnement de Peppin par le pape Étienne III ; il prend part, en
761, à la rude guerre d'Aquitaine, et, bien que les Annales ne
nous parlent que fort peu de lui et de Carloman, il est vraisemblable qu'ils furent mêlés étroitement au gouvernement et aux
expéditions militaires de leur père.

Charles en savait cependant assez et son intelligence avait été
assez développée par son père et par ses maîtres pour qu'il com-
prît l'importance et le plaisir de l'instruction. S'il n'avait pas
conçu dès sa jeunesse l'amour de l'étude, il ne serait pas arrivé,
au milieu des guerres qui ont rempli les trente-cinq premières
années de son règne, à parler la langue latine aussi bien que la
langue franque, à comprendre le grec, à lire la liturgie et à
chanter les hymnes d'Église, à s'intéresser à toutes les sciences
cultivées de son temps, à acquérir une facilité d'élocution digne
d'un professeur de rhétorique[2]. Il ne s'appliqua, il est vrai, que
tardivement à l'art d'écrire ; mais c'est que l'art du calligraphe
demandait beaucoup de temps et de peine, n'était utile qu'à ceux
qui, par profession, étaient contraints de le pratiquer, et n'était
guère fait pour les mains calleuses d'un soldat et d'un chasseur.
S'il resta toute sa vie passionné pour l'étude, c'est qu'il avait de
bonne heure commencé à l'aimer ; il y apportait même la fougue
et l'originalité de son génie et ne se contentait pas de répéter les
aimables et quelque peu puériles leçons d'Alcuin. Il n'a pas été
seulement un excellent élève, comme le sera son fils Louis, il a
été un inspirateur, un initiateur[3]. Ce roi, qui faisait rédiger les
lois des divers peuples de son Empire et qui rêvait de leur impo-

---

1. *Vita S. Benedicti Anianensis*, D. Bqt, V, 456.
2. Einhardus, *Vita Caroli*, c. 25 : « Adeo facundus erat, ut etiam didascalus
(var. dicaculus) appareret. » « Admiranda facundia » dit l'auteur de la *Translatio S. Germani* (Mab., *AA. SS. O. S. B.*, III, 2, 88).
3. « Semet discipulum ejus (Alcuin) et ipsum magistrum suum appellari
voluit » (*Moine de Saint-Gall*, c. 2).

ser une législation uniforme, qui formait le recueil des lettres des papes connu sous le nom de *Codex Carolinus*, qui faisait rédiger des livres de théologie sur la question du culte des images, qui encourageait les copistes et les correcteurs de manuscrits, se préoccupait encore de sauver de l'oubli les traditions poétiques de sa race et d'en fixer la langue. Ce n'est aucun de ses maîtres assurément, c'est lui seul qui a eu l'idée de faire réunir en un recueil les chants épiques de la nation franque, recueil que l'incurie et l'étroitesse d'esprit de ses descendants laissa disparaître. C'est lui qui fit entreprendre une grammaire de la langue franque. Nul autre que lui n'était capable d'unir avec autant de largeur d'esprit et de hardiesse l'amour des traditions nationales au culte de l'antiquité et de la tradition chrétienne. Il réglait lui-même l'éducation de ses fils et de ses filles, partageant leur temps entre l'étude des lettres, les exercices du corps et les soins domestiques, s'inquiétant lorsqu'il voyait Louis, entouré de ses clercs galloromains, perdre peu à peu en Aquitaine les habitudes et le caractère de sa famille et de son peuple. Quand on voit en Charlemagne un esprit si actif, si inventif, si constamment préoccupé d'apprendre, de créer, d'organiser, on ne peut s'empêcher de penser que s'il a été secondé par des hommes d'un rare mérite, c'est lui cependant qui a rendu leurs efforts si féconds en les provoquant et en les coordonnant, c'est lui qui a été le véritable promoteur et le vrai chef de la renaissance du viiie et du ixe siècle, c'est lui qui a inspiré un grand nombre des œuvres écrites sous son règne et en particulier les œuvres d'histoire[1].

Il ne faut cependant pas exagérer le rôle de Charlemagne ni diminuer la part qui revient à ses collaborateurs dans cette œuvre de réforme intellectuelle. La renaissance n'aurait pas pu se produire, Charlemagne n'aurait pas même pu concevoir tout ce qu'il a fait pour répandre l'instruction dans son royaume s'il n'avait pas trouvé en Italie et en Angleterre les maîtres capables de donner aux études une vigoureuse impulsion. En Italie, soit dans les monastères de Bobbio ou du Mont-Cassin, soit même dans les grandes villes du Nord, Aquilée, Milan ou Pavie, les leçons de

---

1. Un vers d'Alcuin semble indiquer que Charles le poussait à écrire des annales :

« Ut praecepta mihi dederas, dulcissime domne,
Sic celeri currens calamo dictare libellum
Annalem... »

(Duemmler, *Poetae aevi Carolini*, I, 294.)

Boèce et de Cassiodore n'avaient pas été entièrement oubliées, et Jordanis, Grégoire le Grand, Secundus de Trente, Pierre de Pise ét Paul Diacre, dont nous connaissons le nom ou les œuvres, nous prouvent que, malgré l'invasion lombarde, le goût pour les études grammaticales et la tradition du bon style ne s'étaient pas tout à fait perdus. En Grande-Bretagne, une double influence avait amené dans l'Église anglo-saxonne un remarquable mouvement littéraire à la fin du VIIᵉ siècle. D'un côté, la culture classique très remarquable du clergé breton et irlandais, qui avait même conservé la connaissance du grec, devait exercer une certaine action sur les membres de l'Église voisine; de l'autre, les relations étroites et constantes qui unissaient Rome et l'Église anglo-saxonne depuis la fin du VIᵉ siècle furent fécondes pour celle-ci. Rome envoya dans le Kent des hommes d'une grande valeur, dont quelques-uns étaient même d'origine orientale et savaient le grec. C'est ainsi que l'évêque Théodore et l'abbé Hadrien y créèrent des écoles florissantes. Les Anglo-Saxons, de leur côté, se rendaient fréquemment en Italie, les archevêques pour y chercher le pallium, les évêques, les abbés, les moines et les clercs pour y voir le pape et y toucher les reliques des apôtres et aussi pour y acheter des livres, des images saintes, des étoffes précieuses. C'est ainsi que saint Benoît Biscop, abbé de Weremouth, était allé cinq fois à Rome et en avait rapporté toute une bibliothèque. C'est ainsi qu'Alcuin se rendit aussi à Rome avec son maître Ælbert,

> sophiae deductus amore,
> Si quid forte novi librorum seu studiorum
> Quod secum ferret, terris reperiret in illis[1].

Les deux représentants les plus éminents de ce mouvement littéraire anglo-saxon, qui devait trouver dans l'Empire franc son plein épanouissement, furent, à la fin du VIIᵉ siècle, Aldhelme, connu surtout comme poète, élève d'abord de l'abbé Hadrien, puis du couvent de Malmesbury, fondé par un membre de l'Église celtique, et Bède le Vénérable, historien, poète, chronologiste, hagiographe et grammairien, qui, dans sa studieuse retraite de Jarrow, fit du Northumberland, par son enseignement et ses écrits, le foyer de la vie intellectuelle en Angleterre, foyer qui devait bientôt rayonner sur le continent.

---

1. *De Sanctis Eboracensis ecclesiae*, vv. 1454-1456.

Les innombrables missionnaires qui partirent d'Angleterre pour évangéliser la Germanie n'étaient pas seulement des missionnaires de la foi chrétienne, ils étaient aussi des missionnaires de la civilisation anglo-saxonne, de cette civilisation deux fois romaine, par l'admiration et l'étude des chefs-d'œuvre antiques et par l'attachement inviolable au siège de Rome, centre de la chrétienté catholique. Charlemagne avait connu dès son enfance ces missionnaires anglais. Il avait pu voir saint Boniface; il avait peut-être eu des Anglais parmi ses maîtres; il était d'avance disposé à s'entourer de ces hommes d'un esprit si cultivé et d'un caractère si énergique, si respectueux envers les puissances laïques et ecclésiastiques et si habiles organisateurs, qui servirent puissamment à cimenter l'union entre les chefs francs et la papauté, union qui devait avoir pour conséquence la restauration de l'Empire romain. L'appel d'Alcuin et de ses disciples à la cour de Charlemagne est un événement qui s'explique tout naturellement par les relations déjà existantes entre les pays francs et l'Angleterre.

Quant à l'Italie, indépendamment des liens qui l'unissaient à l'Église anglaise, l'influence qu'elle exerça fut le résultat direct des relations avec la cour de Rome et des guerres de Peppin et de Charlemagne dans la Péninsule[1]. Dès 776, nous voyons Charlemagne faire une donation au grammairien et théologien Paulin qu'il éleva en 787[2] au siège patriarcal d'Aquilée et par qui il fit écrire un ouvrage théologique en trois livres contre Félix, évêque d'Urgel. Paulin vint sans doute à la cour de Charles, car il est mentionné à côté de Pierre de Pise dans une pièce de vers d'Alcuin de 780[3]. Le grammairien Pierre de Pise dut être appelé de très bonne heure à la cour du roi franc, peut-être dès la campagne de 774[4], et Charlemagne se mit à apprendre la grammaire

1. Paul Ier envoyait à Peppin, entre 758 et 763, un antiphonaire, un responsal, des manuscrits d'Aristote et de Denys l'Aréopagite, une géométrie, une orthographe, une grammaire (*Cod. Car.*, c. 24).

2. Cf. Jaffé, *Monum. Alcuiniana*, p. 162.

3. Duemmler, *Poetae aevi Carolini*, I, 222. — Alcuin s'adresse à ses amis de Germanie. Dans deux autres pièces (n°s XVII et XVIII), il s'adresse à Arn, Paulin et Alcuin. Ce dernier, dans une lettre à Paulin de 796 (*Ep. Karol.*, IV, p. 140), appelle Angilbert « filius communis noster. »

4. Alcuin parle de Pierre en 799 comme d'un homme mort depuis quelque temps et qui aurait enseigné à la cour bien des années auparavant. — *Ep.* 112 : « Idem Petrus fuit, qui in palatio vestro grammaticam docens claruit. » — M. Monnier suppose sans motifs que Pierre enseignait déjà à la cour de Peppin. Pierre était auprès de Charlemagne entre 782 et 786, puisqu'il tenait la plume

sous sa direction. C'est à la suite de l'expédition de 781 que Paul Diacre entra en relations avec Charlemagne. L'intimité eut quelque peine à s'établir, car Paul était un Lombard très attaché à sa race, mais bien vite il fut séduit par le caractère magnanime et la haute intelligence du roi, et, soit qu'il résidât à Metz auprès d'Angilramn, soit qu'il séjournât à la cour même, il entretint avec Charlemagne des relations où, des deux côtés, l'affection se mêle à l'admiration. De 782 à 786 il reste dans les pays francs. Le roi échange avec lui, par la plume de son maître Pierre de Pise, une correspondance en vers[1] ; il le charge d'enseigner le grec aux clercs qui doivent accompagner sa fille Rotrude à Constantinople ; il lui fait rédiger des homélies pour l'usage des prêtres des églises franques. Paul Diacre, malgré les égards et les faveurs dont il était entouré, reprit bientôt sa liberté et retourna au couvent du Mont–Cassin, où il devait travailler à son histoire des Lombards ; il laissait comme souvenir de son séjour dans le Nord les *Gesta episcoporum Mettensium*, dont l'influence sur l'historiographie devait être considérable.

Comme on le voit, dès 787, les trois Italiens qui avaient été appelés à faire bénéficier la cour franque de leur science grammaticale et de leur talent littéraire étaient repartis pour leur patrie et laissaient le champ libre à ceux qui furent par excellence les maîtres de la renaissance carolingienne, les Anglo-Saxons, et en particulier au plus illustre d'entre eux, Alcuin.

Il ne faut pas s'imaginer, comme on le fait quelquefois, que la gloire de cette renaissance doive revenir tout entière à Alcuin. Nous venons de voir que d'autres maîtres l'avaient précédé, et lorsqu'il fut invité, en 781, à Parme, par Charlemagne, à venir à sa cour, il n'y parut pas comme un savant et un lettré isolé parmi des ignorants et des barbares, mais comme un homme exceptionnellement instruit et distingué au milieu d'hommes déjà instruits et capables d'apprécier son mérite, parmi lesquels il comptait déjà des amis. Il y avait plusieurs années que Charlemagne connaissait Alcuin. Celui-ci avait passé plusieurs fois par les pays francs en se rendant à Rome et il avait même reçu une mission spéciale auprès de Charles de son maître Ælbert avant 780[2]. Il s'y était

pour lui dans sa joute poétique avec Paul Diacre. Il retourna en Italie et Charles lui adressa des salutations versifiées (Duemmler, I, 69, 76).

1. Duemmler, I, 48-56.

2. *Vita Alcuini*, 6 : « Noverat (Carolus) enim eum, quia olim a magistro suo ad ipsum directus fuerat. » Peut-être en 773 (cf. Jaffé, *Ep. Alcuini*, note à la l. 1). — On serait étonné de l'expression de la *Vita Hadriani :* « Albinus

fait de nombreux amis et il les cite dans une pièce de vers écrite vers 779-780 : Riculf, évêque de Cologne, Samuel, abbé d'Echternach, Paulin, Pierre, Jonas, Raefgot, le chancelier Radon, Lull, archevêque de Mayence, Bassin, évêque de Spire, Paul, Fulrad, abbé de Saint-Denis[1]. — Plusieurs d'entre eux étaient des Anglo-Saxons qui avaient déjà transporté sur le continent les doctrines de Bède. Lull en particulier était un élève du fameux maître anglo-saxon. Tous ces « proceres patres fratres » et ces « socii fratres » forment déjà une société d'hommes cultivés, qui répandent autour d'eux l'amour de la grammaire et la poésie, qui étudient et enseignent Priscien et Phocas et qui connaissent, attendent et désirent Alcuin. Ils sont établis sur les rives du Rhin, de la Meuse et de la Moselle, depuis Maëstricht jusqu'à Spire, et c'est tout un voyage littéraire que nous fait faire Alcuin dans cette épître en vers, en remontant le cours de ces fleuves.

Non seulement Alcuin arriva dans un milieu déjà éclairé et épris des bonnes études et du bon langage, mais encore le temps pendant lequel il enseigna à son tour ne fut peut-être pas aussi long qu'on le pense d'ordinaire. Il ne faut pas se le figurer comme enseignant de 781 à 804 et formant des élèves pendant vingt-trois ans. Ce n'est guère qu'à partir de 786 que nous constatons bien sûrement sa présence et son action à la cour franque. Pour les années qui précèdent, entre les deux campagnes de Charlemagne de 781 et de 787, on n'a que peu de traces de son séjour dans le Nord[2]. Les lettres peu nombreuses qui sont datées de cette période, par les divers éditeurs, peuvent ou n'avoir pas été écrites de la cour ou être rapportées à une date plus récente. En particulier, les deux lettres à Angilbert et au roi d'Italie Peppin sont probablement d'une époque sensiblement postérieure. On ne comprend pas bien comment il aurait pu être le maître de Peppin s'il n'avait pas séjourné en Italie entre 781 et 787, et cependant il lui écrit comme à son fils spirituel[3]. Toutefois, il était certainement à la cour vers 786-787, car il y connut Paulin

deliciosus ipsius regis, » si le texte était contemporain, mais il a été écrit au temps de la plus grande faveur d'Alcuin.

1. Duemmler, I, 222.

2. Le biographe qui le fait venir en France aussitôt après l'entrevue de Parme lui fait donner aussitôt les monastères de Saint-Loup de Troyes et de Ferrières, où nous ne le voyons qu'après 793. Une lettre d'Alcuin à Charlemagne de 799 (éd. Jaffé, 112) semble indiquer d'une manière bien nette qu'Alcuin ne s'est pas trouvé à la cour en même temps que Pierre de Pise, qui a dû la quitter vers 786.

3. Cf. *ep.* 6 et 77.

avec qui il resta en relations très affectueuses et à qui il écrit une lettre pleine d'effusion en 787[1]. C'est probablement alors qu'il eut Angilbert pour élève[2], mais ce qui est sûr c'est que l'époque de la grande influence d'Alcuin fut celle qui suivit immédiatement le départ des Italiens en 786-787. Ce fut alors sur lui seul que reposa l'enseignement de l'École palatine. Son enseignement fut bientôt interrompu par la mission religieuse et politique qu'il remplit en Angleterre de 790 à 793. De 793 à 796, il séjourna de nouveau à la cour, mais fut très absorbé par les querelles théologiques de l'adoptianisme. De 796 à 801, nommé abbé de Saint-Martin de Tours, il partagea son temps entre la cour et son abbaye, où il passa entièrement les quatre dernières années de sa vie, de 801 à 804. On voit donc que, même en admettant qu'Alcuin ait résidé à la cour de Charlemagne dès 782, il n'y aurait pas enseigné plus de douze ans, et encore ne faut-il pas se figurer cet enseignement comme celui d'une école régulière, d'une école monastique, par exemple. Il était constamment interrompu par les affaires politiques, par les campagnes, par les chasses, par les assemblées; mais, d'un autre côté, c'était un enseignement qui n'était pas restreint à des heures prescrites; il se continuait partout, à toutes les heures du jour, à table comme à la promenade, par la correspondance et par la conversation. Ce n'est point par les leçons données directement aux enfants nobles, qui venaient faire leur éducation au palais, que s'exerçait l'influence d'un maître comme Alcuin, c'est par les directions et les encouragements qu'il donnait aux hommes déjà instruits ou aux professeurs de cette jeunesse; il les rompait aux exercices de dialectique, de métrique, de grammaire, dans des discussions et des conversations semblables à celles qu'il nous a conservées et où il se donne pour interlocuteurs Charles lui-même et son fils Peppin; il excitait, par ses exhortations et ses exemples, à étudier les bons auteurs, à écrire sur leur modèle en vers et en prose; il créait autour de lui un mouvement littéraire, qui se continuait loin de lui et en son absence. Aussi a-t-on pu, non sans quelque raison, donner au groupe d'hommes instruits qui entouraient Charlemagne, le nom d'*Aca*-

---

1. *Ep.* 11.
2. Il dit à Paulin, en parlant d'Angilbert, « filius communis noster » (*ep.* 52), et il l'appelle dans une lettre à Léon III « filius eruditionis nostrae » (*ep.* 82). Pierre de Pise fut aussi un des maîtres d'Angilbert (cf. *Ep. Alcuini*, 112, et les vers d'Angilbert, « Petro, dulci doctoque magistro..., » Duemmler, I, 75).

démie palatine, de préférence au nom d'*École palatine*[1]. D'ailleurs, si l'influence d'Alcuin à la cour fut grande sur des hommes tels que Charlemagne lui-même, Arn de Salzbourg, Ratbod de Trèves, Leidrad de Lyon, Angilbert, Adalhard, Einhard, elle fut plus grande encore sur les élèves réguliers des écoles monastiques qui furent sous sa direction. L'École de Ferrières, qui devait être illustrée par Servat Loup et par Adon, plus tard évêque de Vienne, avait été créée par Alcuin et son élève Sigulf; Adalbert et Aldric, formés à Tours, allèrent y enseigner.

A Tours, il eut pour élèves Hatton, Samuel, Raban Maur, Haimon d'Halberstadt, Aldric, Adalbert de Ferrières et Amalaire. C'est par eux surtout que l'influence d'Alcuin devait se maintenir et se répandre au ixe siècle.

Publius Albinus Alcuinus, que l'on désigne d'ordinaire par son nom saxon d'Alcuin (Alhwin = ami du temple) et qui était plus souvent désigné, par ses contemporains, par son nom latin d'Albinus[2], méritait que son nom brillât au-dessus de tous les autres et devînt le symbole même de la renaissance carolingienne. Non seulement il nous apparaît, dans sa correspondance et dans ses vers, comme l'esprit le plus aimable, le cœur le plus affectueux, admirablement doué pour exercer sur ses élèves cet ascendant que les qualités morales unies aux qualités intellectuelles peuvent seules donner; mais il a été au viiie siècle le maître par excellence; tous ses écrits ont l'enseignement pour but et il n'est pas un seul des objets de l'enseignement qu'il ait négligé. Il compose des ouvrages sur la grammaire, l'orthographe, la rhétorique, la morale, la dialectique, l'arithmétique, la géométrie, l'astronomie, la musique. Dans ses commentaires sur la Bible, dans ses livres de controverse, dans ses opuscules liturgiques et moraux, dans son grand recueil d'homélies, partout il se montre le même : un esprit très cultivé, très clair, très bien ordonné, dépourvu de toute originalité, qui n'a d'autre pensée que de transmettre dans toute leur pureté les saines doctrines qu'il a reçues de ses maîtres[3]. Il est professeur, il est pédagogue dans l'âme; Charlemagne s'adresse à lui aussi bien pour résoudre les difficultés chronolo-

1. Œbeke, *De Academia Caroli Magni*. Aix, 1847.
2. Il tenait sans doute ce nom d'Albinus, élève de Théodore et successeur d'Hadrien comme abbé de Cantorbéry, qui fournit à Bède de précieux renseignements pour son Histoire ecclésiastique.
3.   Nec ego quid noviter possum nunc pandere vobis,
            Sed vetera, ammoneo, vestrae commendite menti.
(Duemmler, I, 294.) Ces vers sont adressés à Charles.

giques soulevées par les dates de fêtes ecclésiastiques que pour réfuter les hérésies de Félix d'Urgel, ou pour faire exécuter avec un soin scrupuleux d'admirables copies des livres saints. A Tours, il forme une troupe de copistes qu'il dirige et gourmande; il n'est pas un monastère où il ne compte des amis ou des élèves, et on le voit fabriquer, avec une inépuisable fécondité, des inscriptions en vers pour les églises, les dortoirs, les réfectoires et les bibliothèques des couvents. Ses disciples remplissent les sièges épiscopaux et abbatiaux, et le moine de Saint-Gall dit de lui, à la fin du IXe siècle, que, grâce à son enseignement, les Gaulois et les Francs peuvent s'égaler aux Romains ou aux Athéniens (ch. II).

Il eut cependant, à la fin de sa vie, à une époque où la vieillesse se faisait sentir à lui par de douloureuses infirmités, le chagrin d'entrer en lutte avec l'évêque d'Orléans, Théodulf, et d'encourir, à cette occasion, les reproches de Charlemagne. Il y avait peut-être, au fond de cette querelle, une secrète rivalité d'école. Théodulf était un Goth d'Espagne[1], qui, attiré par Charlemagne à la cour au moment où Alcuin se sentait de plus en plus absorbé par ses devoirs monastiques, resta indépendant de ce groupe d'amis où l'on se désignait familièrement par des noms de guerre empruntés à l'antiquité sacrée ou profane[2]. Les Italiens de la première époque et les Anglo-Saxons avaient entre eux de nombreux points de rapprochement, tandis que Théodulf pouvait leur paraître un intrus. Il fut comblé de faveurs, reçut les abbayes de Saint-Aignan, de Saint-Mesmin, de Saint-Benoît-sur-Loire, de Saint-Lifard et d'autres encore avec l'évêché d'Orléans; en 798, il fut investi, avec Leidrad de Lyon, des fonctions de *missus* dans la Narbonnaise; il était reçu familièrement à la cour, et ce prélat magnifique, lettré et ambitieux, beaucoup plus jeune qu'Alcuin[3], et formé en dehors de son influence, contribua, pour sa part, à faire fleurir les études dans son diocèse et à rehausser l'éclat des dernières années du règne de Charlemagne. Alcuin vit-il avec une certaine mélancolie sa place prise par des hommes plus jeunes que lui et qui ne le valaient pas? il serait téméraire de l'affirmer; mais le ton des lettres postérieures à 801 le ferait soupçonner.

---

1. Ébert et Hauck ont prouvé qu'il venait d'Espagne.
2. Charles = *David*. — Alcuin = *Flaccus*. — Eginhard = *Beseleel*. — Angilbert = *Homerus*. — Adalhard = *Augustinus*. — Riculf = *Damaetas*, etc.
3. Il était né vers 760.

Il y eut, comme on le voit, trois périodes dans le mouvement de renaissance sous Charlemagne. De 773 à 786, la première place appartient aux Italiens, Paulin d'Aquilée, Pierre de Pise, Paul Diacre, qui vinrent donner une culture plus raffinée à un terrain déjà bien préparé par des maîtres anglo-saxons et irlandais. De 786 à 800, c'est le règne d'Alcuin ; il hérite du travail de ses devanciers et il a la gloire d'être le représentant principal de la période littéraire la plus brillante du règne de Charlemagne. Il est entouré d'élèves qui, à leur tour, en formeront d'autres, en particulier, Sigulf, custode de l'Église d'York, qui l'avait précédé à Metz (*Vita Alc.*, 5), Witton et Fridugise, qu'il désigne toujours sous les noms de Candidus et de Nathanael, Osulf, qui, comme les précédents, était venu d'Angleterre. Ils ont beau quitter le « nid paternel, » comme le leur dit Alcuin (cf. 180), et voler de leurs propres ailes, c'est toujours la doctrine d'Alcuin qui est répandue par eux. A ces disciples de la première heure viennent se joindre les nombreux élèves du palais et ceux de l'École de Tours. A partir de 800, il n'y a plus d'influence dirigeante. Théodulf, Angilbert, Einhard, Dungal jouent chacun leur rôle. La cour n'est plus d'ailleurs ce qu'elle était quand Alcuin y enseignait les règles orthodoxes de la grammaire et la foi. Les désordres s'y glissent, au moment même où Charlemagne victorieux va jouir en paix du fruit de ses victoires, et le premier soin de Louis le Pieux sera de purifier ce palais souillé par tant de péchés.

Je n'ai pas indiqué dans ce tableau quel avait pu être le rôle des moines celtes, de ces moines irlandais qui, de l'aveu même d'Alcuin, avaient fourni les maîtres les plus savants à l'Angleterre, à la Gaule et à l'Italie[1]. Si leurs écoles n'étaient plus aussi florissantes qu'au VII° siècle, elles n'avaient cependant pas disparu et on y cultivait la science d'une manière plus profonde et plus désintéressée que partout ailleurs. La manie voyageuse des Celtes n'était pas non plus calmée[2] et il y en eut certainement plus d'un à la cour de Charles ou dans les monastères de son

---

1. « Valde me gavisum fateor, quod Dominus Jesus in hoc ruinoso cadentis saeculi fine tantos sui sanctissimi nominis laudatores, et veritatis praedicatores, et sanctae sapientiae sectatores probatur habere quantos audio inclytam Hiberniae insulam usque hodie possidere... Antiquo tempore doctissimi solebant magistri ex Hibernia Britanniam, Galliam, Italiam venire... » (Alcuin, *Epistola ad fratres qui in Hibernia insula per diversa loca Deo inservire videntur*).

2. « Natio Scottorum, quibus consuetudo peregrinandi jam pene in naturam conversa est » (*Vita S. Galli*, II, 47).

royaume. Nous ne savons pas ce qu'il y a de vrai au fond de l'anecdote fantaisiste par laquelle s'ouvre le livre du Moine de Saint-Gall, et d'après laquelle deux Irlandais d'une science incomparable s'en allaient sur les marchés offrant la sagesse à qui voulait l'acheter. Charlemagne les aurait fait venir, aurait gardé l'un d'eux, Clément, auprès de lui et aurait donné à l'autre l'abbaye de Saint-Augustin de Pavie. — Ce Clément paraît être celui qui dirigea l'École du palais à l'époque de Louis le Pieux. Il peut en effet être déjà venu à la cour au temps de Charlemagne[1], mais il n'y précéda certainement pas Pierre de Pise ni Alcuin. Peut-être faut-il identifier l'autre Irlandais avec Dungal, que nous retrouvons en 810 à Saint-Denis, d'où il écrit à Charlemagne pour lui donner une leçon d'astronomie au sujet de l'éclipse de soleil de 810[2] et à qui l'on attribue les vers d'un certain *Hibernicus exul*[3]. — En 793, Alcuin ramena avec lui un Irlandais nommé Joseph, qui fut abbé et composa un commentaire sur Isaïe et des acrostiches d'une bizarre ingéniosité[4]. Il y en eut certainement d'autres encore. Ces Irlandais n'étaient pas aimés de tous et nous trouvons dans un des poèmes de Théodulf une virulente invective contre un de ces *Scotti*[5], qu'Einhard détestait aussi et qu'on a identifié, sans raison, tantôt avec Clément, tantôt avec Dungal. — Ces *Scotti* ont joué certainement un rôle dans la renaissance carolingienne, surtout peut-être pendant la dernière période que j'ai indiquée plus haut et où il n'y a plus de maître dirigeant.

Quelque grande qu'ait été l'action de tous ces hommes, elle n'a pu s'exercer et elle n'a été aussi féconde que grâce à celui qui les a réunis autour de lui, qui, après avoir docilement écouté leurs leçons, les a comblés d'honneur et de faveurs, les a mis à la tête de ses abbayes et de ses villes épiscopales et en a fait les plus utiles instruments de ses vues politiques. Charlemagne, en mettant sa puissance au service de ces maîtres éminents et en se servant d'eux pour civiliser et ordonner son empire, a donné à la renaissance du VIIIe siècle une portée qu'elle n'aurait pas eue sans lui. La renais-

1. Le catalogue des abbés de Fulda (*Monum. Germ.*, SS., XIII, 272) parle de Clément Le Scot comme enseignant à la même époque qu'Alcuin et Einhard.

2. Jaffé, *Monum. Carolina*, 396.

3. Duemmler, I, 395. — On le retrouve, en effet, plus tard maître à Pavie (cf. Duemmler, I, 394). Le géographe Dicuil était peut-être aussi dans l'Empire franc sous Charlemagne.

4. Duemmler, I, 149 et suiv.

5. Duemmler, I, 487-488.

sance des lettres n'est pas séparée dans son esprit de l'ensemble de son œuvre gouvernementale. Les termes dans lesquèls Théodulf parle à Magnus de Sens de l'influence de Charlemagne sur ceux qui l'entourent ne sont point une banale rhétorique; ils ne disent rien qui ne soit vrai. « Charlemagne exhortait les évêques à scruter les écritures et à enseigner une saine doctrine, le clergé tout entier à suivre la discipline, les savants à s'instruire des choses divines et humaines, les moines à observer les règles, tous les hommes à rechercher la sainteté ; il enseignait aux grands la sagesse dans les conseils, aux juges la justice, aux soldats l'art militaire, aux prélats l'humilité, aux sujets l'obéissance, à tous la prudence, le courage, la tempérance et la concorde. Il ne cessait de grandir l'Église et se montrait aussi admirable dans l'administration des affaires civiles que des affaires ecclésiastiques[1]. »

Ce maître d'un empire presque aussi vaste que celui de Rome, ce chef d'armée toujours en campagne, cet administrateur toujours occupé de réformer son gouvernement, s'informait soigneusement de toutes les questions liturgiques, s'intéressait aux questions de chronologie et d'astrologie, gourmandait les évêques qui négligeaient d'instruire leurs clercs, veillait à la correction des copies exécutées par ses ordres[2]. Il y avait bien là l'universelle curiosité d'un esprit naïf et puissant, mais il y a aussi là une pensée réfléchie et profonde, la conviction que le développement des études peut beaucoup pour l'affermissement de son empire. Ses efforts pour expurger la liturgie, pour améliorer le chant sacré ou la prédication, pour extirper les hérésies, pour fixer les fêtes religieuses sont la conséquence naturelle du rôle qu'il donne à l'Église dans l'État et ont la même importance à ses yeux que

---

1. « Cui hoc semper familiare est : ut exerceat praesules ad sanctarum scripturarum indagationem et sanam sobriamque doctrinam, omnem clerum ad disciplinam, philosophos ad rerum divinarum humanarumque cognitionem, monachos ad religionem, omnes generaliter ad sanctitatem ; primates ad consilium, judices ad justitiam, milites ad armorum experientiam, praelatos ad humilitatem, subditos ad obedientiam, omnes generaliter ad prudentiam, justitiam, fortitudinem, temperantiam atque concordiam... Ille vir optimus sanctae ecclesiae fastigium adcumulare non cessat et admirabilis in rerum ecclesiasticarum sive civilium administratione... » (Jaffé, *Monum. Carolina*, 414).

2.   « Qui sternit per bella truces fortissimus heros,
            Rex Carolus nulli cordis fulgore secundus,
            Non passus sentes mendarum serpere libris,
            En bene correxit studio sublimis in omni. »

Vers du scribe Winidharius, cités par Wattenbach, *Deutschlands Geschichtsquellen*, 4° éd., I, p. 127, d'après le ms. de Vienne 743.

la création d'évêchés nouveaux qui sont entre les mains d'hommes instruits et capables des centres de civilisation et de gouvernement. Nous avons vu qu'il n'y avait rien d'étroit dans ses goûts; que son culte pour l'antiquité ou les lettres sacrées s'alliait avec l'amour de sa langue et des chants nationaux de la race franque; de même il savait apprécier les beaux marbres d'Italie et en faisait venir de Ravenne et de Rome pour son église d'Aix-la-Chapelle et n'en restait pas moins attaché au costume et aux coutumes germaniques. Il s'occupait de relever l'École de Pavie comme de favoriser les écoles franques. Habitué à ne pas perdre une minute de sa journée, il s'exerçait à écrire pendant ses insomnies, comme il rendait des jugements tout en s'habillant, et le temps de ses repas était encore consacré à l'instruction. Tantôt on lui faisait quelque récitation, peut-être de ces chants germaniques qu'il avait fait recueillir; tantôt on lui lisait soit une œuvre pieuse comme la Cité de Dieu, soit un historien de l'antiquité; d'autres fois les convives se livraient à des joutes d'esprit, se posaient des énigmes et échangeaient des vers. Sans doute Charlemagne était imbu de l'esprit théologique et scolastique de ses maîtres italiens et anglais, et pourtant en se mêlant avec tant d'ardeur à ce mouvement de renaissance littéraire, en y associant les hommes de sa cour, ses fils et aussi ses filles, ces belles et hardies cavalières, dont parle Einhard, ces « colombes couronnées » qui venaient voleter aux fenêtres de Fridugise, au grand désespoir d'Alcuin[1], il y fit entrer un peu d'esprit laïque et profane qui vivifia la littérature nouvelle. Grâce à lui, la littérature carolingienne ne fut pas seulement une littérature d'église et une littérature d'école, ce fut aussi une littérature de cour. C'est à cette influence que nous devons tant de poèmes où la cour et la vie de cour sont peintes en couleurs si vives, les essais de poésie épique d'Angilbert et d'Ermold, le développement si rapide de l'histoire, les biographies imitées de l'antiquité. C'est lui qui a mis la plume aux mains des laïques, d'Einhard, d'Angilbert et de Nithard.

Ce double caractère de littérature d'école et de littérature de cour ne doit cependant pas nous faire méconnaître le rôle de l'Église dans la renaissance carolingienne, rôle qui reste, malgré tout, prédominant. Si, à l'époque de Charlemagne et de Louis le Pieux, un élément laïque se mêle à l'élément ecclésiastique, la

1. « Non veniant coronatae columbae ad fenestras tuas, quae volant per cameras palatii » (Alcuin, *ep.* 296, *ad Nathanaelem*).

littérature garde néanmoins un caractère profondément religieux. Elle ne sort des églises et des monastères que pour y rentrer aussitôt. Si Angilbert resta toute sa vie un abbé de cour,
Einhard fut un fondateur de monastères, un pieux chercheur de
reliques et passa ses dernières années dans une retraite vouée à
la contemplation dévote. Après Nithard, nous ne trouverons plus
d'écrivain laïque à l'époque carolingienne. Tous les maîtres de la
renaissance du VIIIᵉ siècle ont été des hommes d'église. Si nous
ne le savons pas pour Pierre de Pise, nous en sommes certains
pour Paulin, pour Paul Diacre, pour Alcuin, pour Théodulf. Les
préoccupations religieuses et même théologiques tiennent la première place dans les esprits et Charlemagne est constamment
occupé, non seulement à régler les questions liturgiques, mais
même à juger les questions de dogme. L'affaire de l'adoptianisme lui semblait certainement aussi grave que la guerre de
Saxe. L'École du palais devait retentir aussi souvent de querelles théologiques que de discussions grammaticales et elle était
en relations étroites avec la chapelle royale. En dehors de l'École
du palais, d'ailleurs, il n'y a que des écoles épiscopales ou des
écoles monastiques, et c'est par elles, quand l'École du palais
sera annihilée comme la royauté carolingienne elle-même, que
l'œuvre de la renaissance carolingienne sera en partie sauvée,
que sa tradition se maintiendra, sinon sans affaiblissement, du
moins sans interruption, et que se préparera la renaissance du
XIIᵉ siècle d'où sortira l'Université de Paris. Charlemagne, que
la légende représente comme le fondateur de l'Université de
Paris, n'a donc contribué à sa naissance que d'une manière très
indirecte[1]. Il y a contribué cependant, car c'est lui qui a transformé l'Église en une grande institution d'enseignement, qui a
multiplié les écoles dans tout son empire, qui a créé entre l'École
et l'Église cette étroite solidarité que la fondation des Universités
fortifia d'abord et n'ébranla ensuite que d'une manière indirecte
et très lente.

De bonne heure Charlemagne a considéré comme un des premiers devoirs des évêques de veiller à l'instruction de leur clergé.
Nous avons une lettre de lui adressée probablement à Lull, archevêque de Mayence et où il lui reproche de négliger ce soin[2].

1. Vincent de Beauvais, *Spec. hist.*, XXIII, 173.
2. Cette lettre ne donne ni le nom du roi qui l'écrit ni le nom de celui à qui
elle est adressée. Mais, comme M. Jaffé le fait remarquer (*Monum. Carolina*,
369), les idées exprimées dans cette lettre décèlent son auteur et l'archevêque
disciple de saint Boniface ne peut être que Lull, qui mourut en 786.

« Je m'étonne beaucoup, lui dit-il, que toi qui t'occupes si activement de conquérir avec l'aide de Dieu les âmes des fidèles, tu ne t'inquiètes nullement d'instruire ton propre clergé dans les lettres. Tu vois de tous côtés les cœurs de tes subordonnés plongés dans les ténèbres de l'ignorance, et, lorsque tu pourrais les inonder de la lumière de la science, tu les laisses croupir dans l'ombre de leur aveuglement. »

Ce n'était, en effet, que sur le clergé qu'il pouvait compter pour répandre l'instruction. Aussi le voyons-nous, au moment même où l'influence d'Alcuin était à son apogée, faire appel à tous les évêques pour qu'ils fassent de leurs églises et de leurs monastères des centres d'étude et de travail intellectuel. Les évêchés et les monastères, dit-il dans cette circulaire célèbre qui nous a été conservée par l'exemplaire adressé à Baugolf, abbé de Fulda, indépendamment de leurs fonctions religieuses, « doivent encore s'occuper de l'enseignement des lettres pour ceux qui peuvent apprendre : « Etiam in litterarum meditationibus eis « qui, donante Domino, discere possunt, secundum uniuscujusque « capacitatem docendi studium debeant impendere. » Les raisons qu'il en donne sont d'ordre tout religieux. Il veut qu'on plaise à Dieu, non seulement en vivant bien, mais aussi en parlant correctement, car il est dit : « Aut ex verbis tuis justificaberis, aut ex verbis tuis condemnaberis. » Il faut donc savoir prier et parler des choses religieuses en termes corrects, et, de plus, on ne peut bien comprendre les saintes Écritures sans connaître à fond les formes grammaticales ; on en saisira d'autant mieux l'esprit qu'on aura été mieux instruit dans les belles-lettres. Il recommande donc de choisir pour donner l'instruction des hommes capables d'apprendre et désireux d'enseigner. Il faut que les clercs et les moines sachent instruire dans la lecture des livres saints et le chant des cantiques[1]. Peu après l'envoi de cette cir-

1. M. Boretius, *Capitularia regum francorum*, p. 79, place cette circulaire à une époque indéterminée entre 786 et 800. Mais il est vraisemblable que cette circulaire doit être à peu près du même temps que l'*Admonitio generalis*, doit l'avoir accompagnée ou bien précédée de peu. La lettre relative à l'homiliaire de Paul Diacre serait aussi de la même époque et ces trois actes sont, en effet, inspirés par la même pensée. — D'après un passage de la Chronique d'Adémar de Chabannes, qui semble d'après sa forme emprunté à des Annales anciennes, c'est en 787 que Charles aurait commencé à travailler au progrès des études avec les maîtres de grammaire et d'arithmétique qu'il avait ramenés de Rome : « Et d. rex Karolus a. 787 iterum a Roma artis grammaticae et computatoriae magistros secum adduxit in Franciam et ubique studium litterarum expandere jussit. » Si l'on accorde à ce texte une valeur quelconque, on doit le rapporter à ce que Charlemagne fit à ce moment pour les écoles.

culaire, Charles adressait à tous ses sujets, laïques, moines, clercs et évêques, une exhortation générale (*Admonitio generalis*) qu'il avait délibérée avec ses conseillers laïques et ecclésiastiques et où il prescrivait à chacun ses devoirs. Parmi les recommandations faites aux évêques se trouve (c. 72) celle d'attirer à eux non seulement les enfants de condition servile, mais même les fils des hommes libres, d'organiser dans les églises cathédrales et dans les monastères des écoles pour enseigner aux enfants à lire, à chanter, à compter, enfin de veiller à ce que les psautiers, les livres de musique, d'arithmétique et de grammaire fussent d'une parfaite correction. C'est vers le même temps, un peu plus tard peut-être, qu'il adressa à tous les clercs l'homiliaire de Paul Diacre [1], dans des termes qui montrent bien que les soins donnés à l'instruction des clercs étaient rattachés dans son esprit au progrès général des lettres : « Comme nous avons souci d'améliorer sans cesse l'état de nos églises, nous nous efforçons de relever par des soins incessants les études littéraires presque oubliées par la négligence de nos devanciers et nous encourageons, par notre exemple, tous ceux que nous pouvons à se consacrer aux arts libéraux. » Ce n'était pas à tort, on le voit, que Godescalc, en écrivant pour Charlemagne le magnifique évangéliaire que nous possédons encore [2], le qualifiait de « providus ac sapiens, studiosus in arte librorum. »

La prévoyance de Charlemagne porta rapidement des fruits. Peu d'années après que le clergé avait été exhorté à faire de l'enseignement une de ses premières préoccupations, l'habitude d'envoyer les enfants à l'école était si bien entrée dans les mœurs qu'en 803 un évêque, en dressant une liste de questions pour l'examen des prêtres, des chanoines, des abbés et des laïques de son diocèse, la terminait par cette recommandation : « Que chacun envoie son fils à l'école et qu'il y reste scrupuleusement jusqu'à ce qu'il soit complètement instruit [3]. » En 813, Leidrad,

---

1. Boretius, I, 80, fait remarquer que, d'après les vers que Paul envoya avec son homiliaire à Charlemagne, il l'acheva au Mont-Cassin et non dans l'Empire franc, par conséquent après 786 (cf. Duemmler, *Poetae aevi Carolini*, I, 68). Le travail de correction des manuscrits entrepris sous la direction d'Alcuin était déjà avancé lorsque Charlemagne fit distribuer l'homiliaire de Paul Diacre. Il le dit dans sa circulaire : « Iam pridem universos... libros, librariorum imperitia depravatos... correximus. »

2. A la Bibliothèque nationale de Paris.

3. Boretius, I, 235 : « Ut unusquisque filium suum litteras ad discendum mittat, et ibi cum omni sollicitudine permaneat usque dum bene instructus perveniat. » M. Büdinger, M. Ebert veulent voir là les origines de l'instruction

archevêque de Lyon, rendait compte à Charlemagne de la manière dont il avait appliqué ses prescriptions dans son diocèse et lui montrait les écoles de chantres, les écoles de lecteurs, les écoles de scribes en pleine activité. Leidrad rappelle que l'exemple vient du palais lui-même « *secundum ritum sacri palatii.* » Théodulf, dans son Capitulaire adressé aux prêtres du diocèse d'Orléans (c. 20), leur prescrit de tenir des écoles dans les hameaux et les bourgs et d'y recevoir tous les enfants de leurs fidèles[1] pour les instruire gratuitement. Les conciles joignent leur voix à celle de Charlemagne pour provoquer la création des écoles comme nous le voyons par le concile de Chalon-sur-Saône en 813[2]. Plus tard le concile de Paris de 829 demande même la création de trois grandes écoles publiques qui eussent été sans doute comme le renouvellement des anciennes écoles gallo-romaines ou plutôt encore comme des premiers essais d'universités[3].

Dans toutes les parties de l'Empire on voit naître des écoles qui se multiplient encore pendant le ixe siècle. Les villes épiscopales d'Utrecht, de Mayence, de Salzbourg, de Metz, de Verdun, de Lyon, de Reims, de Sens, d'Auxerre, d'Orléans, du Mans, de Pavie, de Vérone deviennent des foyers d'étude ; les écoles monastiques de Tours, de Fleury-sur-Loire, de Saint-Denis, de Saint-Germain d'Auxerre, d'Aniane, de Saint-Mihiel, de Prüm, de Corbie, de Saint-Riquier, de Saint-Bertin, de Saint-Wandrille, de Saint-Amand, de Fulda, de Hersfeld, de Corvei, de Reichenau, de Saint-Gall exercent peut-être une action encore plus puissante, car on y est mieux protégé contre les bruits du monde, on y trouve des maîtres qui peuvent se donner plus entièrement à l'étude et à l'enseignement. Tel ce Ratpert de

primaire obligatoire. M. Boretius a fait remarquer avec raison que la série de questions à la suite desquelles se trouve cette recommandation n'est pas un capitulaire royal, mais une œuvre toute privée. Il n'en ressort pas moins clairement que l'habitude d'envoyer les enfants à l'école était devenue très générale.

1. « Presbyteri per villas et vicos scholas habeant, et si quilibet fidelium suos parvulos ad discendas literas eis commendare vult, eos suscipere et docere non renuant... Cum ergo eos docent, nihil ab eis pretii pro hac re exigant nec aliquid ab eis accipiant, excepto quod eis parentes caritatis studio sua voluntate obtulerint. »

2. « Oportet etiam ut, sicut d. imp. Carolus... praecepit, scholas constituant, in quibus... tales erudiantur... qui condimentum plebis esse valeant » (c. 3).

3. « Suggerimus ut, morem paternum sequentes, saltem in tribus congruentissimis imperii vestri locis scholae publicae ex vestra auctoritate fiant, ut labor patris vestri et vester per incuriam, quod absit, labefactando non pereat » (c. 12).

Saint-Gall qui oubliait dans le travail l'heure des messes et des prières et prétendait que la meilleure manière de dire la messe était d'enseigner aux autres à la célébrer. C'est surtout par ces écoles monastiques que la tradition d'Alcuin se perpétua d'Alcuin à Raban Maur et à Haimon d'Alberstadt, de Raban à Servat Loup, de Servat Loup et d'Haimon à Héric d'Auxerre, de Héric à Remi d'Auxerre et à Hucbald le Chauve, et de ceux-ci aux écoles de Belgique, de Reims, de Bourgogne et de Paris. Sans doute ce ne sera pas sans difficultés que les écoles se maintiendront pendant les guerres civiles du milieu du IXe siècle et surtout pendant les invasions et l'anarchie de la fin du IXe siècle et de tout le Xe; on ne retrouvera plus alors cette connaissance solide de l'antiquité, cette habileté dans la métrique, ce purisme grammatical qui distinguent les élèves directs d'Alcuin, mais l'œuvre de Charlemagne et des maîtres qui l'ont inspiré et aidé a jeté des racines trop profondes pour pouvoir être extirpées. Dès que le calme se rétablit, que le ciel se montre plus clément, elles donnent naissance à de vigoureux rejetons. Si les lettres cessent, par suite du malheur des temps, d'être cultivées sur un point, elles refleurissent sur un autre. C'est ainsi qu'au Xe siècle, sous le pouvoir tutélaire des Otton, l'Allemagne voit une renaissance qui rappelle les temps de Charlemagne, et l'école de Reims, sous la direction de Gerbert, fait de la France un pays de lumières[1]. Au XIe siècle, les écoles de Normandie, de Bourgogne, de l'Orléanais, de la Touraine, de l'Anjou voient se produire un mouvement littéraire et philosophique qui a son complet épanouissement au XIIe siècle. Les efforts de Charlemagne ne devaient donc pas être perdus, et si l'édifice politique qu'il avait créé et restauré était voué à la ruine, le mouvement intellectuel qu'il avait favorisé de sa toute-puissante protection devait, non sans vicissitudes, continuer après lui malgré tous les obstacles, et produire dans l'avenir une renaissance bien plus belle encore que celle du VIIIe siècle. Walafrid Strabon avait raison lorsqu'il disait dans son langage expressif et intraduisible : « Regni a Deo sibi commisi nebulosam et ut ita dicam pene caecam latitudinem totius scientiae nova irradiatione et huic barbariei ante partim incognita luminosam reddidit[2], » et, lorsqu'il s'affligeait de voir la lumière de la science se faire rare[3], la décadence qu'il constatait

1. « Tota Gallia, acsi lucerna ardente, vibrabunda refulsit » (Richer, III, 43).
2. *Prologus ad Einhardi Vitam Karoli.*
3. « Relabentibus in contraria studiis, lumen sapientiae rarescit in plurimis » (Ibid.).

n'était que superficielle et passagère. Cet amour de la science dont étaient animés le roi des Francs et les savants qu'il attirait auprès de lui[1] ne devait plus s'éteindre en Occident.

Quelle était l'instruction donnée dans les écoles carolingiennes? Quelles étaient les études que la renaissance du VIIIe siècle a remises en honneur? Quels aliments fournissaient les maîtres de cette renaissance aux esprits avides de s'instruire qui venaient leur demander la science? L'ouvrage de Cassiodore, *Institutiones divinarum et saecularium lectionum*, qui fut un des manuels de ce temps, peut en donner une assez juste idée : en premier lieu les sciences divines, en second lieu les sciences humaines résumées dans les sept arts libéraux tels que Martianus Capella les a exposés au second livre de ses *Noces de Mercure et de la Philologie*.

Nous avons déjà montré que la religion et le culte ont tenu la première place dans les préoccupations de Charlemagne et de son entourage. Il semblerait même qu'en cherchant à développer l'instruction ils n'ont eu en vue que la gloire de Dieu et la dignité de son culte. Le caractère religieux, liturgique et théologique de la renaissance carolingienne, non seulement ne s'effaça pas, mais s'accentua sous l'influence exercée par Alcuin dans l'école de Tours et par les élèves qu'il y forma. — Il est vrai que les sciences sacrées comprenaient bien des choses, et, par plus d'un côté, se rattachaient aux sciences profanes du trivium et du quatrivium. Il n'y avait pas de séparation, comme nous l'avons dit, entre l'Église et l'École.

Au premier rang, parmi les sciences qu'on entreprit de réformer, se plaçait le chant sacré. C'était sous Peppin que cette réforme avait commencé. Charlemagne la continua[2] en faisant adopter partout le chant grégorien. Ce n'était pas seulement une réforme liturgique, c'était aussi une réforme musicale qui se rattachait à une des quatre sciences du quatrivium. Alcuin écrit un opuscule *de Musica*, et, dans son *Admonitio generalis*, Charles

---

1. « Omnium regum avidissimus sapientes diligenter inquirere, et, ut omni cum delectatione philosopharentur, excolere » (*Ibid.*).

2. *Admonitio generalis*, 989, c. 80 : « Ut cantum Romanum pleniter discant, et ordinabiliter per nocturnale vel gradale officium peragatur, secundum quod b. memoriae genitor noster Pippinus decertavit ut fieret. » Cf. *Cap. de examinandis ecclesiasticis*, 802, c. 2. — *Chron. Moissac.* — *Ademar Cab.* — *Vita Greg. M. a Joanne diacono.* — Voy. aussi la circulaire relative à l'homiliaire de Paul Diacre : « Pippinus... qui totas Galliarum ecclesias Romanae traditionis suo studio cantibus decoravit » (Jaffé, *Monum. Carolina*, p. 373).

recommande l'étude de la musique. On établit de nombreuses *scholae cantorum*. Cette réforme du chant est étroitement unie à celle de la liturgie tout entière, car le but de Charles est d'établir, comme l'a voulu aussi son frère, « Unanimitatem apostolicae sedis et Sanctae ecclesiae Dei pacificam concordiam[1]. » Alcuin écrit un missel selon le rite romain qui de tout temps a régné dans l'Église anglo-saxonne. C'est au IXe siècle que les questions liturgiques exerceront surtout la plume des lettrés[2], mais dès le VIIIe on étudie dans un intérêt surtout liturgique les questions d'astronomie et de chronologie qui sont essentielles pour la fixation des fêtes religieuses.

C'est aussi l'importance extrême attachée aux formes et aux formules liturgiques, au texte exact des livres sacrés qui poussa Charlemagne et Alcuin à attacher tant de prix à l'art des scribes. De là ces beaux manuscrits composés à la demande de Charles ou à son intention, de là ces écoles de scribes fondées dans divers monastères, en particulier à Tours, et qui nous ont laissé tant de preuves de leur habileté. C'est à ces scribes que nous devons la belle écriture dite minuscule carolingienne qui procède directement de l'écriture anglo-saxonne[3].

Pour être bon scribe il ne faut pas seulement être habile à tenir le roseau et le pinceau, il faut encore être assez instruit pour corriger les fautes des manuscrits qu'on copie. Aussi les trois sciences du trivium, grammaire, dialectique et rhétorique, mais surtout la grammaire, seront-elles étudiées avec zèle dans les écoles ecclésiastiques. Cette étude de la grammaire amène un rapide progrès dans le style des écrivains du VIIIe siècle; ils deviennent bientôt capables d'imiter avec intelligence les modèles de l'antiquité. Les maîtres austères, comme Alcuin, éprouvaient bien certains scrupules à recommander la lecture des auteurs païens et surtout des poètes; il réprouve même les mensonges de Virgile[4] et il adresse d'affectueux reproches à Ricbod, arche-

---

1. *Admonitio*, c. 80.

2. Raban Maur, *De clericorum institutione. De puerorum oblatione. De astronomia. Liber de computo.* — Theodulfus, *De ordine baptismi.* — Florus, *De expositione missae.* — Walafrid Strabo, *De ecclesiast. rerum exordiis et incrementis.* — Dungal, *De duplici solis eclipsi.* — Wandalbertus, *Horologium. Liber de computo.* — Helpericus, *Liber de computo*, etc., etc.

3. Voy. l'étude de M. Léopold Delisle sur l'École de scribes de saint Martin de Tours.

4. Lettre 243 à Gundrade : « Virgiliacis mendaciis. » — *Vita Alcuini*, c. 10 : « Legerat isdem vir Domini libros juvenis antiquorum philosophorum Virgilii-

vêque de Trèves, qui l'oubliait par amour pour Virgile[1]. Mais l'étude de la grammaire ne pouvait se séparer de l'étude des auteurs anciens qui lui fournissent pour ainsi dire sa substance et dont les textes remplissent comme exemples les pages de Phocas, de Donat et de Priscien. Alcuin lui-même reconnaît dans sa lettre aux moines irlandais que l'étude des lettres profanes est nécessaire pour s'élever à la connaissance de la vérité évangélique[2]. On ne peut négliger en effet ni l'étude de la dialectique, qui permet de mieux raisonner sur les choses divines et d'interpréter l'Écriture avec plus de profondeur, ni la rhétorique et la métrique, qui nous enseignent à louer Dieu en prose et en vers en termes dignes de lui. L'histoire aussi trouvait sa place et une place d'honneur dans les études, soit sous la forme des Chroniques universelles où tous les événements étaient rattachés aux grands faits de la Révélation, création, déluge, Incarnation, Passion, soit sous forme d'histoires religieuses. — Les auteurs qui servaient de modèles et de guides aux maîtres du VIIIe siècle les autorisaient par leur exemple à mêler les études profanes aux études sacrées. Bède, « ce maître très illustre dont l'exemple servait à éveiller les esprits endormis[3], » n'avait-il pas écrit un traité de métrique, un traité de cosmographie, une chronique des six âges du monde, un traité de chronologie, une histoire des Anglo-Saxons, sans parler de ses ouvrages de théologie et d'hagiographie? Isidore de Séville et Cassiodore n'étaient-ils pas grammairiens, astronomes, historiens? Enfin Boèce, le maître de tous ces maîtres, la source où tous vinrent puiser la science, ne leur avait-il pas enseigné la musique, l'arithmétique, la géométrie, la poésie, fait connaître Aristote et Porphyre, et enfin, dans son *De consolatione*, donné l'essence même de la philosophie antique? Boèce est un sage du paganisme déguisé en Père de l'Église. Il fait accepter par les

que mendacia, quae nolebat jam ipse nec audire neque discipulos suos legere : « Sufficiunt, inquiens, divini poetae vobis, nec egetis luxuriosa sermonis Virgilii « vos pollui facundia. »

1. *Ep.* 216.

2. « Nec tamen saecularium litterarum contempnenda est scientia, sed quasi quoddam fundamentum tenerae infantium aetatis tradenda est grammatica, aliaeque philosophicae subtilitatis disciplinae, quatenus quibusdam sapientiae gradibus ad altissimum evangelicae perfectionis culmen ascendere valeant » (*ep.* 217 de l'éd. Jaffé, *Monum. Alcuiniana;* 225 de l'éd. Froben). Alcuin, d'ailleurs, en écrivant à Angilbert pour le prier de lui rapporter des reliques de Rome, cite l'*Art d'aimer* d'Ovide (*ep.* 54 de l'éd. Jaffé).

3. « Recogitate nobilissimum nostri temporis magistrum Bedam... Illius exemplo dormientes excitate animos » (*ep.* 27).

hommes du moyen âge les enseignements de la philosophie comme une préparation et un complément à la Révélation. En même temps, Orose leur enseigne l'histoire profane en cherchant à montrer de combien de maux l'humanité avait été affligée avant d'être devenue chrétienne.

Alcuin nous a lui-même tracé le programme de l'enseignement donné dans les écoles anglo-saxonnes et par conséquent dans les écoles carolingiennes, lorsqu'il nous dit quelles étaient les leçons de son maître Ælbert : grammaire, rhétorique, jurisprudence, poésie et musique, astronomie, histoire naturelle, arithmétique, chronologie, explication de l'Écriture[1]. Alcuin dresse aussi la liste des principaux livres réunis par Ælbert et qu'il lui avait laissés en mourant : saint Jérôme, saint Hilaire, saint Ambroise, saint Augustin, saint Athanase, Orose, saint Grégoire le Grand, saint Léon, saint Basile, Fulgence, Cassiodore, saint Jean Chrysostome, Althelme, Bède, Victorius, Boèce, Trogue Pompée, Pline, Aristote, Cicéron, Sedulius, Juvencus, Avitus, Clément, Prosper, Paulin de Nole, Arator, Fortunat, Lactance, Virgile, Stace, Lucain, Probus et Phocas, Donat et Priscien, Servius, Euticius[2], Pompeius[3], Comminien[4] et d'autres encore « qu'il serait trop long de nommer[5]. »

Quelle a été l'influence de ces études sur le développement de

1. « His dans grammaticae rationis gnaviter artes,
Illis rhetoricae inlundens refluamina linguae ;
Illos juridica curavit cote polire,
Illos Aonio docuit concinnere cantu,
Castalida instituens aliis resonare cicuta
Et juga Parnassi lyricis percurrere plantis.
Ast alios fecit praefatus nosse magister
Harmoniam coeli, solis lunaeque labores,
Quinque poli zonas, errantia sidera septem,
Astrorum leges, ortus simul atque recessus,
Aerios motus pelagi terraeque tremorem,
Naturas hominum, pecudum, volucrumque ferarum,
Diversas numeri species variasque figuras,
Paschalique dedit solemnia certa recursu,
Maxime Scripturae pandens mysteria sacrae,
Nam rudis et veteris legis patefecit abyssum. »
                (*Versus de SS. Eboracensis ecclesiae*, vv. 1433-1448.)

2. Est-ce Eutychès, auteur de l'*Ars de Verbo* (Teuffel, *Hist. de la litt. latine*, trad. fr., III, 303)?

3. Qui est ce Pompeius ?

4. Il s'agit probablement d'un ms. de Charisius qui copia Comminien et a été souvent confondu avec lui (Teuffel, III, 156).

5. *Versus de Sanctis Eboracensis ecclesiae*, vv. 1140-1161.

l'historiographie? Il a été plus grand qu'on ne se l'imaginerait à
première vue. Si importante, en effet, qu'ait été l'action des causes
extérieures, des événements historiques eux-mêmes et des grands
hommes dont on a raconté l'œuvre et la vie, c'est la renaissance
des études qui a formé des esprits capables de concevoir des
œuvres historiques nouvelles et qui leur a enseigné à exprimer
leurs idées dans une langue correcte et expressive. Prenons un
à un les divers genres de littérature historique qui ont été cultivés à l'époque carolingienne, nous reconnaîtrons partout la trace
des maîtres que l'Angleterre et l'Italie ont donnés à l'empire
franc. La composition des Annales a évidemment pour principale
cause les circonstances historiques elles-mêmes, mais on ne doit
pas oublier que les tables de Pâques sur lesquelles elles ont tout
d'abord été écrites venaient d'Angleterre, et probablement aussi
les premiers modèles d'annales[1], que c'est en 787-788, au moment
où l'École du Palais prend avec Alcuin sa plus grande activité,
que sont rédigées les premières Annales royales, enfin que ces
Annales, écrites dans une langue d'abord rude et incorrecte, puis
de plus en plus soignée et élégante, ont été ensuite remaniées d'un
bout à l'autre pour répondre à des besoins littéraires nouveaux.
L'Histoire universelle de Fréculf de Lisieux est un livre d'enseignement historique qui résume tout ce qu'on apprenait dans les
écoles d'alors sur l'histoire sacrée et profane; celle d'Adon de
Vienne est une imitation des chroniques de Bède et d'Isidore.
Les histoires de Nithard, les biographies de Charlemagne et de
Louis le Pieux sont directement inspirées par l'étude de Salluste
et de Suétone. C'est Paul Diacre, nous l'avons dit, qui donne le
premier modèle d'une histoire épiscopale, et si de nombreuses
histoires épiscopales et monastiques ont été composées à l'imitation des *Gesta episcoporum Mettensium*, elles l'ont été précisément dans les églises et dans les monastères où avaient pros-
péré les écoles créées par Charlemagne. L'hagiographie, qui ne
produit plus autant d'œuvres originales qu'aux siècles précédents,
devient pour Alcuin et ses élèves l'objet d'un travail de remaniement. Ils récrivent en entier des vies de l'époque précédente pour
les mettre en meilleur style et en tirer des enseignements religieux plus développés. Nous regrettons aujourd'hui un travail
dont le mérite ne nous touche guère et qui a été cause de la perte
des œuvres originales, bien plus instructives et plus expressives

---

1. Les *Annales Cambriae* paraissent contenir les plus anciens fragments
d'Annales connus.

dans leur barbarie pittoresque que la phraséologie des rema-
nieurs ; mais on doit à ces efforts littéraires quelques vies de saints
contemporaines[1], qui, par leur étendue, la richesse de leur contenu
historique et leur forme soignée, l'emportent de beaucoup sur les
œuvres hagiographiques antérieures. Si l'on n'y retrouve pas
le doux parfum de piété mystique et de tendresse qui fait le charme
de l'hagiographie de la décadence romaine, elles ont le mérite
d'être écrites à un point de vue plus large, moins étranger aux
passions du monde, à la vie du siècle. L'Église tient une telle
place dans la société que l'hagiographie perd de plus en plus son
caractère étroitement religieux et édifiant pour se confondre avec
la littérature biographique en général. Ce que nous disons des
histoires épiscopales ou monastiques et des vies de saints peut
s'appliquer aussi aux recueils de miracles qui tiennent le milieu
entre les deux genres d'ouvrages. Ils deviennent une sorte d'histoire du sanctuaire où sont conservées les reliques miraculeuses,
et le récit des événements politiques y tient une place assez large.

Nous faisons aussi rentrer dans l'historiographie quelques
poèmes narratifs et épiques de l'époque carolingienne. Ces poèmes
sont le fruit le plus certain des leçons de Pierre de Pise, de Paul
Diacre, d'Alcuin, de Théodulf. Au point de vue littéraire, ils ne
peuvent pas être étudiés séparément des nombreux poèmes composés dans l'Empire franc au VIIIe et au IXe siècle. Rien n'a plus
charmé les esprits nouvellement éclos à la vie littéraire que les
jeux de la métrique ; le vers parut le plus digne ornement de la
vie princière et le langage le mieux fait pour rendre hommage à
Dieu et aux saints. On écrit en vers des lettres, des dédicaces,
des inscriptions, des vies de saints, des martyrologes, des pané-
gyriques, et il est peu de ces poésies dont l'histoire ne puisse
faire son profit. Dans aucune branche de la littérature l'influence
de la renaissance des lettres ne s'est fait aussi directement sentir.

Nous suivrons pour chacun de ces genres d'écrits les transformations que lui ont fait subir les vicissitudes politiques de l'époque
carolingienne. Jusqu'à la fin du règne de Charles le Chauve, la
cour et l'École du Palais continuent à exercer une certaine action
sur la littérature. C'est sous Louis le Pieux que l'on voit se mani-
fester avec le plus de force la puissance du mouvement intellectuel qui avait commencé sous Charlemagne. Ce n'est pas tout à
fait sans raison, il est vrai, que les contemporains parlent de
décadence littéraire. Le guerres civiles qui désolèrent l'Empire

1. Vie de Sturm, d'Eigil, de Benoît d'Aniane, etc.

pendant les dix dernières années du règne de Louis et pendant les trois années qui suivirent bouleversèrent plus d'une école, et les préoccupations presque exclusivement religieuses du roi et de son entourage eurent pour conséquence un affaiblissement du goût et des besoins littéraires ; mais si l'on écrivit une langue moins pure, les intelligences n'avaient rien perdu de leur force. Bien au contraire, nous ne trouvons à l'époque de Charlemagne aucun homme qui égale en portée et en activité d'esprit, en puissance de raisonnement, les Claude de Turin, les Agobard, les Hincmar. Ce sont là des hommes de pensée et des hommes d'action d'une valeur supérieure. Jonas d'Orléans, Raban Maur, Prudence de Troyes, Paschase Ratbert, Hilduin, Hélisachar, Servat Loup méritent d'être cités à côté d'eux, et l'école du Palais, avec l'irlandais Clément, avec Aldric et quelques autres maîtres moins éminents, conserve les traditions littéraires de l'époque précédente. Servat Loup parle de l'éloquence des savants du palais[1] et Smaragd félicite les moines du couvent d'Inden, voisin d'Aix-la-Chapelle, de pouvoir puiser la science à une source inépuisable[2].

Sous Charles le Chauve, la décadence s'est accentuée, et, sans revenir à l'incorrection barbare du VIIe siècle, le latin des écrivains devient pénible, obscur et maladroit ; les écrits d'Hincmar en offrent la preuve à chaque ligne. Les guerres civiles, les ravages des Normands jettent le trouble dans les monastères du Rhin, de la Seine, de la Loire, ceux-là même où les études avaient été le plus florissantes. Les moines se dispersent et s'enfuient, emportant leurs reliques. L'Église séculière est envahie par les mœurs féodales et les laïques négligent de plus en plus les lettres. Pourtant Charles le Chauve, l'élève de Fréculf de Lisieux, est un esprit cultivé, roi et théologien[3], magnifiquement et puissamment doué par Dieu de talents intellectuels[4], passionné pour l'étude[5]. Il fait les plus grands efforts pour maintenir l'École

---

1. « Palatina scolasticorum facundia » (lettre à Waltgaud de Liège, dans Arndt, *Kleine Denkmæler aus der Merovingerzeit*, p. 70-71).

2. « Noverim vos sacrae aulae palatii adsistere fontibus… ab indeficiente vena purissimi fontis sedulo sapientiae haurire fluenta » (Mabillon, *AA. SS. O. S. B.*, IV, 193).

3. « Rex atque theologus idem » (*Joh. Scoti preces pro Carolo rege*, dans Maï, *Classicorum auct. Spicilegium*, V, 437).

4. « Quem Deus talento intellectus magnifice et potenter ditavit » (Hincmar, *De Cavendis vitiis et virtutibus*, opp. II, 30, éd. Migne).

5. « Doctrinae studiosissimo » (*Lup. epist.*, 119).

du Palais. Il y accueille avec honneur J. Scot Erigène, qui
était non seulement l'homme le plus savant de son temps, mais
un penseur original et hardi, mystique et rationaliste à la fois,
un Alexandrin égaré chez les barbares du Nord. Autour de Jean
Scot, nous trouvons encore d'autres Irlandais, l'évêque Marc de
Soissons, Élie d'Angoulême, attirés par Charles le Chauve. Après
Jean Scot nous trouvons encore à la cour Mannon, qui fut abbé
de Saint-Claude et qui nous a laissé de beaux manuscrits. De
cette école sortent les évêques les plus remarquables de ce temps :
Foulques de Reims, Wigbald d'Auxerre, Étienne de Liège,
Mancion de Châlons, Ratbod d'Utrecht. « Le palais mérite encore,
dit Herich d'Auxerre [1], d'être appelé une école ; car on s'y adonne
autant à l'étude des lettres qu'aux exercices militaires. » « La
cour, » disent les Gestes des évêques d'Auxerre, « est le gymnase
de toute science [2]. »

Après Louis le Bègue, la cour n'est plus le centre des études
et du mouvement intellectuel, et les vers d'Abbon, de Remi
d'Auxerre, de Flodoard, d'Adalbéron de Laon sont un triste
témoignage de la rapidité avec laquelle tombaient en oubli les
leçons des maîtres de la renaissance carolingienne. Et, cependant, les germes excellents qu'ils avaient semés n'étaient point
morts. En Allemagne, où la chute avait été plus rapide et plus
profonde qu'en France, le réveil de l'activité littéraire se produit
subitement sous Otton Ier, et en France, Reims, grâce à ses
archevêques, devient, en dépit des troubles incessants du xe siècle,
un véritable centre intellectuel. Pendant cette période d'anarchie
et de guerres civiles, la lente formation de la féodalité prépare
pour le xie siècle un mouvement intellectuel nouveau qui se mani-
festera au xiie sur plusieurs points à la fois. On mettra sans doute
quelque temps à retrouver la science grammaticale, l'habileté
dans la métrique, le goût littéraire qui avaient été si répandus au
ixe siècle, mais les esprits façonnés dans les écoles qui avaient
conservé la tradition du temps de Charlemagne ne le cèdent pas
en vigueur à leurs devanciers. Flodoard, Richer, Gerbert, Abbon

1. Duemmler, *Poetae aevi Carolini*, II, 650.

2. « Eo siquidem tempore Karolus nulli virtute secundus totius orbis guber-
nabat imperium......, liberalium artium ferulas a palatio nunquam videns deesse,
sed regiae dignitatis aulam totius sapientiae gymnasium mi mireris existere. Ad
hunc locum quique nobiles et regni optimates, discendi gratia humani et ecclesiastici habitus, soboles destinabant, certi utriusque disciplinae dogma oppido
refulgere » (Duru, *Bibl. de l'Yonne*, t. I, p. 360, *ap. Vitam Herefridi*).

de Fleury, Aimoin, Dudon de Saint-Quentin, Raoul Glaber, Fulbert de Chartres, Guillaume de Jumièges, Bérenger de Tours sont là pour prouver qu'en dépit d'une décadence apparente la France conserve les éléments d'une renaissance plus brillante que la première. Ce sera la renaissance du xiie siècle, bien plus féconde, bien plus originale, bien plus intimement liée à toute la vie nationale que celle du viiie et du ixe siècle, mais qui est néanmoins rattachée à celle-ci par un lien de filiation étroite et directe.

ANNALES CAROLINGIENNES

LIVRE I.

DE L'ORIGINE DE LA PUISSANCE CAROLINGIENNE A 830.

CHAPITRE I.

LES PREMIÈRES ANNALES.

I.

Les continuateurs de Frédégaire. Origine des Annales.

Nous avons fait remarquer que l'historiographie mérovingienne et l'historiographie carolingienne semblent doublement reliées l'une à l'autre, d'un côté par les continuateurs de Frédégaire qui ajoutent à une compilation burgonde une chronique composée en l'honneur des Carolingiens, d'après le modèle des chroniques mérovingiennes ; de l'autre par les Annales, qui forment une famille d'écrits historiques d'un caractère particulier et dont les origines remontent aux premières années du VIIIᵉ siècle, c'est-à-dire à une époque où les Mérovingiens sont encore nominalement les maîtres du royaume franc. Cependant le lien entre les deux époques n'est pas aussi étroit qu'il paraît l'être au premier abord. Les Annales n'ont subi à aucun degré l'influence des Mérovingiens et sont presque exclusivement carolingiennes. La continuation de Frédégaire appartient davantage aux deux influences ; elle est mérovingienne par sa forme et carolingienne par son esprit ; elle a peut-être été écrite, en partie du moins, en Bourgogne ; elle s'est servie des *Gesta regum Francorum*, mais en les remaniant à un point de vue politique tout austrasien ; enfin elle seule nous fait connaître avec quelque détail l'histoire des Carolingiens jusqu'à l'avènement de Charlemagne, c'est-à-dire jusqu'au moment où les *Annales Laurissenses* jouent à leur tour le même rôle. Mais, malgré ce caractère carolingien de la continuation de Frédégaire, bien qu'elle ait été composée à l'instigation de personnages appartenant à la famille des Peppins, elle n'a exercé presque aucune influence sur l'historiographie carolingienne ; ce n'est pas sur elle que se greffent les œuvres historiques du règne de Charlemagne, c'est exclusivement sur les Annales. Les Annales sont le vrai point de départ de l'historiographie carolingienne et elles se distinguent, par leur origine, par leur développement et par leur forme, de tous les écrits des époques antérieures.

A première vue on pourrait être tenté d'assimiler les Annales aux chroniques du ve et du vi^e siècle, aux Chroniques de Prosper, d'Idace, de Marius d'Avenche, qui donnent la brève mention des événements les plus importants dans leur ordre chronologique en datant chaque année par les noms des consuls en charge. La comparaison serait juste à quelques égards, et nous verrons, à partir de la fin du ixe siècle, ces deux genres d'écrits historiques, les Annales et les Chroniques, se confondre dans les œuvres de Réginon et des auteurs des grandes Chroniques universelles impériales, mais aucune filiation directe ne rattache les premières Annales aux Chroniques et des différences sensibles les séparent, du moins à l'origine[1].

Les Chroniques ont été écrites par des auteurs qui tous se considèrent comme les continuateurs de la Chronique de Saint Jérôme et sont inspirés par les mêmes préoccupations chronologiques et historiques ; ils veulent fixer pour l'avenir le souvenir des événements du passé en notant le nombre des années écoulées à partir des principaux faits de l'histoire religieuse, Création, Déluge, Passion. Ces Chroniques sont rarement des écrits strictement contemporains et plus rarement encore des œuvres anonymes. Elles sont dues presque toutes à des personnages importants qui ont, à une date déterminée, entrepris de noter les événements les plus importants du passé pour toute une série d'années déjà écoulées. Ils ont

1. Le fait que les plus anciennes Annales se trouvent, dans certains manuscrits, transcrites à la suite du *De temporum ratione* de Bède, prouve qu'on y a vu de bonne heure des continuations de la *Chronique des Six Ages du Monde* qui termine le *De temporum ratione.*

pu se servir pour cela de notes prises par eux-mêmes ou de renseignements recueillis de côté et d'autre, ils ont pu ajouter à leur chronique de nouvelles notes contemporaines, il n'en est pas moins vrai que leurs œuvres sont d'ordinaire des écrits personnels, composés d'après un plan préconçu, avec des matériaux réunis en vue d'un but déterminé[1].

Tout autre a été la naissance des premières Annales. Elles ne sont à l'origine que des notes sans suite et sans lien, écrites sur des tables de Pâques, c'est-à-dire sur les feuilles de parchemin où étaient inscrits pour 95 ans d'avance, à gauche, les ans de l'Incarnation, et en regard, à droite, la date de la fête de Pâques. Toutes les églises, tous les monastères possédaient de ces tables de Pâques, et c'est là, surtout dans les monastères, où s'étaient réfugiés au commencement du VIIIᵉ siècle le petit nombre d'hommes qui conservaient encore quelque teinture des lettres que l'on se mit à noter dans l'espace laissé libre au milieu du parchemin l'événement ou les événements les plus frappants de l'année. Ces événements frappants étaient de nature fort diverse : c'étaient la mort d'un évêque ou d'un abbé, l'avènement d'un roi, une bataille, une famine, une inondation, un phénomène céleste, une guérison réputée miraculeuse. On l'inscrivait le plus brièvement possible, et le scribe n'en tirait point vanité. Plus d'un moine pouvait tenir tour à tour la plume. Les hommes ont d'ailleurs, en ce temps encore barbare, l'esprit si peu ouvert à des intérêts éloignés du lieu de leur résidence qu'ils ne parlent que de ce qu'ils ont vu, de ce dont ils ont souffert, de ce qui s'est passé tout près d'eux. Il y a plus, ce n'est pas partout qu'on se livre à ce modeste travail, on ne l'entreprend tout d'abord que dans des monastères où le voisinage et les faveurs de grands personnages poussent les moines à s'intéresser à ce qui se passe autour d'eux, et enfin l'idée ne leur en est pas venue spontanément; il est probable que le premier modèle des Annales leur a été apporté de l'étranger.

Nous retrouvons encore ici l'influence de l'Église anglo-saxonne, qui a été par ses missionnaires, ainsi que nous l'avons montré, l'éducatrice de l'Église austrasienne, en attendant d'être la réformatrice de l'État austrasien. C'est elle qui a fourni

1. Il est bien certain néanmoins que les sources des chroniques consulaires (*Consularia*), auxquelles se réfère Grégoire de Tours, les notes qui ont servi à Marius, à Idace, au faux Sulpice Sévère, etc., ont bien le caractère de notes annalistiques prises au moment même où les événements se sont produits.

de tables de Pâques les monastères et les églises du continent ; car les Anglo-Saxons ont été, dès le VIIe siècle, les champions convaincus des doctrines chronologiques de Denys le Petit en matière de chronologie ecclésiastique, et c'est grâce à eux que dans le Nord de l'Europe on est arrivé à accepter partout la même date pour la célébration de la fête de Pâques[1].

Nous avons quelque peine aujourd'hui à comprendre l'importance capitale attachée à ces questions, et nous sommes surpris de voir Bède dans son Histoire des Angles leur donner une si grande place et représenter comme un véritable schisme le désaccord qui existait à ce sujet entre les Irlandais et les Anglo-Saxons. En y réfléchissant, on reconnaît pourtant que l'Église romaine n'a pas eu tort de considérer les observances extérieures, les rites, la liturgie, la fixation des dates canoniques comme la base solide et nécessaire de l'unité religieuse. La chronologie chrétienne en particulier, qui comptait les années depuis l'Incarnation et qui fixait par un calcul compliqué la date des anniversaires de la Passion, de la Résurrection et de la Pentecôte, avait le mérite de substituer aux anciennes supputations d'années une méthode rationnelle, religieuse et humaine ; rationnelle, puisqu'elle reposait sur des calculs astronomiques ; religieuse et humaine, puisqu'au lieu de la multiplicité des ères nationales et de la désignation des années par des indications insuffisantes et sujettes à mille causes d'erreurs, indictions, noms des consuls, ans de règne des empereurs et des rois, elle prenait pour point

---

1. Consulter sur ce sujet Krusch, *Die Einführung des griechischen Pascalritus im Abendlande*, dans le *Neues Archiv*, IX, 99, 164. Bède a exposé tout le système chronologique de Denys le Petit dans son *De temporum ratione*, dans son *De ratione computi*, dans son *De celebratione paschae*, et s'en est fait le plus ardent propagateur. En Gaule, on suivit généralement les tables pascales de Victorius d'Aquitaine depuis le milieu du Ve siècle jusqu'au milieu du VIIIe. C'est Bède et Saint Boniface qui y firent prévaloir la chronologie dionysienne, adoptée à Rome dès le commencement du VIe siècle (voy. Giry, *Traité de diplomatique*, p. 89 et 144). Les églises bretonnes avaient conservé les règles en usage à Rome au commencement du IVe siècle. La résistance qu'elles opposèrent au comput dionysien fut considérée par les Anglo-Saxons, avec la question de la tonsure, comme une véritable hérésie. On peut voir dans Bède (*Hist. eccl. gentis Anglorum*, II, 2) les efforts de Saint Augustin de Cantorbéry pour les amener « ad veram viam justitiae » et ses menaces s'ils persistent dans leur erreur. On trouvera dans le même ouvrage toute l'histoire des luttes, parfois violentes, qui furent livrées à ce sujet (II, 11, 19 ; III, 25, 26 ; V, 15, 18, 21, 22). Au VIIIe siècle, grâce à Adamnan, abbé de Hy, d'Aldhelme, de Ceolfrid, abbé de Weremouth, une grande partie des Bretons se résignèrent à célébrer la Pâque « catholico et apostolico more » (V, 22).

de départ immuable la venue de Dieu sur la terre et le jour du salut pour les hommes. Cette Chronique qui ne s'appliquait pas à un court espace de temps comme les indictions et les ans de règne, qui n'était pas soumise aux fluctuations de la politique, mais rattachait tous les événements avant et après la venue du Christ à un point central, permettait d'embrasser d'un regard toute la série des âges, donnait aux âmes troublées par la chute de l'Empire romain le sentiment de la continuité de l'histoire, était même en quelque sorte un premier essai de philosophie de l'histoire.

Les tableaux synoptiques de la Chronique d'Eusèbe et de Saint Jérôme rendirent pour la première fois sensible cette conception grandiose et méritèrent de devenir le point de départ de toute l'historiographie du moyen âge.

Ce ne fut pas sans peine qu'on arriva à fixer cette chronologie d'une manière correcte et définitive. Ce n'est qu'au VI° siècle, après les travaux chronologiques de Denys le Petit[1], que l'on commença à dater par les ans de l'Incarnation et que le cycle alexandrin de 19 ans fut adopté par l'Église de Rome d'une manière définitive. Jusqu'au v° siècle le système alexandrin et l'ancien système de l'Église romaine qui avait pour base un cycle de 84 ans divergeaient parfois jusqu'à faire célébrer la fête de Pâques au mois de mars par les uns, au mois d'avril par les autres. Les papes inclinaient cependant à se rapprocher du système alexandrin, et Léon Ier invita Victorius d'Aquitaine à composer un nouveau cycle pour concilier les deux méthodes. Le cycle de Victorius diminua les divergences des deux églises, mais n'empêcha pas qu'on ne fût encore parfois en désaccord d'une huitaine de jours. — Ce fut à partir de la réforme de Denys le Petit que l'Église romaine adopta définitivement le cycle de 19 ans ou plutôt un cycle de 95 ans contenant cinq cycles de 19 ans et rattaché aux tables de Cyrille d'Alexandrie, qui conduisaient jusqu'à 531. Isidore continua pour 95 autres années les tables de Denys. Cette réforme ne fut que lentement introduite dans toutes les églises. Les unes continuaient à suivre le cycle de Victorius; d'autres, les églises celtiques en particulier, restaient attachées à l'ancien système de l'Église latine. Le clergé

1. Denys le Petit avait établi des tables de Pâques jusqu'au VII° siècle. On se livra en Angleterre, avec un zèle extrême, à la fabrication de ces tables (Bède, *Hist. eccl.*, V, 52), et Bède lui-même en dressa une jusqu'à 1063 (*De temporum ratione*, 65).

anglo-saxon se mit à combattre avec l'énergie propre à sa race en faveur de la supputation romaine, et ils finirent par faire triompher dans toute leur île le système orthodoxe. Ce ne fut cependant qu'en 715 que les moines de Hy cédèrent aux prédications d'Egbert, et Bède célébra cet événement comme un magnifique triomphe de la vraie foi[1].

Les missionnaires anglo-saxons qui, dès la seconde moitié du VIIe siècle, arrivèrent en grand nombre dans les pays francs, les missionnaires irlandais ramenés par Agilbert, par Adamnan, par Ceoldric, par Egbert à la règle romaine ne manquèrent pas d'apporter avec eux des tables de Pâques. Elles furent d'autant plus facilement adoptées, que le système de Denis le Petit avait commencé à pénétrer en Gaule dès le VIIe siècle[2]. Bède acheva de fixer la chronologie de l'Église catholique en préconisant dans son *De temporum ratione* le cycle de 532 ans formé de vingt-huit cycles de 19 ans, au bout duquel tous les éléments chronologiques et astronomiques se retrouvent dans le même rapport les uns avec les autres à la même place dans l'année. Les calculs de Bède furent universellement adoptés et les dates de Pâques se trouvèrent fixées jusqu'à 1063. La vie religieuse du monde catholique, dont l'unité paraissait désormais mieux assurée, se trouvait mise en harmonie avec les lois mêmes de la nature et avec les révolutions des astres. Un symbolisme ingénieux donnait un sens touchant et poétique à cette chronologie, le soleil victorieux de l'hiver à l'équinoxe de printemps étant l'image du Christ victorieux des puissances des ténèbres et les phases de la lune figurant les mouvements religieux de l'âme. Les difficultés mêmes que présentaient les calculs nécessaires pour la fixation des fêtes, le mystère dont ces dates étaient enveloppées pour le plus grand nombre, leur donnaient un caractère plus auguste et plus sacré.

Les Anglo-Saxons furent, en cela comme dans tout ce qui touche à la vie religieuse et à la vie intellectuelle, les principaux instituteurs des Francs comme ils étaient eux-mêmes les élèves de Rome ; leur influence concorda avec celle des maîtres venus directement d'Italie. Pour la liturgie, la discipline, la hiérarchie, les fêtes religieuses, les connaissances littéraires et scientifiques, les Francs se mirent à l'école des Anglo-Saxons. Ils devaient leur emprunter jusqu'aux formules de consécration des rois.

---

1. *Hist. eccl.*, V, 22.
2. Giry, *Diplomatique*, p. 145.

On comprend maintenant quelle fut l'importance des tables de Pâques, avec quel respect elles furent conservées et transmises. Il était naturel que l'idée vînt d'inscrire sur ces belles et larges feuilles de parchemin, à une époque où le parchemin était cher, la mention d'événements d'une gravité particulière. On ne peut pas affirmer que la pensée ne soit pas venue spontanément en plusieurs lieux différents ; mais quand on trouve les Annales de Saint-Amand écrites à la suite de la Chronique de Bède ; en tête des Annales de Saint-Germain-des-Prés des Annales de Lindisfarne et de Cantorbery ; en tête des *Annales Mosellani, Laureshamenses* et *Nazariani* des notes relatives à la Grande-Bretagne, il est difficile de ne pas croire qu'ici encore les Francs n'ont fait qu'imiter les Anglo-Saxons[1].

Ces premières Annales, si modestes, si sèches même, sont donc des œuvres impersonnelles, strictement contemporaines des événements qu'elles rapportent, d'une brièveté qui exclut toute idée de composition littéraire et cependant empreintes dès le début de préoccupations qu'on peut sans trop d'exagération qualifier de politiques.

Ces Annales, propriété de la communauté entière qui y retrouvait son histoire, continuées par diverses mains, précieusement conservées, ne devaient pas tarder d'ailleurs à se développer. Les monastères étaient en relations constantes les uns avec les autres, soit qu'ils fussent rattachés par des liens directs de filiation, soit qu'ils fussent unis par des communautés de prières. Les églises et les couvents de la Belgique, des bords du Rhin et de la Germanie formaient comme une série de stations religieuses entre lesquelles les missionnaires entretenaient des communications fréquentes. On se prêtait des livres, on se demandait des conseils, on s'envoyait des nouvelles. Les tables de Pâques devaient être un des objets les plus habituels d'échange entre les églises et les monastères, entre une maison mère et les colonies religieuses, les maisons filiales qu'elle avait établies au loin. Quand on eut commencé à écrire des Annales sur ces tables, on en envoya la

1. Plusieurs de ces notes concernent des personnages irlandais, en particulier celles qui se trouvent en tête des *Ann. mosellani* et qui paraissent provenir du couvent de Saint-Martin de Cologne, fondé par Peppin d'Héristal et Plectrude et destiné à recevoir les pèlerins irlandais. Mais il ne peut s'agir que d'Irlandais rentrés, comme ceux de Hy ou de Weremouth, dans le giron de l'église romaine et anglo-saxonne, car le directeur de conscience de Peppin était Saint Willibrord. — Il y a également des notes anglo-saxonnes en tête des *Annales Fuldenses antiqui.*

transcription avec celle des indications chronologiques. Cette mode nouvelle fut admirée, fut imitée ; à mesure que les esprits s'éveillèrent, que la vie politique et religieuse devint plus active dans les pays australiens, on jugea un plus grand nombre de faits dignes d'être notés ; on recopia les Annales en y ajoutant des faits nouveaux, on combina deux ou plusieurs Annales ensemble et enfin, sous l'influence de grands personnages ou de grands événements, on finit par écrire non plus sur des tables de Pâques, mais, tout en conservant toujours la même forme annalistique, de véritables histoires écrites au jour le jour ou du moins année par année. Ces histoires gardent, en apparence au moins, leur caractère impersonnel, et elles sont formées de notes contemporaines ; mais elles deviennent des œuvres importantes, les sources capitales pour l'époque carolingienne.

Ce qui fait leur infériorité au point de vue littéraire est précisément ce qui leur prête une valeur exceptionnelle comme documents historiques, du moins lorsqu'elles répondent complètement à la définition que nous venons d'en donner. — Elles sont dépourvues de tout artifice de composition ; elles sont l'œuvre de témoins contemporains et souvent de témoins oculaires. Si l'on pouvait ajouter que nous les possédons sous leur forme originelle, qu'elles sont assez nombreuses et assez développées pour nous renseigner sur tous les événements importants, enfin qu'elles émanent de témoins éclairés et impartiaux, elles fourniraient à l'historien la base la plus solide qui se pût imaginer. Malheureusement il est loin d'en être ainsi. Non seulement les auteurs des Annales sont souvent ignorants et négligents, mais encore il arrive fréquemment qu'ils taisent systématiquement ce qui peut déplaire à leurs protecteurs ou à leurs inspirateurs, qu'ils ne parlent que de ce qui peut servir à leur gloire ; dans certains cas, les Annales ont même été composées par des personnages politiques qui les ont mises au service de leurs passions ou de leurs rancunes, partialité d'autant plus dangereuse qu'elle se cache sous un récit d'apparence froide et impersonnelle. — Même lorsqu'il n'y a pas partialité et omissions voulues, comme les annalistes ne parlent d'ordinaire que de ce qu'ils ont vu ou de ce qui les touche de près, qu'ils écrivent un memento et non une histoire raisonnée et complète, leur horizon est restreint, leurs renseignements clairsemés. Cela est surtout le cas pour les plus anciennes Annales. Enfin il est rare que les Annales nous soient parvenues sous leur première forme. Elles ont été recopiées et souvent avec des fautes ; tantôt on s'est contenté d'en faire des extraits, tantôt on a combiné plusieurs Annales ensemble, et quand ce travail a été fait sur des tables de Pâques, l'impossibilité de faire tenir entre les deux chiffres mis en regard l'un de l'autre tous les renseignements d'une même année, a obligé à empiéter sur l'espace de l'année suivante ou sur les marges, avec tout un système de renvois fort compliqués. Quand des feuilles de parchemin ainsi remplies ont été recopiées, il s'est produit une foule d'erreurs de dates et même de faits. Lorsqu'on a compilé à un certain moment un grand nombre d'Annales antérieures pour composer une histoire plus développée, comme cela a été le cas en 788 pour les *Annales Laurissenses majores*, les causes et les chances d'erreurs sont devenues très grandes. Enfin il est même arrivé que des auteurs aient donné à leurs œuvres un faux air d'exactitude en classant sous forme d'annales des renseignements empruntés à la tradition orale ou à des souvenirs incertains. C'est ce que l'on constate par exemple pour une partie considérable de la Chronique de Réginon.

Il résulte de tout ce que nous venons de dire qu'on ne peut pas se servir sans précaution de ces sources si précieuses. Si l'on agit comme certains historiens qui prennent pour base de leur travail les Annales les plus développées, si par exemple on écrit l'histoire de Charlemagne d'après les Annales de Metz, on risque fort de suivre précisément une source dérivée et corrompue au lieu des sources primitives. S'il importe toujours d'établir la filiation des sources entre elles, ce travail critique est particulièrement nécessaire et difficile pour les Annales. Il faudrait découvrir quelles sont celles qui nous sont parvenues sous leur forme première, qui sont originales et de première main ; quelles sont au contraire celles qui sont remaniées ou simplement copiées. Rien n'est plus délicat, car des liens multiples et inextricables rattachent les Annales les unes aux autres ; elles n'ont pas de divisions marquées ; elles sont formées d'une série d'anneaux dont les soudures sont souvent invisibles, et il arrive que certaines Annales copiées dans une première partie sont originales dans la seconde et copiées dans une troisième. Il faut découvrir, si on le peut, le lieu, la date et l'occasion de leur composition, le ou les auteurs qui les ont écrites, les sources dont ils se sont servis. La connaissance de tous ces éléments d'appréciation permettra seule de fixer avec précision l'autorité qui leur est due ; il est peu d'Annales pour lesquelles nous puissions les connaître tous et nous sommes encore heureux quand nous sommes sûrs d'en avoir découvert un ou deux.

L'étude critique des Annales carolingiennes date de la publication du premier volume des *Scriptores* des *Monumenta Germaniae*, par M. Pertz. Pour la première fois, ces Annales ont été réunies à la suite les unes des autres, publiées in-extenso après une critique soigneuse du texte, distinguées par des noms précis et classées, non sans doute d'une façon définitive, mais de manière à en faciliter singulièrement l'usage et l'étude. Depuis lors un certain nombre d'annales nouvelles ou de fragments d'annales ont été mis au jour et ont tantôt jeté le trouble dans les classements déjà acceptés, tantôt permis de les rectifier. Les critiques allemands ont dépensé une somme prodigieuse d'efforts, de temps, d'encre et même d'esprit à faire et à refaire ces généalogies d'annales plus compliquées que celles des héros des chansons de geste et où l'on arrive parfois à ne plus distinguer très bien les fils des pères et les aïeux des arrière-neveux. — On a cependant obtenu des résultats certains et importants. Les Annales du ixe et du xe siècle offrent sans doute encore des obscurités, mais elles nous sont suffisamment connues pour que l'historien sache exactement l'emploi qu'il peut en faire. Les Annales du viiie siècle présentent des difficultés beaucoup plus grandes à celui qui entreprend de les classer ; cependant le problème est aujourd'hui circonscrit dans des limites assez étroites pour que d'une part on doive renoncer à toute prétention de classification rigoureuse et que de l'autre on puisse dire quelle est l'autorité relative de la plupart de ces Annales.

II.

Les petites Annales [1].

Les Annales dont la classification offre des difficultés sérieuses au critique sont les suivantes :
Annales S. Amandi, 687, 704-810 (Duchesne, *Hist. Franc. Scriptores*, IV, 125 ; — Bouquet, *Recueil des Hist. de France*, II, 643 ; V, 28 ; — Pertz, *Mon. Germ. Script.*, I, 6).
A. Tiliani, 708-807 (Duch., II, 11 ; — Bqt, XI, 642 ; V, 17 ; — Pertz, I, 6).

---

1. Voy. Séraphim, *Ueber die geschichtlichen Aufzeichnungen in frænkischen Klœstern in der zweiten Hælfte des 8. Jahrhunderts.* I : *Quellenkritik. Untersuchung der kleineren Karolingischen Annalen* (*Programm des Gymnasiums in Fellin*, 1887).

A. Laubacenses, 687-926 (Pertz, I, 7).

A. Mosellani, 704-796 (Pertz, XVI, 491).

A. Laureshamenses, 703-803 (Duch., II, 21 ; — Bqt., II, 645 ; V, 26, 63 ; — Pertz, I, 22 ; — E. Katz, dans le *Jahresbericht* du Gymnase de Saint-Paul en Carinthie, 1889)[1].

A. Nazariani, 708-790 (Duch., II, 3 ; — Bqt, II, 639, V, 10 ; — Pertz, I, 23 et 40).

A. Petaviani, 708-799 (Duch., II, 6 ; — Bqt, II, 641 ; — Pertz, I, 7 ; III, 170 ; — Maï, *Spicilegium Romanum*, VI, 181).

A. Guelferbytani, 741-805 (Pertz, I, 23).

A. Alamannici, 708-926 (Duch., III, 466 ; — Bqt, V, 359 ; VII, 207 ; VIII, 100 ; — Henking, dans les *Mittheilungen zur vaterlœndischen Geschichte* de Saint-Gall, 1884).

A. Sangallenses Baluzii, 691-814 (Baluze, *Miscellanea*, I, 494 ; — Bqt, V, 30 ; — Pertz, I, 63 ; — Henking, *Ibid.*, 197).

A. Maximiniani[2], 710-741-811 (Pertz, XIII, 19).

Il faut ajouter à ces Annales, qui ont principalement exercé la sagacité et provoqué les dissentiments des critiques, d'autres moins importantes :

Annales S. Amandi breves, 742-855 (Pertz, II, 184).

A. S. Amandi brevissimi, 760-796 (Pertz, XIII, 38).

A. S. Germani Minores, 642-919 (Pertz, IV, 3).

A. S. Dionysii, 1-887, 919-997, continuées jusqu'en 1292 (Pertz, XIII, 718)[3].

---

1. Cette édition reproduit un manuscrit conservé à Saint-Paul et provenant de Saint-Blasien. Le manuscrit autographe de Vienne, hist. prof., 646, reproduit par Lambecius, Bouquet, II, 645, et V, 63, et Pertz, ne contient malheureusement que les années 794 à 803. Le fragment donné par Duchesne et par Bouquet, V, 26, est fourni par un manuscrit du Vatican, Christ. reg. 213, et va de 768 à 806.

2. Publiées pour la première fois par le baron de Reiffenberg dans les *Comptes-rendus de la Commission royale d'histoire*. Bruxelles, 1844. — Les *Annales Juvavenses breves*, 721-741 (Pertz, III, 123), sont identiques à la partie correspondante des *A. Maximiniani*.

3. E. Berger avait donné en 1879 une édition de ces Annales sous le titre de *Chronicon S. Dionysii ad Cyclos Paschales* dans la *Bibliothèque de l'École des Chartes*, 1879, où il avait corrigé les erreurs des éditeurs antérieurs, d'Achery, Félibien, Bouquet et Durand. Les *Annales Remenses*, publiées aussi en dernier lieu dans les *Monumenta Germaniae*, t. XIII, p. 81-84, sont, comme les *Annales S. Dyonisii*, une compilation de composition assez incertaine dont deux formes, *Annales Remenses*, 830-995, et *Annales S. Dionysii Remenses*, 845-1190, peuvent être rattachées aux Annales carolingiennes.

A. Juvavenses majores (Salzbourg), 550-835 (Pertz, I, 87; III, 121).

A. Juvavenses minores, 742-814 (Pertz, I, 88; III, 122).

A. Salisburgenses (Salzbourg), 499-1049 (Pertz, I, 72; — Duch., III, 471; — Bqt, III, 316).

A. S. Emmerani majores (Ratisbonne), 748-823 (Pertz, I, 92).

A. S. Emmerani minores, 732-1062 (Pertz, 1, 93).

A. Bawarici breves, 687-811 (Pertz, XX, 8).

A. Sangallenses breves, 708-815 (Pertz, I, 64).

A. Sangallenses brevissimi, 814-961 (Pertz, I, 70).

A. Augienses (Reichenau), 709-858, extraites des *A. Alamannici;* 860-984, extr. des *A. Sangallenses* et *Weingartenses* (Pertz, I, 67; II, 238; — Jaffé, *Bibl. rer. Germ.*, III, 702).

A. Auscienses (Auch), 687-844 (Pertz, III, 171; — D. Vaissète, *Hist. du Languedoc*, nouv. éd., II, preuves, p. 21).

A. Barcinonenses, 751-1149 (Pertz, XIX, 501).

A. Fuldenses antiqui, 651-814, et *A. Fuldenses antiquissimi*, 742-822-828 (Pertz, I, 95; II, 237; III, 116, 117; en app. à Kurze, *A. Fuldenses*, p. 136).

A. S. Bonifacii, 716-830; 910-1024 (Pertz, III, 117; cf. Duemmler, dans *Forsch. z. d. Gesch.*, XVI).

Enfin nous pouvons encore citer, pour compléter la liste des petites Annales, une série d'Annales qui sont à peu près indépendantes des précédentes et qui sont surtout intéressantes pour le ixᵉ et le xᵉ siècle :

Heirici Monachi S. Germani A. Antissiodorenses breves, 826-875 (Pertz, XIII, in-8°).

A. S. Quintini Veromandenses, 793-994 (Pertz, XVI, 50; — Le Proux, *Notes d'histoire locale*. Saint-Quentin, 1870).

A. Floriacenses, 626-1060 (Duch., III, 335; — Bqt, III, 315; VIII, 253; — Pertz, II, 254).

A. Masciacenses (Massai en Berry), 732-824 et 832-1013 (Labbe, *Bibl. nov. Mss.*, II, 732; — Pertz, III,169).

A. Engolismenses, 815-870; 886-930; 940-991 (Pertz, XVI, 485; — Bqt, VII, 222; VIII, 222; — Castaigne, *SS. rerum Englismensium*).

A. Engolismenses, 814-993 (Pertz, IV, 5).

Chronicon Aquitanicum, 830-886. 930 (Martens, *Thes. Anecdot.*, III, 1448; — Bqt., VII, 223; — Pertz, II, 252).

A. Lausonenses, 850-985 (Pertz, III, 152).

A. Lugdunenses, 769-841 (Pertz, I, 110).

A. Flaviniacenses, 382-853 (Pertz, III, 150).
A. S. Maximini Trevirensis, 808-987 (Pertz, IV, 5).
A. S. Petri Coloniensis, 798-818 (Pertz, XVI, 730).
A. Colonienses brevissimi, 814-870 (Pertz, I, 97)[1].
A. Weissemburgenses, 763-846 (Pertz, I, 11)[2].

M. Pertz, en éditant pour la première fois les Annales d'une manière critique dans le premier volume des *Monumenta Germaniae*, ne connaissait pas encore les *Annales Mosellani* ni les *Annales Maximiniani*, dont la découverte a modifié quelque peu les idées qu'on s'était faites sur les relations des diverses Annales. Il avait distingué parmi les premières Annales que nous avons citées deux groupes principaux formés chacun de quatre écrits annalistiques et il les avait publiés en tableaux synoptiques : d'une part les *A. S. Amandi, A. Tiliani, A. Laubacenses* et *A. Petaviani;* d'autre part les *A. Laureshamenses, A. Nazariani, A. Guelferbytani* et *Alamannici*.

Ce premier classement laissait à désirer à deux points de vue, d'abord parce que les *A. Petaviani* sont visiblement jusqu'en 770 en relation aussi bien avec les *A. Laureshamenses* qu'avec les *A. S. Amandi*, et puis parce que les *A. Guelferbytani* n'ont pas de relation directe et marquée avec les *A. Laureshamenses*. La découverte des *A. Mosellani*, faite à Saint-Pétersbourg en 1856 par Lappenberg, et leur publication dans le t. XVI des *Monumenta Germaniae*, introduisit un élément nouveau dans la question, Giesebrecht publia dans le *Muenchener historisches Jahrbuch* de 1865 un mémoire intitulé *Die frœnkischen Reichsannalen u. ihre Ursprung* dans lequel, tout en s'occupant surtout des *A. Laurissenses majores*, il signala le premier l'importance de ces Annales pour la question des origines des écrits annalistiques et émit un certain nombre d'hypothèses sur l'origine des premières Annales. M. Wattenbach, dans la 2ᵘ édition de ses *Deutschlands Geschichtsquellen* de 1866, donna un classement des Annales qui, malgré tous les travaux postérieurs, reste juste dans ses lignes générales et suffirait à la rigueur à guider l'historien dans l'emploi qu'il doit faire de cet

1. Les *Annales Colonienses breves*, 898-964 (Pertz, XVI, 700), ne se rapportent guère qu'à l'époque ottonienne, ainsi que les *Annales Colonienses majores*, 776-1028, publiées dans Pertz, I, 97-99, et complétées, XVI, 781.

2. Les *Annales Weissemburgenses alii*, dont la première partie va de 708 à 984 et la seconde de 985-1075, publiées dans Pertz, III, 33-65 et 70-92, n'ont de même d'importance que pour l'histoire des Ottons.

ensemble de documents. Nous prendrons ce classement pour base de notre exposé, en y introduisant seulement certaines corrections, nécessitées par les recherches ultérieures et admises par M. Wattenbach à partir de sa 4ᵉ édition.

D'après le système développé en 1866 par M. Wattenbach, les plus anciennes Annales ont été rédigées à peu près simultanément sur deux points, en Belgique et sur les bords de la Moselle, à Metz ou aux environs. Un peu plus tard, nous trouvons un troisième groupe de notes annalistiques provenant du monastère de Murbach fondé par le comte Eberhard en 727. — Les Annales belges sont principalement représentées par les *Annales de Saint-Amand*, monastère situé à 13 kilomètres de Valenciennes, sur la Scarpe, affluent de l'Escaut. Elles ont été écrites à la suite d'un *De temporum ratione* de Bède le Vénérable, ce qui les rattache à l'influence anglo-saxonne. La mention de la victoire de Tertry a été inscrite après coup en tête des Annales, ce qui montre que leur auteur est préoccupé des destinées politiques de la famille carolingienne, et d'ailleurs jusqu'en 770 on n'y trouve guère notés que des événements politiques et militaires. Elles paraissent avoir été écrites par trois mains différentes. Une première partie s'étend jusqu'en 770[1], la seconde jusqu'en 791, la troisième jusqu'en 810. — Les *Annales Tiliani*, ainsi nommées du nom du savant Du Tillet qui possédait le ms. publié pour la première fois par Duchesne, n'ont que peu d'importance. Elles sont pour M. Wattenbach un extrait des Annales de Saint-Amand de 708 à 737 ; de 740 à 807, elles sont composées d'extraits des *Annales Laurissenses majores* dont nous parlerons plus tard[2]. Les *Annales Laubacenses*, qui ont été écrites au

---

1. M. Kurze (*Neues Archiv*, XX, 21) étend jusqu'à 772 la première partie des Annales et la croit empruntée à des Annales austrasiennes perdues écrites à Saint-Martin de Cologne ; la seconde et la troisième partie seraient entièrement extraites d'Annales perdues qui s'arrêtaient à 805 (voy., plus loin, la note additionnelle au ch. I). Ces *Annales S. Amandi*, de 773 à 810, n'auraient pas pu être commencées avant 806 et se seraient aussi servies des *Annales Laurissenses* de 806 à 810.

2. M. Kurze (*Neues Archiv*, XIX, 305) a montré que le manuscrit des *Annales Laurissenses majores* utilisé par les *Annales Tiliani* était un manuscrit du groupe B, s'étendant jusqu'à 813 et ne contenant pas la mention des conjurations de 785 et de 792 (cf., plus loin, la note additionnelle au chap. I et notre chap. II). Peut-être l'auteur des *Tiliani* a-t-il copié les Annales lorsqu'elles n'étaient pas encore poussées jusqu'à 813 et s'étendaient seulement jusqu'à 808. D'après M. Kurze, les *Annales Tiliani* auraient été extraites jusqu'en 737 des Annales austrasiennes mentionnées dans la note précédente.

monastère de Lobbes (sur la Sambre, à 14 kilomètres de Charleroi), sont aussi, de 687 à 791, la reproduction des Annales de Saint-Amand; de 796 à 885, elles ont été continuées à Lobbes d'une manière indépendante. La fin, de 887 à 912, est empruntée aux *A. Alamannici*[1]. Les légères divergences qui existent entre le texte des *A. S. Amandi* et des *A. Tiliani* et *Laubacenses*, le fait que celles-ci ont une date juste pour la bataille de Tertry, tandis que les Annales de Saint-Amand la placent par erreur à 690, peut faire admettre, comme le suppose M. Arnold[2], que le texte de la première rédaction des trois Annales est également emprunté à une source commune qu'elles reproduisent toutes trois avec quelques divergences. En tous cas, elles forment un groupe bien déterminé et elles représentent les premières Annales carolingiennes sous leur forme la plus simple, la plus pure, la plus primitive. Elles paraissent venir des monastères de Belgique. Elles y furent en tous cas très répandues, et nous les retrouvons plus tard utilisées par Sigebert de Gembloux.

Dans la plus récente édition de son ouvrage, M. Wattenbach, frappé du fait que les Annales de Saint-Amand jusqu'à l'année 771 ne mentionnent que des événements d'un intérêt général, en a conclu qu'elles n'ont pas été tout d'abord composées dans l'intérieur d'un couvent, mais qu'elles ont dû être écrites par des clercs vivant auprès des maires du palais d'Austrasie ou attachés à la personne des évêques qui suivaient le roi dans ses campagnes et qu'elles ont été ensuite transcrites dans des monastères, tandis que M. Giesebrecht avait supposé qu'elles avaient été commencées dans l'abbaye de Saint-Martin de Cologne. Il est très difficile de rien affirmer en présence des trois textes si fragmentaires que nous possédons et dont aucun n'a le caractère incontesté d'un ms. original. Nous ferons seulement remarquer que toutes les Annales primitives portent à quelque degré la trace d'une origine monastique; qu'un clerc écrivant auprès des ducs des Francs n'eût pas, semble-t-il, été si laconique et si incomplet, qu'au contraire, dans un couvent situé non loin du centre de la vie politique sans y être pourtant directement mêlé, la sécheresse et l'intermittence de ces notes annalistiques n'a

1. Pour M. Kurze (*Neues Archiv*, XX, 29, note), les *Annales Laubacenses* ont utilisé les *Annales S. Amandi* dans une rédaction allant au moins jusqu'à 791, et une source allant de 687 à 814 qui se retrouve dans les *Annales Stabulenses* et *Auscienses*.

2. *Beitræge zu kritik Karolingischen Annalen*. Kœnigsberg, 1878.

rien qui nous étonne. Quant à expliquer pourquoi les événements qui n'intéressent que le couvent ne sont notés que d'une manière irrégulière, il faudrait être un peu mieux renseignés que nous ne le sommes sur la nature exacte des manuscrits que nous avons sous les yeux pour pouvoir nous prononcer[1].

Le pays de la Moselle a été le lieu d'origine d'un second groupe de notes annalistiques que nous retrouvons dans les *Annales Mosellani* et les *Annales Laureshamenses*. Aucun critique n'a jamais révoqué en doute le lien étroit qui unit ces Annales ; seulement, tandis que M. Wattenbach a toujours considéré les *A. Mosellani* comme la source ou comme reproduisant la source des *A. Laureshamenses*, la plupart des critiques[2] y voient deux écrits parallèles sortis l'un et l'autre d'Annales perdues, ayant une autorité égale et devant être consultées simultanément et contrôlées l'une par l'autre. — On y trouve pour les premières années la mention de personnages d'origine irlandaise et jusqu'à 729 des notes se rapportant à l'Angleterre. Les *Mosellani* se trouvent d'ailleurs transcrites, dans le manuscrit unique de Saint-Pétersbourg, à la suite du *De temporum ratione* de Bède, comme les Annales de Saint-Amand. C'est encore là un indice que le modèle des Annales a été importé de l'étranger, et l'on pourrait, si l'on voulait, attribuer la première rédaction de ces Annales, plus encore que la rédaction des Annales de Saint-Amand, à l'abbaye de Saint-Martin fondée à Cologne par Peppin d'Héristal pour recevoir des religieux irlandais. Ce sont ensuite les faits les plus importants de l'histoire des Carolingiens qui y sont notés, et la mort de Drogon, le fils de Peppin d'Héristal, y est inscrite à l'année 708 comme dans les Annales de Saint-Amand. Cet événement, qui semble avoir causé une grande impression, est le vrai point de départ des Annales. A partir de 761, on trouve de nombreuses indications se rapportant à Metz et au monastère de Gorze ; c'est à ces indications que les *Annales Mosellani* doivent leur nom. Quelques notes relatives à Lorsch ont motivé le nom d'*Annales Laureshamenses* donné

---

1. A ces Annales belges se rattachent les *Annales S. Amandi breves*, 742-855, qui n'ont que peu d'intérêt. Les *Annales S. Gallenses Baluzii*, 691-814, se rattachent aux *Annales S. Amandi* dans leur première partie jusqu'en 764. Dans la seconde, 768-814, elles présentent des analogies avec les *Annales Petaviani* et les *Annales Laureshamenses*.

2. Cf. Giesebrecht, *Die Fränkischen Kœnigsannalen*, dans le *Münchener historisches Jahrbuch*, 1865, p. 224-226. Œlsner, *Pippin*, p. 520. Waitz a complètement adopté cette manière de voir. Cf. *Forschungen z. d. G.*, t. V, p. 493.

aux Annales sœurs. M. Wattenbach a supposé que la composition de ces Annales mosellanes a été due à Chrodegang, qui fut
élevé à la cour de Charles Martel, qui reçut l'évêché de Metz en
742 par la faveur de Peppin le Bref et qui construisit le monastère de Gorze. Ces *Annales Mosellani* ont été conduites d'abord
jusqu'en 777, et on trouve dans cette première partie des notes
qui ont une origine alamanne; puis jusqu'à 785[1], et cette
seconde partie pourrait bien avoir été composée à Lorsch; enfin
jusqu'à 796. Les années 786 et 787 manquent, et, de 788 à 796,
il y a une erreur d'une année dans les dates, qui sont d'un
chiffre trop basses. Cette erreur doit être la faute d'un copiste.
La dernière partie des *Annales Mosellani* aurait été, d'après
M. Giesebrecht, composée dans le pays du Mein, peut-être à
Wurzbourg; M. Arnold croit au contraire qu'elle est due à un
Allemand du nord. Nous nous garderons de nous prononcer entre
des avis aussi opposés.

Les *Annales Laureshamenses*[2] suivent de 703 à 785 les
Annales Mosellani ou plutôt se rattachent à la même source commune. Leur nom vient de la mention de la translation des reliques
de Saint Nazaire « in monasterio *nostro* Lauresheim » en 765. Il
serait cependant difficile d'affirmer sur un seul mot que les Annales
qui portent le nom de *Laureshamenses* ont réellement été composées dans ce monastère, mais il ne serait point étonnant qu'on eût
transcrit des Annales de Gorze dans l'abbaye de Lorsch, dont le
premier abbé fut Gundeland, frère de Chrodegang, abbaye qui
resta toujours en relation étroite avec le siège épiscopal de Metz,
et qui, voisine des résidences de Worms, Ingelheim et Tribur, fut
mieux placée qu'aucun autre pour entendre l'écho des événements
politiques. Aussi les *Annales Laureshamenses* ne sont-elles

1. Pour M. Kurze (*Neues Archiv*, XX, 29, et XXI, 25), les *Annales Mosellani*
sont jusqu'à 785 une copie des Annales primitives perdues de Lorsch, qui elles-
mêmes reproduisaient jusqu'à 777 les Annales perdues de Gorze, composées de
760 à 777 et dont la partie antérieure à 760 était empruntée à des Annales neustriennes perdues de 708 à 764 et à des Annales alamannes perdues de 703 à 756.
— Les *Annales Mosellani* seraient originaires de Worms. Elles se seraient servies
pour les années 788 à 796 (écrites vers 797 ou 798) de la seconde rédaction des
Annales perdues de Lorsch jusqu'à 796, des *Annales Petaviani* jusqu'à 796 et
des *Annales Laurissenses*.

2. Le manuscrit de Saint-Blasien, aujourd'hui au monastère de Saint-Paul en
Carinthie, qui seul nous a conservé les Annales complètes de 703 à 800 (cf. *Neues
Archiv*, XV, 425), a servi à Ussermann pour son édition des Annales dans ses
Prodromus Germaniae sacrae. Longtemps considéré comme perdu, il a été
retrouvé à Saint-Paul et publié par M. E. Katz.

pas les seules qui furent conservées ou écrites dans cette riche abbaye.

Après 785, les *Annales Laureshamenses* furent continuées par deux mains différentes. Le fragment d'Annales publié par Duchesne (II, 21), dit *Fragmentum Chesnii*, et D. Bouquet (V, 26), s'étend de 768 à 806. Il contient des variantes importantes de 786 à 790 et a quelque rapport avec les *A. Guelferbytani*[1]. De 790 à 806, ce fragment n'est qu'une transcription des *Annales Laurissenses majores*. L'autre continuation, de 794 à 803, a été publiée pour la première fois par Lambek d'après un ms. de Vienne[2], puis avec les Annales entières par Ussermann dans son *Prodromus Germaniae sacrae*. Elle s'étend jusqu'à 803 et est l'œuvre d'un homme intelligent qui écrit sous l'influence directe de la cour et y vit même peut-être. Son récit a une importance qui n'est égalée que par celle des *A. Laurissenses*[3].

Le troisième groupe de notes annalistiques provient de Murbach dans les Vosges. On les retrouve dans les Annales qui portent le nom d'*Annales Guelferbytani,* parce que l'unique manuscrit qui les contient est conservé dans la bibliothèque de Wolfembuttel. Elles commencent à l'année 741, à l'avènement de Peppin, ce qui prouve bien que, comme les précédentes, elles sont inspirées par une préoccupation, sinon par une pensée politique. Jusqu'en 790, elles paraissent avoir été écrites à Murbach et elles nous donnent la liste des abbés du monastère. A partir de 790 jusqu'à 806, elles nous offrent une série de notes en style assez barbare sur les campagnes et les quartiers d'hiver de Charlemagne. Ce ne sont que des extraits assez incorrects d'autres Annales plus développées dont nous retrouvons le texte dans les *Annales Mettenses*[4].

1. Cf. Heigel, *Forschungen zur D. Geschichte*, 1865, p. 397, note. *Ueber die aus den ältesten Munbacher Annalen abgeleiteten Quellen.* Nous reviendrons sur cette question en parlant des Annales de Metz.

2. Pour M. Kurze (*Neues Archiv*, XX, 29), ces Annales jusqu'à 790 sont tirées de la seconde rédaction des Annales perdues de Lorsch continuées de 788 à 790 (cf. p. 84, n. 1).

3. Lambecius, *Commentarius de Bibliotheca Vindobonensi*. Vienne, 1669. Il a peut-être existé une continuation de 803 à 816 que la chronique de Moissac aurait utilisée. Cf. Wattenbach, *Deutschlands Geschichtsquellen*, I, 146.

4. Toutefois, cet annaliste ne garde pas la même froideur objective qui caractérise les Annales royales (*Laurissenses majores*), écrites sous l'influence des archichapelains. A partir de 791, on remarque des prétentions au beau style, une certaine emphase, et on y trouve racontés en détail des faits sur lesquels les

Les *Annales Nazariani*, ainsi nommées parce qu'on a aussi prétendu qu'elles avaient été écrites à Lorsch où Saint-Nazaire avait, comme nous l'avons dit plus haut, un sanctuaire, ne sont dans leur première partie jusqu'en 741 qu'une forme des Annales Mosellanes. De 741 à 785, elles mêlent des notes prises aux Annales de Murbach à d'autres prises aux Annales Mosellanes; enfin, de 786 à 790, elles ajoutent aux notes brèves dont elles se composaient jusque-là un récit plus développé qui peut avoir été écrit à Fulda[1].

Les *Annales Alamannici* sont assez étroitement rattachées aux Nazariani et aux Guelferbytani. M. Wattenbach les regardait autrefois comme issues des Nazariani; mais, tout ce qu'on peut dire, c'est qu'elles sont un mélange des Annales Mosellanes et des Annales de Murbach jusqu'en 790; qu'à partir de cette date elles ont été continuées à Murbach jusqu'en 800[2], puis à Reichenau de 801 à 859; enfin à Saint-Gall, où elles ont eu trois continuations, de 860 à 876, de 877 à 881 et de 882 à 926. Leur influence fut grande en Souabe. Elles ont servi à plusieurs des auteurs de Chroniques universelles impériales, à Lambert de Hersfeld, à Hermann de Reichenau.

Les Annales dites *Petaviani*, du nom d'Alexandre Petau, qui possédait le ms. édité par Duchesne dans son t. II, ont une place

---

Annales royales se taisent ou glissent intentionnellement, comme la conspiration du jeune Peppin, fils de Himiltrude, en 792. M. Kurze les croit écrites sous l'influence soit de l'évêque de Worms (Adelhelm? Dietlach?), soit d'Angilramn de Metz, soit de Riculf de Metz. Angilramn doit être écarté, si, comme je le pense, il a dirigé la rédaction des Annales royales. Kurze (*Neues Archiv*, XXI, 26) dit que les *Annales Laureshamenses* de 791 à 803 ont puisé dans les *Petaviani* et dans la source des *Maximiniani* jusqu'à 796, dans les *Mosellani* jusqu'à 797 ou 798, puis sont originales de 798 à 803. C'est à Metz peut-être que cette dernière partie, de 791 à 803, aurait été écrite. M. Kurze croit retrouver dans la chronique de Moissac une continuation des *Annales Laureshamenses* de 804 à 818 compilée en 818 d'après les *Annales Laurissenses minores*, les *Annales Laurissenses majores* et des Annales perdues de 805.

1. M. Heigel considère les *Annales Guelferbytani* jusqu'à 790 comme la plus ancienne forme des Annales de Murbach; les *Annales Nazariani* comme une compilation faite en Thuringe ou en Hesse, formée des *Guelferbytani* et d'Annales alamanes, qui se retrouvent dans les *Annales Mosellani;* et les *Annales Alamannici* jusqu'en 790 comme un remaniement des Annales de Murbach mêlées aux *Annales Laureshamenses*.

2. M. Kurze (*Neues Archiv*, XXI, 24) pense que cette partie des *Annales Alamannici* de 790 à 795, écrite à Murbach, a été puisée en partie dans les *Annales Petaviani* jusqu'à 796 et dans les *Annales Laureshamenses* jusqu'à 797. Elle aurait aussi utilisé les *Mosellani*.

tout à fait à part au milieu des annales que nous venons d'énumérer. Elles offrent en effet ceci de particulier qu'elles s'intéressent exclusivement aux guerres de Charlemagne. Elles forment comme un journal de ses campagnes. Jusqu'à 771, elles sont composées d'un mélange des Annales belges et des Annales Mosellanes. De 771 à 799, année où elles s'arrêtent, elles offrent encore des ressemblances assez marquées avec les *A. Mosellani* et *Laureshamenses* sans qu'on puisse cependant établir de relation directe entre elles[1]. Elles ont de l'importance pour l'histoire militaire du règne de Charlemagne, car elles doivent avoir été écrites à la cour même. Une des copies de ces Annales, provenant de l'abbaye de Massai dans le Berry, ne s'étend que jusqu'à 796 et contient des additions faites au monastère de Saint-Martin de Tours.

Les *Annales Maximiniani* tirent leur nom du monastère de Saint-Maximin de Trèves, où elles auraient été écrites, d'après l'opinion de leur premier éditeur, le baron de Reiffenberg[2]. Mais M. Waitz, qui les a rééditées au t. XIII des *Monumenta Germaniae* (*SS.*), a montré que si le manuscrit unique de ces annales, aujourd'hui à Bruxelles (nº 17351), a été copié sur un manuscrit de Saint-Maximin du IXe siècle, il ne s'en suit pas que l'original y ait été composé[3].

Les *Annales Maximiniani*, qui s'étendent de 750 à 811, occupent une place à part parmi les petites annales carolingiennes. Elles ne nous fournissent que peu d'informations originales et elles paraissent avoir été composées vers 812, d'après d'autres annales que nous retrouvons dans quelques-uns des textes annalistiques dont nous venons de parler. Elles nous sont surtout utiles par les éléments de critique qu'elles nous fournissent pour

1. M. Kurze (*Neues Archiv*, XXI, 25) reconnaît l'extrême difficulté de déterminer exactement la relation des *Petaviani* avec les autres annales. Toutefois, il croit qu'elles se sont servies pour leur première partie, qui irait jusqu'à 778 et aurait été écrite à Gorze, d'anciennes Annales austrasiennes perdues, source des *Annales S. Amandi* et écrites à Saint-Martin de Cologne jusqu'à 772, et des Annales perdues de Gorze; pour la deuxième partie, de 779 à 796, de la seconde rédaction des Annales perdues de Lorsch (790), de la seconde rédaction des Annales perdues de Murbach (790) et des *Annales Laurissenses*, jusqu'à 791. Le dernier morceau, 797-799, serait original et ne se trouve pas dans le manuscrit de Massai ou de Tours. Les Annales Pétaviennes auraient été écrites à Corbie, d'où provient le manuscrit du Vatican.

2. Dans les *Comptes-rendus de la Commission royale d'histoire de Belgique*, 1844.

3. Voy. un article de Waitz, *Neues Archiv*, V, 491.

l'étude de ces textes. Elles se présentent à nous en effet sous une forme assez particulière, comme la continuation d'une Chronique universelle jusqu'à l'année 741, conservée dans deux manuscrits (Leyde, mss. Scaliger, 28, et Munich, lat. 246) et composée de la Chronique de Bède, d'extraits de la Chronique de saint Jérôme, d'Isidore, d'Orose, de l'*Historia Romana* de Paul Diacre, de Frédégaire, des *Gesta regum Francorum*, du *Liber Pontificalis* et de notes annalistiques qui se retrouvent dans les *Annales Mosellani* et *Laureshamenses*, les *Annales Mettenses* et la Chronique de Moissac. M. Waitz en place la composition vers l'année 801, et croit qu'elle fut écrite dans le diocèse d'Autun, à cause de la mention à l'année 725 de la destruction d'Autun par les Sarrasins, fait qu'on ne retrouve mentionné que dans les Annales de Flavigny[1]. Cette Chronique ne se présente pas à nous sous forme d'annales, mais sous forme d'un récit, mal lié il est vrai et composé de faits juxtaposés. C'est une assez informe compilation à laquelle la Chronique de Bède, avec ses indications chronologiques tirées de l'âge du monde, sert de cadre. Ce n'est qu'à partir de 710 qu'on voit apparaître, au milieu du texte, des extraits d'annales qui ont conservé la mention des ans de l'Incarnation[2]. L'arrêt de la Chronique à 741 s'explique, évidemment, comme M. Waitz l'a pensé, par ce fait que la compilation a voulu reconstituer une histoire universelle jusqu'à la date où commençaient les Annales royales (*Annales Laurissenses majores*).

Cependant, un peu plus tard, en 812, un autre écrivain, ayant entre les mains cette Chronique universelle, en a extrait, à partir de 710, tout ce qui a trait à l'histoire des Francs, en laissant de côté les passages tirés de Bède et les ans du monde qui s'y rapportent, puis a fait suivre cet extrait de la Chronique universelle d'Annales dont la substance est empruntée surtout aux *Annales*

---

1. Cet indice est sans grande valeur; car ce passage fait partie des notes annalistiques dont nous parlons à la note suivante.

2. Ces notes annalistiques sont la reproduction textuelle de celles qui ont été publiées par Pertz (*Mon. Germ. SS.*, t. IV, p. 123) sous le titre, tout à fait erroné, d'*Annales Juvavenses breves*. Ce sont en réalité des Annales franques, des notes sur les guerres et les actes de Charles Martel. Leur emploi ferait supposer que l'auteur de cette chronique universelle vivait dans le voisinage de la cour franque. (Cf. Simson. *Kleine Bemerkungen zur karolingischen Annalen*, dans les *Forschungen zur D. Geschichte*, XIV, 131, et *Die Ueberarbeitete und bis zum Jahre 741 fortgesetzte Chronik des Beda; Ibid.*, XIX, p. 97.) Ce remaniement de la Chronique de Bède a servi de base à la Chronique de Moissac.

Laurissenses majores, mais aussi aux *Annales Petaviani* et aux Annales qui ont servi de source aux *Annales Mosellani* et *Laureshamenses*, ainsi qu'aux *Laurissenses* et aux *Metten-ses*. On y remarque un certain nombre d'indications qui se retrouvent dans les *Annales Xantenses* (an. 790, 794, 795); d'autres offrent une grande ressemblance avec des passages correspondants des *Annales Juvavenses minores* (an. 764, 787), des *Annales Juvavenses majores* (an. 796, 803, 804), et des Annales de saint Emmeran de Ratisbonne (an. 748, 777, 787, 793, 810), soit que ces Annales aient puisé à une source commune, soit que les *Annales Maximiniani* leur aient été connues. Ces rapports avec les Annales de Salzbourg (Juvavia) et l'intérêt que l'auteur paraît prendre à la Bavière ont fait supposer à M. Waitz que l'auteur pourrait bien être un Bavarois. Il a aussi utilisé le *Liber Pontificalis* pour l'histoire des papes Zacharie et Étienne II. — La Chronique de Moissac, que nous étudierons plus loin, offre de telles ressemblances avec les *Annales Maximiniani* que M. Waitz n'hésite pas à les regarder comme une des principales sources de la chronique. M. Arnold a cru au contraire pouvoir conclure des rapports multiples des *Annales Maximiniani* avec tant de sources diverses que ces Annales, ainsi que les sources desquelles on les rapproche, ont toutes puisé dans des annales plus étendues, aujourd'hui perdues, qui auraient été les vraies Annales de la cour[1]. Il considère les *Annales Maximiniani* comme offrant une des meilleures rédactions de ces annales primitives. Nous verrons plus tard combien l'hypothèse de M. Arnold est arbitraire. Les *Annales Maximiniani* ont au contraire le caractère d'une compilation sans aucune unité, dont les diverses parties sont fort mal proportionnées et mal agencées et qui n'a pour nous d'autre intérêt que de nous servir à contrôler les autres sources et de mieux comprendre leurs relations.

On peut résumer sous forme de tableau généalogique le sys-

---

1. M. Kurze (*Neues Archiv*, XIX, 306) a fait remarquer que de 797 à 811 les *Annales Maximiniani* sont un extrait des *Annales Laurissenses majores* avec quelques rares additions que l'auteur a dû puiser, soit dans ses souvenirs personnels, soit dans ceux de l'archevêque Arn. de Salzbourg ou de ses familiers. Il pense que l'auteur a connu le texte des *Annales Laurissenses majores* alors qu'il ne s'étendait encore que jusqu'à 811. Les rapports des *Annales Maximiniani* avec les *Annales Xantenses* et *Juvavenses* s'expliquent, pour M. Kurze, par le fait qu'elles se sont servies, jusqu'à 796, d'une source bavaroise qui a été aussi utilisée par les *Annales Xantenses* et *Juvavenses* (Kurze, *Neues Archiv*, XXI, 12). Cette hypothèse est assez vraisemblable.

tème de classement qui a été proposé en 1866 par M. Wattenbach :

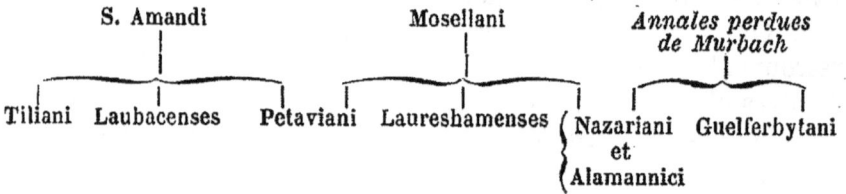

S. Amandi   Mosellani   *Annales perdues*
                                                   de Murbach

Tiliani Laubacenses   Petaviani Laureshamenses { Nazariani Guelferbytani
                                                            et
                                                      { Alamannici

M. Wattenbach a admis plus tard (6ᵉ édition) que les *Laureshamenses* et les *Mosellani* pourraient se rattacher à une
source commune qui aurait servi aussi aux *Petaviani* et aux
Nazariani, mais que les *Mosellani* représentent plus exactement que toutes les autres Annales.

M. Waitz, dans une dissertation publiée dans les *Nachrichten
der Gœttingischen Gesellschaft der Wissenschaften* du
20 janvier 1875, a proposé certaines modifications à ce tableau.
D'après lui il n'y a pas filiation directe entre les *Mosellani* et
les *Laureshamenses*, mais elles dérivent d'une source perdue,
formée d'Annales alamanes, d'Annales de Gorze et d'Annales
de Lorsch, d'autre part, les *Nazariani* et les *Alamannici*
dérivent également des Annales de Murbach et des Annales
alamanes perdues, qui ont aussi servi de source aux Annales
de la Moselle ; enfin les *Petaviani* dérivent des Annales de Saint-
Amand et des Annales perdues de Gorze et de Lorsch, qui ont
été une des sources des Annales de la Moselle. Ce système peut
se représenter par le tableau suivant :

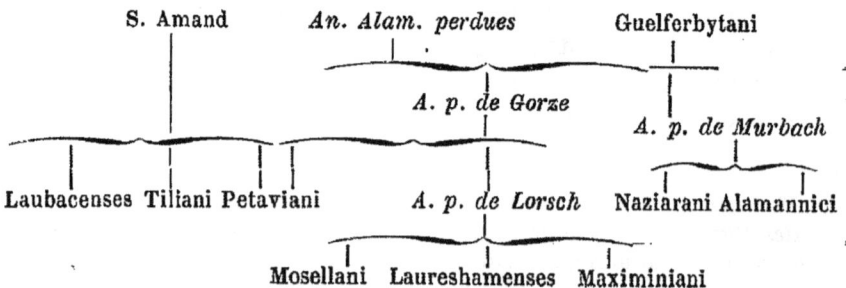

S. Amand   *An. Alam. perdues*   Guelferbytani

                            A. p. de Gorze

                                              A. p. de Murbach

Laubacenses Tiliani Petaviani   *A. p. de Lorsch*   Naziarani Alamannici

                        Mosellani Laureshamenses Maximiniani

M. Œlsner, dans l'appendice XVI de ses Annales du règne de
Peppin, considère les *Mosellani* comme un mélange des *Petaviani* et des Annales de Gorze, qui ont servi de source aux *Laureshamenses*. Il ne leur accorde en conséquence qu'une valeur

très secondaire; et son système, d'ailleurs peu acceptable, est le suivant :

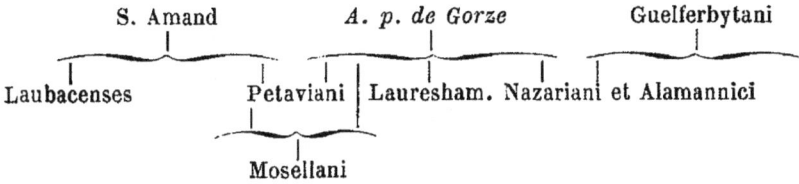

```
        S. Amand              A. p. de Gorze            Guelferbytani
           |                       |                         |
  |                   |     |             |                      |
Laubacenses        Petaviani | Lauresham. Nazariani et Alamannici
                   |
                   |
               Mosellani
```

Enfin, M. Arnold, dans ses *Beitrœge zur Kritik Karolingischer Annalen* (Kœnigsberg, 1878), est venu, sous prétexte de résoudre définitivement les difficultés que soulève la classification des Annales, les rendre à peu près inextricables et nous obliger à renoncer à toute solution précise du problème. Il a en effet, avec beaucoup d'ingéniosité, montré qu'il est à peu près impossible d'isoler les annales les unes des autres, et très difficile d'établir entre celles que nous possédons une filiation directe, qu'elles paraissent plutôt puisées à des sources communes. Jusqu'à 771, il propose la classification suivante :

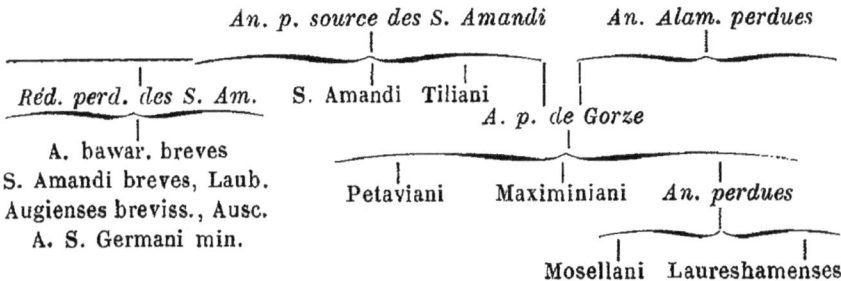

```
              An. p. source des S. Amandi      An. Alam. perdues
                         |                             |
  |               |       |        |       |  |            |
Réd. perd. des S. Am.   S. Amandi Tiliani  | |
                                      A. p. de Gorze
                                           |
  A. bawar. breves                   |          |          |
S. Amandi breves, Laub.         Petaviani   Maximiniani  An. perdues
Augienses breviss., Ausc.                                    |
  A. S. Germani min.                                   |          |
                                                  Mosellani  Laureshamenses
```

Pour les *Nazariani, Alamannici* et *Guelferbytani* jusqu'à 770, M. Arnold semble s'accorder avec le système de Waitz. Mais, à partir de 771, pour sortir de la confusion inextricable que lui présentent les Annales, il tranche le nœud gordien en imaginant que toutes les Annales ont puisé, de 771 à 801 ou 803, dans des Annales beaucoup plus développées qui auraient été écrites à la cour et qui ont été oubliées et perdues lorsque les *Annales Laurissenses* ont été acceptées comme Annales officielles.

Une si belle théorie ne pouvait manquer d'exciter l'émulation des critiques en quête de nouveautés. C'est ce qui est arrivé en effet. M. Isaac Bernays, dans sa brochure *Zur Kritik Karolin-*

gischer Annalen[1], a enchéri sur M. Arnold. Celui-ci faisait remonter les Annales de la cour à 771 seulement; M. Bernays les fait remonter au commencement du VIIIe siècle, c'est-à-dire à l'origine même des Annales. M. Arnold arrêtait les premières Annales de la cour à 802 ou 803, et supposait qu'ensuite les *Annales Laurissenses* en avaient tenu lieu; M. Bernays suppose qu'elles s'étendaient jusqu'en 834. Enfin, aux écrits que M. Arnold signalait comme extraits des Annales de la cour, M. Bernays ajoute les *Annales Laurissenses majores* et *minores*, la compilation inconnue qu'on suppose avoir servi de source et aux *Annales Mettenses* et à la Chronique de Moissac jusqu'en 805, la Chronique de Moissac de 805 à 818, les *Annales Einhardi*, Thégan, les *Annales Bertiniani*, les *Annales Xantenses*, les *Annales Sithienses*, les *Annales Fuldenses*, enfin les Continuateurs de Frédégaire eux-mêmes. Ici, il est vrai, M. Bernays est pris d'un scrupule, et il admet que ce seraient les Annales de la cour qui auraient pu être faites en 768 d'après les Continuateurs de Frédégaire. Toutefois, il est visible qu'il incline à voir dans les Annales la source des Continuateurs.

Nous éprouvons, nous l'avouons, un sentiment d'admiration en présence de l'énorme travail de copies et de comparaisons de textes auquel se sont livrés MM. Arnold et Bernays pour arriver à établir sur des ressemblances, souvent bien légères, leur ingénieuse théorie; et nous n'admirons pas moins la candeur avec laquelle tous deux, mais surtout M. Bernays, parlent de ces annales imaginaires comme s'ils les avaient vues et poussent leur démonstration à l'extrême sans se douter qu'ils la détruisent par son excès même. Mais, en même temps, nous ne pouvons nous défendre d'un sentiment de tristesse en voyant tant d'efforts, d'intelligence et de temps employés à faire et à défaire une même toile de Pénélope. Rien n'est plus propre à développer le scepticisme historique que cette hypercritique qui, sur les plus frêles indices, échafaude tout un système et surtout que cette prétention d'atteindre à la certitude absolue sur des points où les conditions mêmes de la certitude font défaut. Cette manie de tout remettre perpétuellement en question, ce mélange de minutie consciencieuse dans les démonstrations et de fantaisie dans les hypothèses sont faits pour jeter le discrédit sur les méthodes critiques elles-mêmes.

Pourtant il ne faut pas être injuste envers MM. Arnold et

1. Strassburg, Trubner, 1885, 196 p. in-8°.

Bernays. M. Bernays a rendu le service de ruiner la thèse de M. Arnold en l'exagérant, et tous deux ont montré que les relations entre les Annales sont plus nombreuses et plus compliquées que ne l'avaient pensé ceux qui ont tenté les premiers de les classer. Elles sont même si compliquées que les hypothèses les plus variées pourraient être mises en avant. Il est certain, et M. Bernays nous a rendu le service de le mettre en lumière, que non seulement les diverses annales parlent d'ordinaire des mêmes faits, mais qu'elles emploient souvent pour en parler des expressions analogues ou identiques, enfin que ces expressions témoignent d'un grand respect pour le roi et de sentiments religieux. Les emprunts à la Vulgate sont fréquents. S'ensuit-il que toutes ces Annales ne soient que des extraits d'une même source, et l'hypothèse de MM. Arnold et Bernays n'est-elle pas la plus invraisemblable de toutes, sans compter qu'elle est aussi celle qui éclaire le moins la question? Elle met en effet toutes les Annales sur le même plan, rend impossible tout jugement sur leur valeur relative, et, en prétendant expliquer la ressemblance incomplète de certains passages, ne tient compte ni des liens beaucoup plus étroits qui rattachent certaines annales entre elles et justifient les classifications et les groupements exposés plus haut, ni des passages originaux qu'elles contiennent presque toutes. Prenez plusieurs annales, par exemple les *Annales S. Amandi,* les *Laurissenses* et les *Laureshamenses,* et comparez une série d'années, vous reconnaîtrez que l'hypothèse d'une source commune est presque inadmissible, que, de plus, elle ne pourrait s'appliquer qu'à une très petite partie du texte.

Est-il vraisemblable que ce soient précisément les plus importantes de toutes les Annales qui aient été perdues alors que tant d'extraits en étaient conservés? Est-il vraisemblable surtout qu'elles aient été supplantées par les *Annales Laurissenses majores,* qui n'en étaient aussi qu'un extrait, au point que les auteurs des Annales de Saint-Bertin, dont le caractère officiel n'est pas douteux, ceux des autres grandes annales du IXe siècle et le biographe anonyme de Louis le Pieux se soient faits les continuateurs des *Annales Laurissenses,* non des prétendues Annales de la cour? Enfin les Annales, telles que nous les possédons, composées au début de quelques mots seulement, sans phrases régulièrement construites, puis, de plus en plus abondantes, d'une forme plus soignée, enfin arrivant à donner des récits détaillés formés parfois par la combinaison de phrases empruntées à d'autres annales, mêlant à la mention des événements politiques des faits d'un intérêt tout local ou ecclésiastique,. ne nous représentent-elles pas assez fidèlement le développement de la littérature annalistique, tel que nous pourrions nous l'imaginer à priori. Se figurer, comme M. Bernays, des Annales qui, à l'origine, auraient été extraites des Continuateurs de Frédégaire, dont la chronologie est si vague, ou assez développées pour servir de source à ces Continuateurs, ce sont là de pures chimères.

MM. Arnold et Bernays paraissent oublier que la répétition des mêmes formes de langage n'a rien qui puisse surprendre chez des hommes qui avaient tous reçu exactement la même instruction, très rudimentaire, qui étaient tous nourris de la Vulgate et qui écrivaient une langue morte comme le font des écoliers de nos jours ; ils oublient aussi que les monastères auxquels on rattache d'ordinaire ces annales, Saint-Amand, Lobbes, Gorze, Lorsch, Murbach, étaient tous situés dans la même région de l'Empire franc, dans le bassin du Rhin et de l'Escaut, qu'ils avaient entre eux des échanges constants, qu'ils étaient en relations plus ou moins directes avec la cour ou avec l'archevêché de Mayence, que, par conséquent, si les Annales proviennent réellement des monastères, ils ont pu se faire les uns aux autres, pour les rédiger, des emprunts mutuels et multipliés. Ce qui frappe le plus, quand on lit les Annales, c'est que leurs auteurs se préoccupent surtout des campagnes entreprises presque tous les ans par les rois francs ou de ce qui s'est passé à l'assemblée générale du printemps. M. Wattenbach y voit une raison pour refuser aux Annales une origine monastique. Cette conclusion ne me paraît pas juste, car les expéditions militaires pour lesquelles le monastère devait fournir des soldats, les assemblées auxquelles les abbés devaient comparaître avec leurs hommes et apporter au roi des dons en nature et en argent[1] étaient certainement, pour les moines, l'événement capital de l'année. Quand les hommes d'armes fournis par l'abbaye revenaient au foyer, quand l'abbé était de retour de la guerre ou de l'assemblée, n'est-il pas tout naturel qu'on inscrivît sur les tables de Pâques, en quelques mots tout au moins, les résultats de la campagne, les victoires remportées, les otages reçus ? Est-il étonnant que des hommes qui n'avaient à leur disposition qu'un vocabulaire très restreint aient souvent rapporté les mêmes faits dans les

1. Le monastère de Lorsch est précisément inscrit dans le capitulaire de 817 parmi ceux qui doivent *dona et militiam*. L'authenticité de cette liste est, il est vrai, très contestable.

mêmes termes? Il est possible que les abbés se communiquassent les notes qu'ils avaient écrites, il est possible aussi qu'on eût l'habitude d'envoyer aux monastères et aux églises les plus importantes une sorte de circulaire racontant les faits principaux et les résultats de la campagne, et que les diverses annales aient souvent puisé leurs renseignements à ce fonds commun. On ne s'étonne pas alors que certaines années portent pour seule mention : « *Annus sine hoste fuit.* Nous n'avons pas eu cette année-là à faire le service d'host. » Ces hypothèses permettent de comprendre les nombreuses ressemblances des annales entre elles tout en leur laissant leur individualité, de comprendre aussi comment des faits d'intérêt local et ecclésiastique y ont été inscrits simultanément avec les événements politiques. S'il fallait n'y voir que des extraits d'Annales de la cour, faits après coup, on ne comprendrait guère la présence des mentions de phénomènes naturels qui perdent leur intérêt à distance, et surtout on ne comprendrait pas que des événements qui devaient beaucoup frapper les personnes vivant à la cour, les naissances et les mariages des princes n'y fussent pas mentionnés. Or, ni la naissance des fils de Charles Martel ni celle des fils de Peppin n'est inscrite dans les premières Annales[1].

Je ne vois donc qu'un seul résultat à retirer des travaux de MM. Arnold et Bernays, un résultat tout négatif : l'impossibilité d'établir avec une entière certitude la filiation des Annales. Je persiste à croire qu'elles ont une origine monastique et qu'une partie d'entre elles sont des annales contemporaines; je pense même que les essais de classement de MM. Pertz, Giesebrecht, Waitz et Wattenbach n'ont pas été aussi inutiles que les conclusions de MM. Arnold et Bernays le feraient croire au premier abord, et que ces savants sont arrivés à déterminer avec une assez grande exactitude le caractère et l'importance relative des principales annales.

Voici les conclusions pratiques que je crois pouvoir tirer de l'étude attentive des Annales et des travaux critiques dont elles ont été l'objet :

Les *Annales S. Amandi*, *Laubacenses* et *Tiliani* forment un premier groupe. Celles de Saint-Amand nous offrent la forme la plus ancienne de ces Annales et la plus complète, mais la copie que nous en possédons nous présente une chronologie moins sûre

---

1. La mention qui se trouve dans le *Codex Masciacencis* des Annales Péta-viennes à l'année 747 est une addition postérieure.

que celle des Annales de Lobbes. Quant aux Annales Tiliennes, elles n'ont qu'une importance tout à fait secondaire.

Le second groupe est formé des Annales de la Moselle représentées par les *Laureshamenses* et les *Mosellani* qui sont certainement la reproduction d'une source commune jusqu'à 785, que les *Mosellani* paraissent avoir reproduite plus fidèlement que les *Laureshamenses*. Mais, à partir de 785, les *Laureshamenses*, qui sont beaucoup plus développées, sont une source originale d'une grande valeur, écrite probablement par un clerc attaché au palais et qui s'intéresse particulièrement aux affaires de Bavière.

Le troisième groupe est formé par les Annales de Murbach, représentées par les *Annales Guelferbytani* avec les *Nazariani* et les *Alamannici* qui ont aussi des rapports étroits avec les Annales de la Moselle. — Les *Annales Guelferbytani* ont une importance réelle pour les années 741 à 790. Elles en ont une moindre à partir de cette date, parce que leur texte est corrompu. Mais on peut le reconstituer avec les *Annales Mettenses* qui ont suivi la même source. Les *Nazariani* n'ont que peu de valeur ; les *Alamannici* sont utiles surtout pour l'époque postérieure à 790.

Les *Annales Petaviani*, que nous ne possédons probablement pas dans un texte tout à fait pur, et qui nous sont parvenues dans trois manuscrits assez sensiblement divergents[1], sont néanmoins un guide très précieux pour les campagnes de Charlemagne à partir de 770.

Quant aux *Annales Maximiniani*, elles sont le produit d'un travail de compilation et de combinaison plus compliqué et ne peuvent pas être mises, au point de vue de l'autorité, sur la même ligne que les précédentes.

Jusqu'en 768, les Continuateurs de Frédégaire sont pour nous une source de renseignements parallèle aux Annales, qui leur doit peu de chose, et ne leur a presque rien donné. Elles nous fournissent seules un récit détaillé des événements, mais les Annales complètent parfois les lacunes de ce récit, en rectifient certains points et permettent d'en fixer avec précision la chronologie. C'est leur caractère fruste et sans art qui fait leur prix.

Nous verrons bientôt comment elles donnent naissance à des œuvres plus personnelles et plus développées telles que les

1. Cf. Bernays, p. 88, note.

Annales Laurissenses, la Chronique de Moissac et les grandes Annales du IXe siècle.

Quant aux autres Annales que nous avons énumérées au début de ce chapitre, elles n'ont qu'une importance très secondaire. Celles auxquelles on attribue une origine bavaroise, les *Annales Juvavenses breves* (724-741), *minores* (742-814)[1] et *majores* (550-855), les *Annales S. Emmerani Ratisponensis majores* (748-823)[2] et *minores* (732-1062), enfin les *Annales Bawarici breves* (687-811) ne nous offrent que des notes très clairsemées. Elles offrent des traits de ressemblance avec les Annales du nord, si bien que M. Giesebrecht croit que les *Annales Juvavenses majores* se sont servies des *A. S. Amandi,* que M. Bernays les fait toutes venir de ses fameuses Annales de la cour, et que MM. Waitz et Kurze leur donnent pour source des Annales bavaroises qui s'arrêtaient à 796 et qui auraient aussi servi aux *Annales Maximiniani*[3]. Ces Annales n'ont d'ailleurs d'intérêt que par les notes locales qu'elles contiennent. Elles ont pour point de départ les Annales dites d'Alcuin, qui donnent les noms des lieux où Charlemagne célébra la fête de Pâques, de 782 à 787, et il est probable que c'est à Arn, ami d'Alcuin et évêque de Salzbourg, que les Annales bavaroises durent leur naissance[4].

Nous trouvons encore ces mêmes *Annales Alcuini* précédées de notes écrites à Lindisfarne (642-664) et d'autres écrites à Cantorbéry (673-690) en tête de très courtes annales rédigées à Saint-Germain-des-Prés : *Annales S. Germani Parisiensis minores* (642-919). C'est encore une preuve de cette influence anglo-saxonne, que nous retrouvons à l'origine de presque toutes les annales. Ces *Annales S. Germ. min.,* de 642 à 919, sont en partie empruntées aux *Annales S. Dionysii* qui sont contemporaines pour le IXe et le Xe siècle et ont une grande importance

---

1. Elles ont été écrites en 816.

2. Commencées le 18 avril 817.

3. Waitz, *Neues Archiv,* V, 491 ; Kurze, *Ibid.,* XXI, 11 et suiv. Les *Annales Juvavenses* ont été écrites sur des tables de Pâques d'un manuscrit de Bède de 550-724, puis continuées par une seconde main de 725 à 797 et par une troisième main de 798-825. Elles ne sont contemporaines que depuis 798. La deuxième partie a été écrite en 797.

4. M. Kurze pense que le manuscrit original des *Annales Juvavenses majores* a été transporté à Wurzbourg entre 803 et 814. Il dit la même chose du manuscrit des *Annales Juvavenses minores,* mais il fixe ailleurs l'année 816 comme date de la composition de ces dernières annales (*Neues Archiv,* XXI, p. 22 et 15).

chronologique. Celles-ci ont été d'abord conduites jusqu'à 887, puis continuées de 919 à 997[1].

Si le rapport des Annales bavaroises avec les Annales du nord est difficile à déterminer, celui des *Annales S. Gallenses breves* (708-815), *S. Gallenses brevissimi* (814-961) et *Augienses* (709-858 et 860-954) est beaucoup plus clair. Elles sont des extraits de la continuation des *Annales Alamannici* qui, après avoir été rédigées à Murbach jusqu'à 800, avaient été poursuivies à Reichenau de 801 à 859. — Les abbayes de Reichenau et de Saint-Gall, voisines toutes deux de la ville épiscopale de Constance, étaient devenues au IXe siècle les principaux centres d'étude dans l'Allemagne du Sud, grâce à la double influence d'Alcuin et de maîtres irlandais et à la faveur de Louis le Pieux et des rois allemands.

Les Annales d'Auch et celles de Barcelone, *Annales Auscienses* (687-844) et *Annales Barcinonenses* (538-801), dont les dernières ont été mêlées aux Annales de Saint-Victor de Marseille, nous montrent l'usage des annales se répandant au IXe siècle dans la partie de l'empire franc la plus éloignée de celle où il s'était d'abord développé.

Au IXe et au Xe siècle on écrit partout des annales. Nous en trouvons non seulement dans les pays où les annales avaient pris naissance comme à Trèves (*Annales S. Maximini Trevirensis*, 708-987, source du Continuateur de Réginon), à Cologne (*Annales S. Petri Coloniensis*, 810-818; *Annales Colonienses brevissimi*, 814-870; *Annales Colonienses breves*, 814-964; *Annales Colonienses majores*, 776-1028, maigres essais qui ne font guère prévoir les grandes Annales de Cologne du XIIe siècle); à Wissembourg (*Annales Weissenburgenses*, 763-846), mais un peu partout, dans diverses écoles monastiques ou épiscopales. A Flavigny, au diocèse d'Autun, on compose en 816 et l'on continue jusqu'en 879 des annales en partie tirées des Annales de la Moselle (*Annales Flaviniacenses*, 382-879)[2]; nous possédons des notes annalistiques recueillies à Lausanne (*Annales Lausonenses*[3], 850-985, qui ont servi pour le *Chronicon Lausonensis Chartularii*)[4], à Lyon (*Annales*

---

1. Voy. Berger, dans *Bibl. de l'École des Chartes*, 1879, et l'édition de Waitz dans les *Monumenta*, t. XIII.

2. Cf. Waitz, dans *Neues Archiv*, V, 484.

3. *Ibid.* Éd. de Jaffé à la suite du *Cassiodore* de Mommsen (*Abhandl. der Kœnigl. Sœchsischen Gesellsch. d. Wissenschaflen*, VIII, 1861).

4. *Mém. et doc. de la Suisse romande*, VI, et *SS. rerum Germ.*, XXIV.

Lugdunenses, 769-841), à Massai en Berry (*Annales Masciacenses*, 732-824, 832-1013)[1], à Saint-Quentin (*Annales S. Quintini Veromandenses*, 793-994). Les Annales écrites à Angoulême, sans doute au monastère de Saint-Cybard (*Annales Engolismenses*, 815-870, 886-930, 940-991), ont été remaniées (*Annales Engolismenses*, 815-993, et *Chronicon Aquitanicum*), puis ont servi de source au xiᵉ siècle à Adémar de Chabannes pour la composition de sa Chronique d'Aquitaine[2]. Enfin à Sens, on a de bonne heure, dans les monastères de Sainte-Colombe, de Saint-Pierre-le-Vif, noté les événements sous forme d'annales. Toutes ces notes annalistiques se trouvent réunies dans la Chronique de Saint-Pierre-le-Vif (420-1184) compilée au xiiᵉ siècle par le moine Clarius[3]. Nous en avons des extraits faits au xiᵉ siècle sous le nom de *Historia Francorum Senonensis*[4] et de Chronique d'*Odorannus*[5]. La seule partie de ces annales qui nous soit parvenue sous sa forme primitive de notes contemporaines est celles que Pertz a publiées sous le nom d'*Annales S. Columbae Senonensis* (840-922). Elles sont précédées d'annales compilées pour les années 708-840 et ont été continuées jusqu'à 1218. On a imité et copié ces Annales dans le monastère de Fleury-sur-Loire qui fut en relation très suivie avec le diocèse de Sens, surtout à la fin du xᵉ siècle, à l'époque où Abbon de Fleury et Séguin, archevêque de Sens, étaient alliés dans leur politique hostile à Hugues Capet et à Gerbert de Reims. Ainsi prirent naissance les *Annales Floriacenses* (864-1060), dont le *Chronicon Floriacense* (626-1060) n'est qu'une répétition peu modifiée.

Il y eut sans doute un grand nombre de notes annalistiques du même genre qui ne sont point parvenues jusqu'à nous. Nous en retrouvons des traces dans les chroniques écrites plus tard à Tours, à Reims, à Saint-Denis, à Gembloux, à Angers, etc.; mais toutes ces annales, écrites en dehors de l'influence des événements et des personnages politiques, n'ont pris aucun développement et n'offrent qu'un médiocre intérêt. Si à Sens et à Fleury-

1. Nous avons déjà fait remarquer qu'un des manuscrits des Annales Pétaviennes, contenant quelques interpolations, provient de Massai.
2. Voy. l'édition de la chronique d'Adémar donnée en 1897 par M. Chavanon dans la *Collection de textes pour servir à l'étude et à l'enseignement de l'histoire*.
3. Quantin et Duru, *Archives historiques de l'Yonne*.
4. Éd. Waitz, dans *Mon. Germ.*, t. IX.
5. Quantin et Duru, *Archives historiques de l'Yonne*.

sur-Loire l'historiographie fleurit tout à coup à la fin du x⁵ siècle, c'est que, par suite de l'avènement des Capétiens, les évêques de Sens et les abbés de Fleury se trouvent directement mêlés à la vie politique.

Nous allons voir, au contraire, comment, sous l'influence de la cour, s'est formée, dès la fin du viii⁵ et pendant le ix⁵ siècle, une littérature annalistique qui a produit des œuvres considérables d'une haute valeur historique et qui sont nos sources principales pour les règnes de Charlemagne et de ses successeurs en France et en Allemagne. Ce sont les *Annales Laurissenses majores* et *minores* et leur remaniement dit *Annales Einhardi*, les *Annales Bertiniani*, les *Annales Fuldenses*, auxquelles se rattachent les *Annales Fuldenses Antiqui*, les *Annales Sithienses*, les *Annales Xantenses*, etc., les *Annales S. Vedasti*, la *Chronique de Moissac*, les *Annales Mettenses* et enfin la *Chronique de Réginon*.

NOTE ADDITIONNELLE AU CHAPITRE Iᵉʳ.

M. Kurze a repris, dans son importante étude sur les Annales royales, la question des Petites Annales avec sa pénétration habituelle et voici les conclusions auxquelles il est arrivé, tout en reconnaissant leur caractère hypothétique :

« De courtes *Annales Austrasiennes*, commençant à l'année 708, ont pris naissance vers 714 ou 717, peut-être à Saint-Martin de Cologne ou dans un autre monastère ripuaire, peut-être à la cour même des maires du palais, et ont été continuées jusqu'en 772, sans subir d'influence étrangère ; à leur imitation, des annales semblables ont pris naissance, peu après 730, en *Neustrie*, peut-être à Corbie ; on les a fait partir aussi de 708 et on les a conduites jusqu'à 764. Après 735, ou au plus tard après 746, on a commencé en *Alémanie*, peut-être à Reichenau, en se servant de tables de Pâques anglo-saxonnes, des notes annalistiques indépendantes des précédentes qu'on a fait remonter à 703 et qu'on a continuées jusqu'à 756. Ces notes furent transportées entre 756 et 760 à *Murbach*, où l'on s'en est servi pour rédiger des annales commençant en 740 et s'arrêtant d'abord à 756. Elles trouvèrent, après 772, un continuateur qui, avec l'aide des Annales neustriennes, 708-764, et des Annales austrasiennes, 708-772, compléta les années manquantes par de secs extraits, puis les poursuivit jusqu'en 781, avec régularité, par de très brèves additions. En même temps, vers 760, les Annales austrasiennes et neustriennes devenaient à *Gorze* le noyau d'autres annales, qui y étaient continuées jusqu'en 777 et servirent ensuite de base à des Annales de *Lorsch*. Cet annaliste continua son œuvre à partir de 778; il écrivit à Lorsch les années 778-785, et il en fit, peut-être hors de Lorsch, une seconde rédaction conduite jusqu'à 790. De la première rédaction sont sorties les *Annales Mosellani* et *Flaviniacenses* jusqu'à 785, de la seconde les *Annales Laureshamenses* et le *Fragmentum Chesnii*[1] jusqu'à 790. Les *Annales Tiliani*, jusqu'à 737, et les *Annales S. Amandi*, jusqu'à 772[2], dérivent, sans aucun mélange étranger, des Annales austrasiennes primitives. La première partie des *Annales S. Columbae Senonensis*, jusqu'à 767, et les *Annales Maximiniani*, jusqu'à 771, sont des extraits fort mal faits de ces Annales et des Annales neustriennes. La rédaction la plus ancienne des Annales pétaviennes jusqu'en 778 (composées peut-être à Gorze) est une combinaison des anciennes Annales austrasiennes et de celles de Gorze. Les *Annales S. Gallenses Baluzii* jusqu'en 783 ont la même origine avec mélange des Annales de Murbach. Enfin les Annales de Gorze ont aussi servi à une seconde rédaction des Annales de Murbach de 708 à 781, qui a été continuée jusqu'en 790 d'après une seconde rédaction des Annales de Lorsch, puis a été ensuite poussée jusqu'à 799. Les *Annales Nazariani*, écrites peut-être en Hesse ou en Thuringe, sont extraites de la seconde rédaction des Annales de Murbach jusqu'à 790, peut-être avec l'addition d'extraits de la première. Les *Annales Alamannici, S. Gallenses breves, Weingartenses, Augienses et S. Gallenses majores* sortent de la seconde rédaction des Annales de Murbach jusqu'à 799. La continuation de la seconde rédaction des Annales de Murbach, de 782 à 790, a été ajoutée à la première rédaction des mêmes Annales et le tout se retrouve dans les *Annales Guelferbytani*. »

Ainsi M. Kurze retrouve dans les Annales parvenues jusqu'à

---

1. Cf. plus haut, p. 85, ce qui est dit de cette continuation de 786 à 791, puis de 791 à 806.

2. Les *Annales Laubacenses* se sont servies d'un exemplaire des Annales de Saint-Amand allant au moins jusqu'à 791, mais, comme l'a montré Simson (*Forschungen*, XXV, 375, 377), après Arnold (p. 55-62), elles ont aussi puisé dans des Annales de 687 à 814, dont se sont servies les *Annales Stabulenses* (*Mon. Germ.*, XIII) et *Ausciences* (*ibid.*, III) et beaucoup de petites Annales.

nous six séries d'Annales perdues, Annales austrasiennes (758-772); Annales neustriennes (708-764); Annales de Gorze (-777); deux rédactions d'Annales de Lorsch (703-785 et 703-790); Annales alémanes (703-756); deux rédactions d'Annales de Murbach (740-756 et 740-781). Il fait résolument aller la première partie des Annales de Saint-Amand jusqu'à 772 inclusivement; pour les *Laureshamenses*, il n'admet pas de coupure à 793, mais à 786 et 790, et il croit que les années de 791 à 795 ont été écrites en bloc en 799. Nous trouverions également imprudent de contredire ou d'adopter ces conclusions.

CHAPITRE II.

LES ANNALES ROYALES.

ANNALES LAURISSENSES MAJORES ET ANNALES EINHARDI[1].

Nous avons vu les Annales perdre peu à peu leur abrupte concision pour prendre un peu plus d'ampleur; elles contiennent un plus grand nombre de faits, très brièvement énoncés sans doute, mais du moins en des phrases plus complètes et plus claires. Toutes les Annales que nous avons énumérées, à une seule excep-

---

1. On trouvera dans Potthast, *Biblioteca historica medii aevi*, l'indication des éditions et traductions de ces Annales. M. Kurze, dans le t. XIX du *Neues Archiv*, p. 297 et suiv., a donné une description très complète de tous les manuscrits et des diverses éditions. L'étude qu'il a consacrée aux *Annales Laurissenses* et à leur remaniement aux t. XX et pl. XXI du *Neues Archiv* est la plus complète et la plus pénétrante qui ait encore été faite. Nous ne l'avons connue que lorsque le présent chapitre était déjà rédigé et nous n'avons pas pu noter, en revisant notre travail, tous les points sur lesquels nous nous étions d'avance trouvé d'accord avec M. Kurze. Nous nous sommes beaucoup aidé de son mémoire pour compléter et corriger le nôtre. — On consultera sur ce sujet, outre les préfaces des éditions de Nuenare, Reuber, Duchesne, Bouquet, Pertz et des traductions de Guizot, Teulet, O. Abel, les travaux suivants : Lecointe, *Annales Ecclesiastici*, ad ann. 774; — Mabillon, *Ann. O. S. Benedicti*, ad ann. 774; — Ampère, *Hist. de la littér. franç.*, III, 149; — Fresc, *De Einhardi vita et scriptis specimen* (1845); — Wattenbach, *Deutschlands Geschichtsquellen*, 6e édition, t. I; — Ranke, *Zur Kritik frænkisch- deutscher Reichsannalisten* (Abh. der Berliner Akademie, 1854); — L. von Giesebrecht, *Wendische Geschichten*, t. III, 283; — Waitz, *Zu den Lorscher u. Einhards Annalen* (Gœtt. gel. Anzeigen, 1857); — Id., articles dans *Neues Archiv*, V,

tion près (les *Annales Laureshamenses*), gardent cependant jusqu'au bout leur caractère originaire. Leurs auteurs ne visent pas à fournir une histoire politique suivie; ils s'inquiètent peu de passer sous silence des faits essentiels; ils ne se préoccupent ni de l'élégance ni même de la pureté du style.

Le moment devait venir cependant où de ces essais encore informes sortiraient des œuvres plus développées, qui ne seraient plus une série de notes prises au hasard, mais le récit suivi des événements d'un règne, et même une sorte d'histoire officielle d'un règne, le journal de la vie d'un roi. Pour que cette transformation s'accomplît, il fallait à la fois un progrès intellectuel et un progrès politique; il fallait que l'on fût capable de comprendre tout le parti qui pouvait être tiré de ce procédé de narration annalistique, que la grandeur des événements provoquât le désir de les raconter avec suite et en détail, enfin que la vie de cour fût organisée, que le roi ne fût plus simplement un chef d'armée courant toujours du nord au midi à la tête de ses troupes, mais un vrai chef d'empire entouré de ministres et de conseillers,

497, et dans *Berichte d. Berliner Akad.*, 1882; — Simson, *De statu quaestionis, sint ne Einhardi nec ne sint quos illi ascribunt Annales imperii* (1860); — Id., *Kleine Bemerkungen zur Karolingischen Annalen* (Forsch. z. d. Gesch., XIV, 131); — Id., *Zur Frage nach der Entstehung der sogenannten Annales Laurissenses majores* (Forsch. z. d. G., XX, 205); — Id., appendice III du t. I des *Jahrbücher des frænkischen Reichs unter Karl dem Grossen*, et appendice VI du t. II; — W. von Giesebrecht, *Die frænkische Kœnigsannalen u. ihre Ursprung* (Münchener historisches Jahrbuch, 1864); — Sybel, *Ueber die karolingischen Annalen* (Hist. Zeitschrift. Neue Folge, VI, 260, et VII, 3° h., et dans *Kleine hist. Schriften*, III, p. 3 et 43); — Dove, *Die historischen Schriften Einhardi* (Progr. d. stædt, Realschule in Elbing, 1866); — Id., *Beitræge zur Einhardi Frage* (Neues Archiv, X, 241); — Ébrard, *Die frænkischen Reichsannalen* (Forsch. z. d. G., XIII, 425); — Dünzelmann, *Beitræge zur Kritik der frænkischen Annalen* (Neues Archiv, II, 478, 513, 530); — Harnack, Appendice à *Das Karolingische u. das Byzantinische Reich* (1880); — Manitius, *Die Annales Sithienses, Laurissenses minores et Einhardi Fuldenses* (1881); — Id., *Einhards Werke u. ihr Stil* (Neues Archiv, VII, 517); — Id., *Zu den Ann. Laur. mai.* (Mittheil. d. Institut. für œsterreichichen Geschichtsforschung, XII, 2, et XIII, 225); — Bernays, *Zur Kritik der Karolingischen Annalen* (1883); — Kaufmann, *Die Karolingischen Annalen* (Hist. Zeitschrift, 1885, t. LIV, 54); — Pückert, *Ueber die kleine Lorscher Frankenchronik, ihre verlorene Grundlage u. die Annales Einhardi* (Berichte d. Sæchsischen Gesellsch. der Wissenschaften, 24 juillet 1884); — Bernheim, *Die Vita Karoli als Ausgangspunkt zur literarischen Beurtheilung des historikers Einhard* (dans *Historische Aufsætze zum Andenken G. Waitz*, 1886); — Id., *Das Verhæltniss der Vita Caroli zu den sogenannten Annales Einhardi* (dans Historische Viertelzahrschrift, 3° année, 2° fasc., p. 161). — Richter, *Die Annalenfrage* (appendice au t. II des *Annalen des frænkischen Reichs*).

s'occupant de l'administration en même temps que de la guerre, et préoccupé du soin de sa gloire autant que de la sécurité de ses États.

La rédaction d'Annales officielles sera le signe du progrès des institutions politiques en régularité et en permanence.

Sous Charles Martel et sous Peppin, nous trouvons déjà un premier essai d'historiographie officielle, dans les continuations de la Chronique de Frédégaire. Bien que les auteurs aient utilisé des notes annalistiques, leur chronologie est peu exacte, et ils laissent dans leur récit de graves lacunes. La rédaction de ces continuations a été faite sous l'inspiration des membres de la famille des Peppins, mais il n'est pas probable qu'elle l'ait été à la cour même sous l'influence directe de Charles Martel et de son fils Peppin[1]; enfin elles ont été rédigées non année après année, mais en trois fois, à des dates importantes dans l'histoire des Carolingiens (après l'année 732, après l'année 752, après l'année 768), et, pour ainsi dire, sous l'inspiration d'événements extraordinaires.

Le dernier continuateur de Frédégaire s'arrête à 768 et pendant les vingt premières années du règne de Charlemagne, au milieu des guerres incessantes faites en Italie, en Aquitaine, en Saxe, en Espagne, nul chroniqueur ne songea à reprendre l'œuvre inachevée. Elle ne devait pas d'ailleurs être reprise. Elle était la continuation d'une œuvre de l'époque mérovingienne, et elle devenait, dans la seconde moitié du VIIIe siècle, un anachronisme. Ce n'était pas à l'histoire des rois burgundes que pouvait se rattacher celle des descendants de Peppin d'Héristal. Les *Gesta* non plus ne pouvaient être continués. La Neustrie est abandonnée. La royauté nouvelle allait faire naître des œuvres historiques d'une forme nouvelle aussi, sorties directement de ces Annales qui, depuis les premières années du siècle, se multipliaient et se développaient peu à peu.

Jusqu'en 788, Charlemagne n'avait pas eu un jour de repos. De 788 à 792, il sembla, au contraire, qu'il allait pouvoir jouir en paix du fruit de ses fatigues et de ses victoires. La soumission de la Saxe, en 785, paraissait définitive depuis que Witikind avait abjuré sa haine avec ses croyances païennes; les fils de

1. Comment expliquer sans cela que la dernière partie soit exclusivement consacrée aux campagnes d'Italie et d'Aquitaine, qu'elles gardent le silence sur la naissance de Peppin, le troisième fils de Peppin le Bref, et surtout qu'elles commettent une erreur de date pour le couronnement de Charles et de Carloman ?

Charlemagne établis, Peppin en Italie, Louis en Aquitaine, Charles dans le Maine, étaient, aux extrémités du royaume, malgré leur jeunesse, les représentants de la puissance paternelle, et ni les Lombards, ni les Grecs, ni les Arabes d'Espagne, ni les Bretons ne paraissaient disposés à provoquer de nouveau la colère du roi des Francs. Enfin, le plus redoutable des ennemis qui restaient à Charles, après la soumission de Witikind, le duc de Bavière Tassilon, s'était solennellement soumis au synode d'Ingelheim en 788. Cet événement fit une grande impression sur les contemporains. Avec Tassilon disparaissait le dernier de ces duchés nationaux qui s'étaient formés en Alémanie, en Aquitaine,. en Bavière à l'époque mérovingienne ; l'empire franc n'était plus une sorte de suzeraineté militaire sur des États conservant leur individualité ethnographique et politique, mais devenait une véritable monarchie où tous les sujets étaient soumis directement au même roi représenté partout par une administration uniforme[1].

Dans le même temps où la royauté franque arrivait à ce degré de stabilité et de gloire, les efforts de Charlemagne et des maîtres italiens et anglo-saxons, appelés par lui dans ses États, provoquaient un mouvement de renaissance intellectuelle qui prit précisément son plus grand essor de 787 à 800. C'est à ce moment que nous voyons les Annales acquérir un développement qu'elles n'avaient pas eu jusque-là et perdre le caractère de notes sans lien et sans suite pour prendre celui d'œuvres rédigées d'après un plan et avec un but déterminés. Dès 770, les grandes guerres d'Aquitaine, d'Italie, de Saxe et d'Espagne avaient excité les annalistes à se départir de leur excessive sécheresse pour ajouter quelques détails à la mention des faits les plus importants et pour les rapporter en des phrases un peu plus élaborées. Nous en avons la preuve dans les Annales Pétaviennes depuis 770, dans les *Annales Mosellani* et *Laureshamenses* depuis 774. L'auteur des *Annales Laurissenses majores* a eu évidemment, lui aussi, à sa disposition des notes fort étendues sur les guerres d'Italie et de Saxe. Qu'étaient ces notes? Était-ce des Annales aujourd'hui perdues? Était-ce ces circulaires officielles dont j'ai supposé l'existence[2] et qui auraient rendu compte chaque année

---

1. C'est vers ce même temps (782) que l'institution des missi se régularise et se généralise. Voy. Krause, *Gesch. des Instituts der Missi* (Mitth. der Gesellsch. für œsterreichische Geschichtsforschung, 1850).

2. Cf. p. 95.

des résultats des diverses campagnes ? Était-ce simplement des récits isolés, consignés çà et là dans les manuscrits des couvents, comme cette *Clausula de Pippini in Francorum regem consecratione*[1] qui se trouvait à la fin d'un *De gloria confessorum* de Grégoire de Tours, conservé au monastère de Saint-Denis et qui nous fournit de si précieux détails sur l'élévation au trône et le couronnement de Peppin ? Nous ne le savons pas, et il serait présomptueux de vouloir le décider. Mais il est certain que ni l'auteur des *Annales Laurissenses majores*, ni celui qui les a remaniées après 801, ni l'auteur des *Annales Mettenses* n'ont emprunté à la seule tradition orale les détails qu'ils nous donnent sur les années 760 à 788, et qu'ils avaient entre les mains les documents écrits nécessaires pour composer des œuvres conçues d'une manière plus large et plus réfléchie. C'est dans les années qui s'étendent de 787 à l'établissement de l'empire que s'accomplit définitivement cette évolution dans la littérature annalistique. A partir de 786, les *Annales Laureshamenses*, non seulement sont beaucoup plus développées qu'elles ne l'étaient jusque-là, mais on y trouve une recherche de style qui touche à l'affectation[2], et surtout, à côté du récit des affaires militaires, la préoccupation des grands intérêts politiques, législatifs et administratifs de l'État[3]. C'est après 788 que les *Annales Laurissenses majores* sont composées et c'est à partir de 796 qu'elles deviennent une histoire suivie et complète du règne de Charlemagne. Après 801, on les remanie pour en améliorer le style et combler les lacunes qu'elles présentent jusqu'en 795 ; vers la même époque on fait encore d'autres travaux analogues dont l'existence est attestée par les fragments d'Annales retrouvés à Bâle, à Berne, à Dusseldorf et à Vienne[4], et dans lesquels MM. Waitz et Pückert voient des extraits d'une

1. *Histor. de France*, t. V, p. 9-10, et *Monum. Germaniae*, XV, 1.
2. Cf. les années 791, 799, 800, 802.
3. Cf. 802.
4. C'est à tort, je crois, que M. Kurze et M. Simson voient dans le *Fragmentum de Pippino Duce*, publié par Freher (*Corpus hist. franc.*, 168-170), un morceau de la compilation à laquelle appartiennent peut-être ces fragments. Le fragment de Dusseldorf (759-762) a été publié par Pertz dans les *Monum. Germ.*, t. XX, sous le titre de *Annales Werthinenses* (le ms. provenant de Werden) ; celui de Bâle (769-772), par Bæchthold, dans l'*Anzeiger für schweizerische Geschichte*, 1872 ; celui de Berne, par Meyer de Knonau, dans les *Forschungen z. d. Geschichte*, t. VIII ; enfin ceux de Vienne (784, 785), par Wattenbach, dans la 2e éd. de ses *Deutschlands Geschichtsquellen*. Les fragments de Bâle, Berne et Vienne ont été réunis dans le t. XIII des *Monumenta Germaniae*.

compilation qui a aussi servi de source au *Poeta Saxo*, au remanieur des *Annales Laurissenses majores*, aux auteurs de la Chronique de Moissac, du *Chronicon Vedastinum*, des *Annales Mettenses, Lobienses, Guelferbytani, Laurissenses minores, Maximiniani*, du *Breviarium Erchanberti* et des *Gesta abbatum Fontanellensium*. M. Giesebrecht, de son côté, a supposé que ces fragments appartiennent à une compilation faite par Haiton de Reichenau[1]. Les suppositions de ce genre sont toujours fort hasardées. Ce qui est certain, c'est que, dès la fin du VIIIe siècle, non seulement le cadre des Annales s'élargit, mais qu'encore les Annales sont remaniées, interpolées et combinées ensemble pour former des œuvres nouvelles qui conservent la forme annalistique et affectent l'apparence de documents contemporains[2].

Les *Annales Laurissenses majores*, qui s'étendent de 741 à 829, sont à la fois une compilation d'annales antérieures et des annales contemporaines. Elles sont la source la plus importante que nous possédions pour le règne de Charlemagne et elles ont exercé une influence considérable sur toute la littérature historique du IXe siècle. Elles méritent donc d'être étudiées avec une attention particulière.

La première édition qui en a été donnée, celle de Canisius, dans ses *Lectiones Antiquae* (t. III, p. 187 et suiv.), a été faite d'après un ms. du monastère de Lorsch qui ne comprenait que les années 741 à 788. Le manuscrit de Pétau (aujourd'hui au Vatican, *R. Christine*, 617), dont s'est servi Duchesne (II, 24)[3],

---

1. Wattenbach, *Deutschlands Geschichtsquellen*, I, p. 166. — Je répéterai au sujet des hypothèses de MM. Waitz et Pückert ce que j'ai dit au sujet de celles de MM. Arnold et Bernays. L'existence de sources communes n'est pas douteuse, mais vouloir, par la comparaison des Annales, arriver à connaître exactement ces sources est une entreprise désespérée, car les sources intermédiaires, les combinaisons et remaniements peuvent avoir été très nombreux. Là où M. Pückert suppose une source commune, il peut y en avoir eu plusieurs. Tel ou tel fragment, les *Annales Werthinenses*, par exemple, pourraient être non un remaniement, mais la source des *Annales Laurissenses*. Toutefois, il y a plus de vraisemblance qu'elles soient un remaniement. M. Kurze rapporte tous ces fragments (y compris le *Fragmentum di Pippino Duce*, qui a un tout autre caractère ; cf. la note précédente) à une compilation qui aurait été composée vers 806 et aurait servi au remanieur des *Annales Laurissenses*, à celui des *Annales Mettenses*, à celui de la Chronique de Moissac, etc., etc. (*Neues Archiv*, XXI, p. 29 et suiv.).

2. C'est vers la même époque qu'on composa la Chronique universelle de 741, publiée par M. Waitz au t. XIII des *Monumenta Germaniae*.

3. En le complétant avec un autre manuscrit du Vatican (Christ. 813) qui a aussi appartenu à Pétau (cf. Kurze, *Neues Archiv*, XIX, p. 301).

et celui de Paris (lat. 5941) conduisent les Annales jusque vers la fin de l'année 813[1]. Le ms. de Paris 10911, qui a appartenu au baron de Crassier et a été utilisé par D. Bouquet, le ms. de Saint-Pétersbourg et un ms. de Saint-Omer (n. 706) inconnu de Pertz et collationné par Kurze, fournissent le texte complet des *Annales Laurissenses* jusqu'à 829, mais, comme les précédents, ne contiennent pas la mention des conspirations de Hardrad et de Peppin. Les manuscrits de Vienne n°ˢ 473 et 612, qui ont été utilisés pour la première fois par M. Pertz, s'étendent jusqu'à 829 et contiennent la mention des deux conspirations[2]. C'est M. Pertz qui les a baptisées du nom d'*Annales Laurissenses majores*, parce qu'il pensait qu'elles avaient été composées à Lorsch, du moins jusqu'en 788. Duchesne, qui avait reçu de Loisel communication d'un manuscrit des Annales (aujourd'hui Paris 5941), leur avait donné le nom d'*Annales Loiseliani*[3]. D'autres manuscrits[4] contiennent des annales qui sont à peu près identiques aux précédentes pour les années 801 à 829, mais qui, pour les années 741 à 801, nous offrent un texte complètement remanié au point de vue du style et enrichi de nombreuses additions. Ces Annales, attribuées par le comte de Nuenare, qui les publia pour la première fois en 1521[5], à un bénédictin inconnu, puis par Freher, en 1613[6], à un certain Adelme ou Adémar, ont été appelées par la plupart des éditeurs et des critiques, depuis Duchesne, *Annales d'Éginhard*, de sorte qu'en général on réserve le titre d'*Annales Laurissenses majores* au texte primitif de 741 à 801 et on donne celui d'*Annales d'Éginhard* aux

1. Réginon, les *Annales Tiliani*, les *Annales Maximiniani* ont suivi probablement un manuscrit de cette famille (Id., *Ibid.*).

2. Les *Annales Fuldenses* ont suivi de 771 à 817 un manuscrit analogue à celui de Vienne, n° 612, qui commence aussi en 771. M. Kurze, dans son étude sur les mss. des Annales, indique encore certaines transcriptions fragmentaires des Annales que nous ne mentionnons pas ici.

3. Pertz dit dans sa préface et on est habitué à répéter depuis qu'elles ont été aussi appelées *Annales plebeii*. Je ne crois pas qu'aucun éditeur les ait ainsi appelées ni que cette désignation ait été usitée au ix° siècle. Réginon dit simplement, après les avoir employées d'après un manuscrit analogue à ceux de Duchesne, qu'elles sont *plebeio et rusticano sermone composita*.

4. On trouvera une description détaillée de ces manuscrits dans Kurze, *Neues Archiv*, t. XIX, 297 et suiv. — Il ramène tous nos mss. actuels du texte remanié des *A. Laurissenses* à un archétype commun, aujourd'hui perdu, où les Annales devaient, d'après lui, comme dans presque tous les mss., faire suite à la *Vita Karoli* d'Einhard.

5. Cologne, in-4°.

6. *Corpus francicae historiae*, II, 381.

Annales de 801 à 829 et au remaniement de 741 à 801. Pourtant les critiques sont loin d'être d'accord sur la part prise par Einhard à la rédaction des Annales. Tandis que les uns lui attribuent tout ce qu'on est habitué à désigner par son nom, d'autres bornent son rôle tantôt à celui de remanieur, tantôt à celui d'auteur de telle ou telle partie des Annales de 788 à 829. Aussi, sans nous prononcer encore sur la question de savoir si Einhard a contribué à la composition des Annales, croyons-nous plus sage d'écarter son nom et de ne nous servir que des termes d'*Annales Laurissenses majores* (741-829) et de *Remaniement* (741-801).

M. Kurze distingue avec raison cinq groupes de manuscrits : A, l'édition princeps de Canisius faite sur le manuscrit de Lorsch et s'arrêtant à 788 ; B, les manuscrits 2, 3, 7 et 7^b de Pertz, qui s'étendent jusqu'à 813, aux mots « amissis recesserunt, » et ne contiennent pas la mention des conjurations de Hardrad en 785 et de Peppin en 792 ; C, les manuscrits 8, 9, 10, 11, 12, qui s'étendent jusqu'à 829 et ne contiennent pas non plus ces deux mentions ; D, les manuscrits 4, 5, 6, qui les contiennent et qui s'étendent aussi jusqu'à 829 ; E, les manuscrits qui contiennent le texte remanié de 741 à 829. Trois manuscrits incomplets, 13, 14, 15, sont impossibles à classer avec certitude.

Les indications que nous venons de donner sommairement sur les manuscrits des *Annales Laurissenses majores* rendent vraisemblable la conclusion qu'elles ne forment pas un tout homogène, mais qu'elles ont été rédigées à différentes époques par plusieurs auteurs et que les années 788, 801 et 813 ont une importance particulière dans l'histoire de leur composition.

I.

Les « Annales Laurissenses » de 741 à 788.

La première partie des Annales s'étendrait donc de 741 à 788. Cette division n'est pas seulement marquée par le manuscrit de Lorsch qui s'arrêtait en 788 et donnait ensuite le texte des *Annales Laureshamenses* pour les années 789-793 ; mais surtout par le contenu même des Annales. Le style est d'une constante et grossière incorrection, tandis que, dès 789 et surtout 796, il devient beaucoup plus correct. C'est le style de cette première partie qui a mérité aux Annales le jugement sévère de Réginon « plebeio et rusticano sermone composita. » En outre, le récit jusqu'en 788 frappe par l'uniformité de son allure, surtout depuis les années 758-760. Chaque paragraphe commence par les mots : « Tunc domnus rex Carolus, » et continue : « Tunc... et tunc... tunc domnus rex. » C'est une histoire racontée par un enfant qui relie toutes ses phrases par de monotones « et alors, et alors. » Ces façons enfantines d'écrire cessent subitement en 789. Enfin on est frappé de voir avec quelle abondance de détails sont racontés les événements des années 787 et 788 et en particulier tout ce qui se rapporte à la révolte et à la déposition de Tassilon. On a là évidemment le récit d'un témoin oculaire qui raconte les événements au moment même où ils viennent de se passer. A côté de cette abondance de détails, on est étonné de la sécheresse de la rédaction des années suivantes. Si l'on remarque de plus que, dès le début des Annales, une attention particulière est accordée à ce qui concerne Tassilon, qu'on y raconte la concession, à lui faite par Pépin, du duché de Bavière en 748, sa prestation solennelle du serment de vasselage en 757, sa première révolte en 763 et 764, ses serments et son entrevue avec Charles en 781, faits qui ne se trouvent pas ailleurs, on arrive à la conviction que la chute de Tassilon et la suppression du duché de Bavière ont été l'occasion de la composition des *Annales Laurissenses*, et que nous possédons dans cette première partie, non des Annales strictement contemporaines, mais une œuvre rédigée à la fin de 788 ou en 789 d'après des notes, des souvenirs et d'autres Annales. M. L. von Giese-brecht a fait remarquer[1] que plusieurs expressions de l'annaliste confirment cette opinion. A l'année 777, il nous dit que Charlemagne tient à Paderborn une assemblée *prima vice*, allusion évidente au second plaid de Paderborn en 785 ; à l'année 781, après avoir raconté la réconciliation solennelle de Tassilon avec Charlemagne, il ajoute : « Non diu promissiones, quas fecerat, conservavit, » ce qui n'a pu être écrit qu'après la révolte de 787 ; enfin, il parle de la soumission de la Saxe en 785 comme défini-tive, ce qui prouve qu'il écrivait avant la révolte de 792. La composition de ces Annales peut donc être placée entre 788 et 792.

---

1. *Wendische Geschichten*, t. III. — M. Pertz a supposé que les annales étaient contemporaines depuis 768 ; mais le principal argument qu'il en donne est la qualification de *novissimus martyr* appliquée en 774 à Saint Boniface. Cette épithète, qui, d'ailleurs, serait déjà bizarre en 774, peut être empruntée à une source antérieure, ou, ce qui est encore plus probable, est une mauvaise leçon pour *sanctissimus*.

Bien que cette première partie des Annales ait été écrite par un seul auteur après 788, elle ne constitue cependant pas un ensemble tout à fait homogène. L'étendue, la forme et le ton du récit varient et ces différences tiennent à la fois aux sources dont s'est servi l'auteur et au but qu'il s'est proposé.

L'intention manifeste de l'annaliste est de raconter les faits et gestes du roi Charles. C'est de lui seul qu'il s'occupe. Chaque paragraphe s'ouvre par les mots : « Tunc domnus Carolus rex, » et se termine par l'indication des lieux où le roi a célébré la fête de Noël et celle de Pâques. Les expressions d'admiration et de respect abondent sous sa plume, et, non content de répéter sans cesse pour tous les membres de la famille royale les termes de « domnus et domna, » il qualifie constamment Charles de titres plus emphatiques, *magnus, gloriosus, excellentissimus, piissimus*. L'histoire de Peppin n'est pour lui qu'une introduction à l'histoire de Charlemagne; et ce n'est qu'à partir de 768 que son récit prend un peu d'ampleur. Je n'attribue pas la pauvreté des renseignements qu'il nous donne sur le règne de Peppin à la seule insuffisance de ses sources. Il semble avoir connu les Annales de Saint-Amand et les Annales Pétaviennes, et il me paraît difficile d'admettre qu'un auteur écrivant en 789, et, comme nous le verrons, sinon à la cour, du moins très près de la cour, n'ait pas connu le dernier continuateur de Frédégaire. On peut même affirmer, d'après des traits assez nombreux de ressemblance, qu'il l'a eu sous les yeux[1]. Son intention semble avoir été de ne raconter du règne de Peppin que ce qui était strictement nécessaire pour l'intelligence du règne de Charlemagne : les origines des affaires de Saxe, d'Aquitaine, d'Italie et de Bavière, et de compléter le récit du continuateur de Frédégaire, qui s'occupe exclusivement des guerres d'Aquitaine et d'Italie, c'est-à-dire probablement de celles auxquelles le comte Nibelung avait pris part. C'est surtout sur les affaires de Saxe et de Bavière que l'annaliste supplée au silence du continuateur[2].

---

1. Contin., c. 122 : « Aistulphus, dum venationem in quadam silva exerceret, divino judicio, de equo quo sedebat super quamdam arborem projectus, vitam et regnum crudeliter digna morte amisit. » — *Ann. Laur.*, c. 756 : « Quadam die venationem fecit et percussus Dei judicio, vitam finivit. » M. Kurze (*Neues Archiv*, XX, p. 36-38) a relevé une série de passages et de particularités de style qui mettent hors de doute cette parenté des deux sources. D'ailleurs, soit que les Annales aient été écrites à la cour, soit qu'elles l'aient été à Lorsch, l'auteur devait avoir sous la main le texte du Continuateur, document quasi officiel et dont les *Annales Laurissenses minores* se sont servies.

2. Sa chronologie est inexacte, car il place en 750 au lieu de 751 l'avènement

A partir de 757, il a réussi à connaître les lieux où Peppin a célébré les fêtes de Noël et de Pâques[1]; il les inscrit sans interruption depuis 759, et, à partir de 758, il indique le changement des années par les mots : « Et inmutavit se numerus annorum in 759, 760, etc. » L'annaliste a eu certainement ici pour le guider des sources annalistiques plus anciennes et ce n'est guère que de la chapelle royale elle-même que ces notes pouvaient émaner[2]. On retrouve chez lui des indications empruntées aux *Annales Petaviani* et *Sancti Amandi* ou à leurs sources[3]. Mais, tout ce qu'il rapporte sur Peppin n'est qu'une préparation à ce qu'il racontera sur Charlemagne, car Peppin n'est pour lui que *Pippinus rex*[4]; jamais, même en racontant sa mort, il n'ajoute à son nom une épithète élogieuse, et ce n'est qu'en 767-768 qu'il l'appelle *Domnus rex*. Dès que Charles apparaît, en 768, il est *gloriosus domnus Carolus rex*.

Dès 769, l'annaliste fait un récit aussi complet que possible en ayant soin toutefois de taire tout ce qui peut diminuer la gloire de son roi, ainsi la destruction de l'arrière-garde des Francs, dans le défilé de Roncevaux, ou les revers subis en Saxe. De même que précédemment il a raconté les origines des affaires d'Aquitaine, d'Italie, de Bavière et de Saxe, il nous raconte

de Peppin et il laisse en blanc les deux années 751 et 752. On pourrait penser que les Annales, dont nous avons conservé des fragments dans les *Annales Werthinenses,* ont été la source contemporaine qui a servi aux *Laurissenses.* Toutefois, l'erreur de date commise par les *Laurissenses* pour l'avènement de Peppin se retrouvant aussi dans les *Mellenses,* qui suivent de très près les *Werthinenses,* donne lieu de penser que les *Werthinenses* ou bien ne remontaient pas jusqu'à 750, ou bien étaient, comme les *Laurissenses,* une compilation faite après coup d'après des sources annalistiques antérieures. M. Kurze les rapporte à une compilation de 805. Elles paraissent, dans ce cas, reproduire plus complètement et fidèlement que les *Laurissenses* leur source commune.

1. Sauf pour 758. Nous trouvons ces mêmes indications des lieux où Peppin célébra Noël et Pâques données dans les mêmes termes par les *Annales Werthinenses* de 759 à 761. Le fait que les *Annales Mellenses,* qui suivent ici les *Annales Werthinenses,* n'ont aucune mention de la célébration des fêtes antérieures à 759 semble bien indiquer que ces mentions appartiennent en propre aux *Annales Laurissenses* et que c'est à elles ou à leur source commune que les *Annales Werthinenses* les ont empruntées, de même que les autres fragments qui ont la même origine.

2. Les *Annales Alcuini* (*Monum. Germaniae,* IV, 2) nous donnent des listes de ce genre pour les années 782 et suivantes.

3. Voy. Kurze (*Neues Archiv,* XX, p. 32).

4. Les *Annales Werthinenses,* au contraire, le qualifient de *pius, gloriosus Pippinus rex,* ce qui fait croire qu'elles transcrivent une source du temps de Peppin.

maintenant comment Charlemagne a écrasé définitivement la révolte d'Aquitaine en 769, a détruit le royaume lombard en 774 et réduit le duché de Bénévent à l'obéissance en 787, a soumis la Saxe en 785, enfin a dépossédé Tassilon et refoulé les Avares en 788. — Est-ce d'après ses souvenirs que l'auteur raconte tout cela ? la chose est impossible. Les faits sont rapportés avec beaucoup trop de précision ; les noms de lieux et les noms de personnes sont trop nombreux. D'ailleurs, le récit de certaines années est composé tout entier de ces phrases courtes, contenant chacune un fait, sans autre lien entre elles que la conjonction *et* placée indifféremment en tête de chacune d'elles, même quand il n'y a pas d'autre relation entre les faits que le temps où ils se passent[1]. On reconnaît là le style des Annales. L'auteur se servait-il d'annales antérieures ou de notes prises par lui-même? Nous ne saurions le dire, peut-être des unes et des autres[2], ainsi que de renseignements oraux. Toutefois, lorsqu'on voit le soin avec lequel il tait tout ce qui est défavorable à Charlemagne et rapporte tous les faits qui intéressent la famille royale, enfin la connaissance exacte qu'il a, non seulement de l'itinéraire du roi, mais encore des noms des personnes qui l'accompagnent et des ambassadeurs envoyés par lui ou auprès de lui, on est forcé de supposer que la plupart de ses renseignements lui viennent de la cour même[3].

Nous serait-il possible de préciser davantage et de dire par qui et où ces Annales ont été écrites?

Il n'est pas douteux que l'auteur est un clerc, moine ou prêtre, fort pieux, qui voit partout la main de Dieu et croit volontiers aux miracles[4]. Il répète sans se lasser les formules religieuses qui rapportent toutes les victoires à l'assistance divine.

---

1. Cf. a. 783 et *passim.*

2. Ici encore on constate des rapports évidents avec les *Annales Petaviani,* les *Mosellani, Laureshamenses* ou leurs sources (Kurze, *Neues Archiv,* XX, 32-33).

3. Cf. a. 771, 773, 777, 779, 781, 785, etc. — Si MM. Arnold et Bernays s'étaient contentés de dire qu'il devait y avoir dans les archives de la chapelle du palais des notes annalistiques qui ont servi ensuite à la rédaction des Annales que nous possédons, on pourrait le leur accorder. Leur erreur a été de prétendre qu'il a existé des Annales officielles (*Hofannalen*) développées dont les Annales que nous possédons ne sont que des extraits.

4. A. 769, 773, 774, 775, 776 : « Auxiliante Domino; » a. 772 : « Divina largiente gratia » (un torrent se remplit d'eau par miracle); a. 774 : Apparition miraculeuse; a. 775 : « Deo volente; » a. 776 : « Cum Dei adjutorio. » — Le silence gardé sur les révoltes et les guerres d'Alamanie de 744 et 746 pour-

Ce clerc était-il un moine de Lorsch, comme l'a pensé M. Pertz ; est-il au contraire un prêtre bavarois, l'évêque Arn de Salzbourg, comme l'a soutenu M. W. de Giesebrecht ? Ce dernier appuie son opinion sur l'importance attachée par l'annaliste aux événements de Bavière et sur l'incorrection du style qui s'explique mieux dans un pays où l'influence d'Alcuin n'avait encore pénétré qu'à la cour ou dans son voisinage. Ces arguments ne sont pas suffisants. Le récit de l'année 787, où Arn est accusé de mensonge, ne peut émaner ni de l'évêque de Salzbourg ni d'un de ses disciples[1]. Il est d'ailleurs impossible d'admettre que l'œuvre la plus développée sur les premières années de Charlemagne ait été écrite au fond de la Bavière, loin du centre de la vie politique. Le contraste avec les autres annales bavaroises suffit à écarter cette hypothèse.

Celle qui suppose les Annales écrites à Lorsch n'est appuyée sur aucune preuve positive, mais elle ne se heurte du moins à aucune invraisemblance. Le monastère de Lorsch était, comme nous l'avons dit, en étroite relation avec le siège épiscopal de Metz et avec la cour. Chrodegand l'avait fondé, et Charlemagne l'avait comblé de faveurs. Il lui avait accordé, en 772, un diplôme d'immunité, l'avait pris sous sa mainbour et l'avait rendu indépendant de la juridiction épiscopale[2]. Il lui avait en outre fait plusieurs donations[3]. L'évêque de Metz Angilramn (769-791), le successeur de Chrodegand, fut archichapelain de Charlemagne et dirigea toutes les affaires ecclésiastiques du royaume à partir de 784. Il dut plus d'une fois résider à Lorsch, situé tout près des résidences de Worms et d'Ingelheim[4], et où se trouvaient les reliques de Saint Nazaire qu'y avait fait déposer Chrodegand. Qu'y aurait-il d'étonnant à ce qu'en 788, après le retentissant procès de Tassilon, cet évêque cultivé et intelligent, qui savait l'importance de l'histoire puisqu'il venait d'inviter Paul Diacre à écrire l'histoire des évêques de Metz, ait poussé un moine du

---

rait faire croire que l'auteur était lui-même un Alaman ; mais il faut se méfier d'hypothèses établies sur d'aussi faibles indices, d'une nature toute négative.

1. Si l'on voulait absolument attribuer une origine bavaroise aux *Annales Laurissenses*, ce serait non pas Arn, mais Aribo (évêque de Freising jusqu'en 784), qui pourrait en être l'auteur. Il devait, en effet, être l'ennemi de Tassilon et de sa femme Luitgarde et fut disgracié par eux. Les *Annales Laurissenses* respirent la haine la plus vive contre Luitgarde.

2. Sickel, *Acta Carolinorum*, A. K. 2, 18.

3. *Ibid.*, 19, 28, 61.

4. Charles vient à Worms en 784, 786 ; il est à Ingelheim tout l'hiver de 787-788 (*Annales Laurissenses*, ad ann.).

monastère à écrire les annales du règne de Charlemagne et lui ait fourni les documents et les notes qui se trouvaient conservés dans les archives confiées à l'archichapelain? Nous avons la certitude que l'auteur des *Ann. Laur.* a eu entre les mains au moins un document de ce genre; c'est le jugement rendu contre Tassilon en 788. Nous savons, en effet, par le Capitulaire de Francfort de 794, c. 3, comme par la *Vita Hadriani*, que les actes solennels étaient déposés en double exemplaire à la chancellerie (*in palatio*) et dans les archives de la chapelle (*in sacri palatii capella*). Or, il est facile de reconnaître dans les termes dont se sert l'annaliste pour nous raconter le plaid de 788 des expressions empruntées au style des actes juridiques[1].

On a même cherché dans un prétendu séjour de Tassilon à Lorsch une raison de plus de croire que les Annales ont dû y être composées[2]; mais aucun texte certain ne nous dit que le duc de Bavière ait été enfermé dans ce monastère[3], et, d'ailleurs, les *Annales Laurissenses* ont été écrites non sous son influence, mais sous celle de ses ennemis.

Un argument qui a plus de valeur, mais sans être décisif, est celui qu'on tire de l'existence à Lorsch d'un manuscrit (auj. perdu) qui s'arrêtait à 788, et du fait que les *Annales Laurissenses minores,* dont les deux premières parties, jusqu'à 786, ont été certainement écrites à Lorsch, se sont servies des *Annales Laurissenses majores*[4]. On peut aussi faire remarquer les ressemblances très étroites qui existent entre les *Ann. Laur. maj.* et

---

1. Cf. Barchewitz, *Das Kœnigsgericht zur Zeit der Merovinger und Karolinger,* p. 43 et suiv. Leipzig, 1882, in-8°.

2. Arndt, dans la préface de la brochure de Barchewitz.

3. D'après les *Annales Nazariani* et *Petaviani,* c'est à Jumièges qu'il aurait été enfermé. L'*Historia Cremifanensis* (*Mon. Germ. SS.* XXV) est seule à dire qu'il ait été à Lorsch. Bien que Kremsmünster ait été fondé par Tassilon en 777, ce document d'une époque postérieure (XIII° s.) peut difficilement valoir contre les textes que je viens de citer. Il faudrait admettre ou qu'il fut relégué à Lorsch de 788 à 794 et qu'il ne fut envoyé à Jumièges qu'après sa dernière comparution devant Charlemagne, ou qu'il fut d'abord envoyé à Jumièges et que Lorsch le reçut après l'espèce de pardon qui lui fut accordé en 794. Otton de Freising dit qu'il fut relégué à Lorsch.

4. M. Kurze fait remarquer avec raison que cet argument n'aurait une véritable force que si le manuscrit de Lorsch avait été le manuscrit primitif et autographe des Annales, ce qu'il n'est pas. De plus, il serait étonnant que des Annales aussi étendues, écrites dans un monastère, ne continssent aucune mention de morts d'abbés ou d'évêques (sauf celle d'Hildegaire de Cologne, mort à l'armée). Il croit comme nous que les Annales ont été écrites au palais (cf. *Neues Archiv,* XX, 42).

les *Ann. Laureshamenses* de 786 à 794 ; mais rien ne prouve que les *Annales Laureshamenses* aient été écrites à Lorsch après 785.

Comme on le voit, aucun des arguments qu'on peut faire valoir en faveur de Lorsch n'a une très grande force. On pourrait supposer, avec bien plus de vraisemblance, que ces Annales, où l'on note si exactement depuis 759 les lieux où le roi fêta Noël et Pâques, et depuis 761 ceux où il tint ses assemblées générales, sont dues à un clerc de la chapelle royale dirigé par l'archichapelain Angilramn[1]. La seule raison qui puisse faire penser qu'elles ont été composées dans un monastère plutôt qu'à la cour, ce serait la rudesse du style, qui ne se ressent encore en rien de l'influence de l'École du Palais et de ses maîtres illustres. Mais cette influence ne s'exerça que lentement et se faisait peu sentir dans une œuvre aussi impersonnelle que les premières Annales royales. Le nom d'*Annales de Lorsch* peut sans inconvénient être conservé à ces Annales, parce que ce monastère était voisin de la cour et en relations étroites avec l'archichapelain et aussi parce que le manuscrit qui représente la première rédaction en provenait, mais le nom d'*Annales royales* répond bien mieux au contenu de l'œuvre. Quant à rechercher si l'auteur était d'origine germanique, comme le veut W. de Giesebrecht, ou d'origine romane, comme le croient W. Arndt, Simson et Manitius, M. Kurze juge avec raison que c'est une recherche vaine[2].

1. Eckhart, dans ses *Commentarii de rebus Franciae orientalis*, a supposé que les Annales avaient eu pour auteurs les chanceliers. M. Kurze considère avec raison cette hypothèse comme tout à fait gratuite. Wattenbach (6ᵉ éd., I, 196) admet comme nous qu'Angilramn a pu être l'auteur de la première partie des Annales et M. Kurze ne rejette pas absolument cette hypothèse, tout en y faisant une objection : les liens étroits qui rattachent à la première partie les Annales de 789 à 795. On verra plus loin que, pour nous, le fait corrobore l'hypothèse, loin de la faire écarter. M. Kurze ajoute que des notes recueillies par Fulrad, abbé de Saint-Denis, qui fut aussi chapelain jusqu'en 784 et eut Angilramn pour successeur, peuvent avoir servi à l'auteur des Annales. Le rôle de Fulrad est, en effet, indiqué en 745, 755, 771. M. Kurze croit aussi qu'on pourrait songer au diacre Riculf, qui devint archevêque de Mayence en 787. Son départ de la cour lui aurait fait rédiger ses souvenirs. C'est une hypothèse gratuite, car ce sont les événements de 788 qui ont provoqué la composition des Annales. M. Simson (*Karl. d. G.*, I, Excurs 3) a fait remarquer les rapports de style entre les Annales et le *Liber Carolinus* et le *Liber Pontificalis* ; M. Manitius les ressemblances du latin des Annales avec celui des Capitulaires. M. Kurze y voit une raison de plus de penser que les Annales ont été écrites à la cour (*Neues Archiv*, XX, 42-49).

2. M. Kurze signale aussi parmi les sources des *Annales Laurissenses* la *Clausula de Pippino rege*, publiée par Mabillon d'après un ms. de Saint-Denis

II.

Les Annales de 789 à 801.

A partir de 789 jusqu'à 829, les Annales ayant presque constamment le caractère d'un récit contemporain et ayant pu être rédigées par un grand nombre d'auteurs différents, surtout si elles l'étaient à la cour par des clercs de la chapelle, il est très difficile d'y marquer des divisions certaines. On s'est livré à un examen minutieux de la syntaxe, du choix des expressions, des formes du récit pour en tirer des conclusions sur le nombre des rédacteurs qui ont pu prendre part à la composition de cette partie des Annales. Les années 796, 797, 801, 807, 813, 815, 820 ont été indiquées[1] comme les dates où les Annales auraient changé de rédacteurs. Nous croyons impossible d'arriver sur ce point à aucune certitude, et, tout en reconnaissant que les Annales ont dû passer par les mains de plusieurs rédacteurs différents, nous croyons que les influences principales qui ont présidé à leur rédaction peuvent se ramener à un petit nombre, et qu'il est plus prudent de marquer simplement les deux ou trois grandes divisions qui permettent de mieux préciser le caractère de l'œuvre.

Après que la première partie des Annales eut été composée, en 788, elles n'ont pas été continuées sous une forme aussi développée[2]. Quand on voit la pauvreté des renseignements fournis

et qui a été réimprimée au t. XV des *Monumenta Germaniae*, p. 1, sous le titre *De unctione Pippini regis nota monachi S. Dionysii*, d'après un ms. de Bruxelles. Cette note très précise a été écrite en 767, Fulrad étant abbé. Peut-être fut-elle rédigée d'après les notes de Fulrad, que M. Kurze veut retrouver dans les Annales ; peut-être en faisait-elle partie. Peut-être aussi figura-t-elle dans la compilation de 805 écrite à Saint-Denis d'après M. Kurze. Elle n'est pas sans analogie de forme avec les autres fragments que nous possédons. Mais nous sommes ici en pleine hypothèse. Toutefois, le rapport des Annales avec la *Clausula* ne paraît pas douteux et rend assez vraisemblable la supposition que des notes de Fulrad ont pu servir à la composition des Annales et aussi à celle de la compilation à laquelle se rapportent les fragments de Werden, Bâle, Berne et Vienne.

1. En particulier par M. Dünzelmann, qui a dépensé beaucoup d'ingéniosité à des démonstrations peu probantes.

2. Pour les années 789-795, ce sont les *Annales Laureshamenses* qui fournissent le récit contemporain le plus complet (cf. plus haut, p. 84-85). Remarquons d'ailleurs que, dans le ms. de Lorsch des *Annales Laurissenses*, aujourd'hui perdu, la continuation des Annales de 788 à 793 n'était pas autre chose

par les années 789 à 793 (sauf un récit assez détaillé de la campagne de 791 contre les Avares), la sécheresse relative des années 794 et 795, tandis qu'à partir de 796 le style prend plus de vie et d'ampleur, et que l'introduction des dates précises de certains faits et de la mention de phénomènes naturels donne l'impression d'un récit tout à fait contemporain, on est conduit à penser qu'il y a eu pendant quelques années un peu d'incertitude ou de négligence dans la composition des Annales. A partir de 796, le récit continue beaucoup plus développé, rédigé dans un style soigné, où les périodes élégamment élaborées ne sont pas rares[1], jusqu'à la fin de l'année 800, c'est-à-dire jusqu'au couronnement de Charlemagne à Rome.

Cette portion des Annales paraît avoir été écrite à la cour même. Non seulement nous sommes renseignés avec exactitude sur les faits et gestes du roi, sur les plaids qu'il tient, sur les ambassades qu'il reçoit, mais encore l'emploi de certaines expressions montre que l'auteur prend à la politique un intérêt personnel[2]. Il raconte exclusivement les événements auxquels le roi a été mêlé, les faits qui frappent ceux qui vivent auprès de lui, faits religieux, faits de guerre ou événements de la cour. Il mentionne toujours les célébrations des fêtes de Noël et de Pâques par le roi, les synodes où il assiste, les ambassades qu'il reçoit avec les noms mêmes des ambassadeurs[3]. C'est un véritable journal de la cour que nous avons sous les yeux[4]. Les actes des synodes

que les *Annales Laureshamenses*. Nous sommes donc fondés à croire que les *Annales Laureshamenses* de 788 à 793 ont été ajoutées simultanément aux *Annales Laurissenses* et aux *Laureshamenses ;* puis, en 795-796, on a repris au palais la rédaction des *Laurissenses*. Une autre preuve que les *Laureshamenses* ont été d'abord continuées seulement jusqu'à 793, c'est que les *Annales Laurissenses minores* s'en sont servies jusqu'à cette date inclusivement (cf. Manitius, *Die Annales Sithienses, Fuldenses et Laurissenses minores*, p. 18 et suiv.).

1. Cf. 795 : « Quo accepto, peracta Deo largitori omnium bonorum gratiarum actione, idem vir prudentissimus atque largissimus et Dei dispensator, etc. » C'est de Charlemagne qu'il est question. Les années précédentes il est simplement désigné par le mot *rex*.

2. 797, Barcinona *nobis* est reddita ; 798, Eburisum legatum *nostrum*.

3. Ambassade de Tudun, roi des Avares (795); ambassades du pape Léon et d'Éric, duc de Frioul (796) ; Tudun vient à la cour (796); Zatun, gouverneur de Saragosse, vient à la cour (797) ; ambassade de Theoctiste, envoyé du gouverneur de Sicile Nicétas (787) ; ambassade des Avares (797), etc., etc.

4. Surtout à partir de 798, où des mentions de phénomènes physiques viennent interrompre le récit des événements politiques, signe certain que nous avons ici affaire à des Annales absolument contemporaines. En 798, on remarque que la planète Mars fut invisible de juillet 797 à juillet 798, et cette observa-

qui condamnèrent Félix et Élipand sont rapportés avec précision. Enfin nous avons évidemment le récit d'un témoin oculaire dans la relation qui nous est faite de la grande expédition d'Italie de 800, qui se termine par le couronnement de Charlemagne comme empereur.

Entre les mains de qui se trouvait alors la chapelle royale et y aurait-il peut-être dans cette partie des Annales des indices qui nous permettraient d'y reconnaître l'influence des personnages qui la dirigeaient?

L'archichapelain Angilramn, évêque de Metz, était mort en 791, pendant qu'il accompagnait Charlemagne dans son expédition contre les Avares[1]. Il fut remplacé, après un intérim de trois ans, par l'évêque de Cologne[2] Hildebald ou Hildebold. Nous savons qu'Hildebald devait, en qualité d'archichapelain, résider auprès du roi « propter utilitates ecclesiasticas[3]. » Il est probable qu'il n'entra définitivement en fonctions qu'après que le pape et le synode de Francfort, en juin 794, l'eurent autorisé à quitter son diocèse pour se consacrer à la direction des affaires ecclésiastiques. Hildebald a joué un rôle important dans les relations du pape Léon III avec Charlemagne. Nous savons par le *Liber Pontificalis* que lorsque le pape se rendit, en 795, à Paderborn, auprès du roi des Francs, ce fut Hildebald qui fut chargé d'aller à sa rencontre avec le comte Aschéric. Ce fut lui également qui eut mission, avec Arn, archevêque de Salzbourg, de reconduire, en 799, le pape en Italie et de diriger le procès intenté aux ennemis de Léon[4]. Or, le récit des années 799 et 800 est particulièrement développé. Le nom de Hildebald n'y est pas prononcé, mais tous les événements de ces mémorables années sont

tion est placée entre le récit d'une ambassade grecque et celui d'une ambassade espagnole. En 800, on mentionne des gelées le 4 et le 7 juillet. On nous donne la date de l'entrée de Charlemagne à Rome, le 24 novembre, etc.

1. Cf. *Annales Laurissenses*, ad ann. — On remarquera que cette expédition est le seul fait des années 789 à 794 pour lequel les *Annales Laurissenses* donnent des détails circonstanciés.

2. L'organisation métropolitaine avait pris beaucoup de temps et de peine à s'établir et les métropolitains n'avaient point tous encore la dignité et le titre archiépiscopal qui étaient réservés à certains évêques investis par le Saint-Siège d'un droit de direction et de surveillance très étendu. Les évêques de Metz Chrodegang et Angilramn avaient l'un et l'autre été des *archiepiscopi*. Hildebald, dans le chapitre 55 du Capitulaire de 794, où est rapportée son installation définitive comme archichapelain, est qualifié simplement d'*episcopus*.

3. *Synodus Francofurtensis*, c. 55.

4. Cf. *Vita Leonis III*, c. 20.

racontés avec une minutieuse exactitude. L'annaliste nous donne tout l'itinéraire de Charles en 800, d'Aix à Saint-Riquier, Rouen, Tours, où meurt, le 6 juin, la reine Lintgarde, puis de Tours à Aix par Orléans et Paris. La mention des gelées de juin et juillet interrompt le récit, ce qui met hors de doute son caractère de témoignage absolument contemporain. Puis nous voyons Charlemagne se remettre en route au commencement d'août pour son expédition d'Italie. Ce qui se passa à Rome depuis son arrivée, le 24 novembre, jusqu'à son retour dans ses États à la fin de 801, est rapporté avec la plus grande exactitude de faits et de dates. On est frappé également de voir la place faite dans le récit des années 799 et 800 à la venue à Aix d'un moine de Jérusalem qui apporte à Charlemagne, de la part du patriarche, sa bénédiction et des reliques de Notre-Seigneur. C'était là un de ces faits qui étaient surtout intéressants pour les prêtres de la chapelle royale où les reliques étaient conservées.

Est-ce toutefois Hildebald lui-même qui pouvait, en 799 et 800, faire rédiger les Annales, puisqu'il paraît bien avoir dû partir avec Léon III dès le mois d'août ou de septembre 799 pour Rome, où ils arrivèrent le 29 novembre? N'y avait-il pas alors, dans le personnel de la chapelle du palais, quelque personnage autre que Hildebald qui pouvait s'occuper à sa place ou à côté de lui de la composition des Annales? Les *Annales Laurissenses* parlent à deux reprises, en 792 et 796, d'un des hommes qui jouissaient à cette époque à la cour de la plus grande faveur, Angilbert. Il avait été élevé à la cour même[1]. Il y reçut successivement les leçons de Paulin d'Aquilée[2], de Pierre de Pise[3] et d'Alcuin[4], et il en profita bien, car ses talents poétiques lui valurent dans l'Académie palatine le surnom d'*Homerus*, qu'il a surtout mérité, probablement, par le grand poème sur Charlemagne et Léon III, dont nous n'avons malheureusement conservé

1. « Qui pene ab ipsis infantiae rudimentis in palatio vestro enutritus est, » dit Hadrien dans sa lettre à Charlemagne au sujet de sa question des images (Binius, *Concilia generalia*, III, 1, 263).

2. Dans une lettre à Paulin d'Aquilin, Alcuin appelle Angilbert « filius communis noster » (*ep.* 52, éd. Jaffé).

3. Angilbert envoya à Pierre de Pise, quand celui-ci quitta la cour, des vers où il exprime toute sa tendresse pour son « dulci doctoque magistro, » et où il se qualifie de « natus ejus. » Il lui écrit au nom d'Angilramn, alors archichapelain, et de Riculf (cf. *Poetae Carolini aevi*, I, p. 75).

4. Alcuin appelle Angilbert « filius carissimus » (*ep.* 17, 32 et 207), « filius eruditionis nostrae » (*ep.* 82, ad Leonem III).

qu'un fragment de 536 vers[1]. Il entra rapidement dans l'intimité de Charlemagne et fut au nombre de ses conseillers et secrétaires les plus écoutés[2]. Le pape Hadrien, en parlant de lui à Charlemagne, le qualifie de « fidelem familiarem vestrum, » et le roi lui-même l'appelle « manualem nostrae familiaritatis auricularium » dans la lettre par laquelle il le recommande au pape Léon III. Angilbert avait su se concilier la faveur du roi par ses talents, par sa fidélité à toute épreuve, par l'attachement passionné qu'il portait à toute la famille royale[3]. Il avait reçu de Charles, en 790, la belle et riche abbaye de Saint-Riquier, qu'il administra avec zèle et laissa embellie et enrichie[4] ; et il tient la première place dans la chapelle du palais pendant les années qui s'écoulèrent entre la mort d'Angilramn et l'installation d'Hildebald comme archichapelain. Hadrien, dans une lettre à Charlemagne écrite probablement en 792 ou 793[5], l'appelle « Minister Capellae, » et il reçoit d'Alcuin, dans une lettre officielle remise à un de ses clercs, le titre de *primicerius* qui était donné aux archichape-

1. Alcuin appelle constamment Angilbert *Homerus*, Charlemagne le qualifie de *Homeriane puer* (Jaffé, *Monumenta Carolina*, p. 353. *Ep. Caroli Angilberto*). Les poésies d'Angilbert se trouvent au t. I des *Poetae Carolini aevi*, p. 355-381. Un contemporain (*Ibid.*, p. 76) l'appelle « divinus poeta. » L'éditeur du recueil, Duemmler, hésite comme Wattenbach (*Deutsche Geschichtq.* I, 178) à affirmer qu'Angilbert soit l'auteur de ce fragment d'épopée. Pertz (*Archiv*, VII, 363), Simson (*Forsch. zur d. Gesch.*, XIV, 623) en doutent aussi. Ausfeld (*Ibid.*, XXIII, 609-615), Traube (*Abh. d. Munchener Akademie*, I Cl., XIX, 2, p. 326-331) nient absolument que le poème soit son œuvre. Manitius (*Neues Archiv*, VIII, 9-115) l'admet, et nous partageons son sentiment.

2. « In omnibus consiliis vestris receptus, » dit Hadrien dans la lettre citée plus haut.

3. Ses poésies sont des hymnes en son honneur. Voy. la pièce de vers adressée à Peppin lors de son retour d'Italie, celle où il chante Charlemagne sous le nom de David, sa sœur et ses filles, enfin l'éloge emphatique de Charles du v. 27 au v. 98 de son fragment d'épopée.

4. Voy. le livre II du *Chronicon Centulense* d'Hariulf, éd. Lot, dans la *Collection de textes pour servir à l'étude et à l'enseignement de l'histoire*. La date de la nomination d'Angilbert comme abbé de Saint-Riquier est fournie par la lettre d'Alcuin à Adalhard, éd. Jaffé, *ep.* 177, écrite à la fin de 790, où il est dit : « Saluta et Engilberhtum filium, nunc vero ex filio patrem. »

5. On place d'ordinaire cette lettre en 794 et l'on suppose qu'Angilbert a été chargé en 794 de porter au pape les décisions du synode de Francfort et 95 propositions contre le culte des images. On ne comprend pas comment les *Annales Laurissenses*, qui rapportent les voyages d'Angilbert en 792 et 796, n'auraient rien dit de celui de 794, ni pourquoi Adrien n'aurait pas parlé du synode de Francfort dans sa réponse. Je pense avec M. Simson que c'est dans sa légation de 792 qu'Angilbert a été aussi chargé de porter au pape les 95 propositions que Hadrien réfuta (G. Simson, *Karl der Grosse*, II, 78, n. 2).

lains[1]. Tout clerc qu'il était, Angilbert aimait la vie de la cour et les plaisirs mondains; il se plaisait aux jeux des histrions au point de scandaliser Alcuin, et celui-ci, quoique plein d'indulgence pour les fautes de son élève et ami, se réjouit, lorsque Angilbert a quitté la cour, de le voir revenu de ses erreurs et des vanités du monde[2]. Ces erreurs avaient été assez loin ; son admiration pour les filles de Charlemagne n'avait pas été purement platonique, car l'une d'elles, Berthe, lui avait donné deux fils, Nithard et Harnid. Charlemagne, qui tenait avant tout à garder ses filles auprès de lui et voyait d'un œil assez indulgent les ébats de ces colombes royales, n'en aima sans doute que plus Angilbert[3]. C'est probablement pendant les années où Angilbert fut à la tête de la chapelle royale, en tout cas entre 790 et 800, que se forma cette union entre Angilbert et Berthe, alors qu'Angilbert habitait près du palais une maison entourée d'un beau jardin plein de fleurs où grandirent ses enfants[4]. En 792, Angilbert était chargé par Charles de conduire l'hérésiarque Félix auprès du pape Hadrien. En 796, il recevait une nouvelle mission auprès du même pape, mais, au moment où il allait partir, on apprit la mort d'Hadrien et l'élection de Léon III. Angilbert alla porter à

1. Alcuin, dans sa lettre 128 (éd. Jaffé), appelle Angilramn « sanctae capellae primicerium. » Angilbert lui-même dit, en parlant d'Hildebald, « magnae primicerius aulae » (*Poetae aevi Carolini*, p. 361). On a pensé qu'Angilbert avait été le chapelain de Peppin, roi d'Italie, parce que deux des manuscrits des lettres d'Alcuin portent dans la suscription de la lettre 5 : « Ad A. primicerium palatii Pippini regis, » mais cette indication est une simple hypothèse du scribe. La pièce de vers enthousiastes adressée à Peppin par Angilbert ne prouve pas qu'il remplit des fonctions officielles auprès de lui. Au contraire, la joie qu'il exprime est celle de la cour et de la famille de Peppin qui saluent son arrivée. Il est très vrai que cette lettre 5 où Alcuin prie Angilbert de faciliter à son messager l'accès auprès de Peppin, et lui demande des reliques, laisse supposer qu'Angilbert était en Italie. Mais, précisément, quand Angilbert alla en Italie en 792, Peppin y était aussi, et il est tout naturel qu'Alcuin se soit adressé au chef de la chapelle du palais pour obtenir des reliques en faveur de ses abbayes de Ferrières et de Saint-Loup.

2. Cf. lettre 116 (éd. Jaffé) d'Alcuin à Adalhard écrite en 799 où il exprime la crainte qu'Angilbert soit vexé de l'ordonnance rendue contre les spectacles *et diabolica figmenta*, et la lettre 177 au même Adalhard où il se félicite de ce que celui-ci lui a écrit *de emendatis moribus Homeri mei; licet semper honorabiles habuisset mores, tamen*, etc. — M. Duemmler place cette lettre en 801. Elle est peut-être de 802 ou 803.

3. Anscher, dans sa *Vita Angilberti*, a supposé qu'Angilbert fut dégagé de ses vœux de cléricature et épousa régulièrement Berthe. Cette bienveillante hypothèse ne repose sous aucun témoignage sérieux.

4. Voy. les vers où il décrit ces jardins, *Poetae aevi Carolini*, p. 362-363.

Rome l'expression de sentiments de déférence et d'amitié de Charlemagne. Léon III, en annonçant au roi son élévation, lui avait envoyé les clefs du tombeau de Saint Pierre et la bannière de la ville de Rome. Le roi lui envoya en retour une partie du trésor conquis sur les Avares. Au printemps de 797, Angilbert était de retour à Aix-la-Chapelle, car Charles lui fait, le 28 avril, une donation pour Saint-Riquier[1]; mais il se retire dans son abbaye vers le milieu de l'année, et il semble bien, d'après ses lettres et celles d'Alcuin, qu'il y séjourna au moins jusqu'au 10 septembre 798[2] et que, s'il se rendit à la cour à la fin de 798, il était rentré à Saint-Riquier en janvier 799[3]. Il dut assister à l'entrevue du pape avec Charlemagne à Paderborn, qu'il a décrite dans son poème, célébra avec Charlemagne, à Saint-Riquier, les fêtes de Pâques de 800 et accompagna sans doute Charles en Italie si sa santé ne l'en empêcha pas[4]. A partir de 802, nous avons tout lieu de croire qu'il résida constamment dans son abbaye, car c'est alors qu'Alcuin se félicita auprès d'Adalhard de sa conversion à une vie meilleure, et c'est de loin qu'Angilbert salue Charlemagne et sa famille dans la jolie pièce de vers « Surge, meo domno dulces fac, fistula, versus. » Tout porte à croire qu'à partir de ce moment jusqu'à sa mort, qui arriva le 18 février 814, il résida à Saint-Riquier, tout en se rendant sans doute, quand les circonstances le permettaient à Aix, à l'appel de Charlemagne et pour les assemblées générales. Il fut ainsi, en 811, un des conseillers qui souscrivirent le testament du grand empereur[5].

Y a-t-il dans le texte des Annales de 789 à 801 des indices qui s'opposent à l'hypothèse d'après laquelle elles auraient été composées dans la chapelle du palais; trouvons-nous au contraire des indices qui devraient nous la faire rejeter?

Remarquons tout d'abord que, jusqu'en 791, date de la mort d'Angilramn, le style des Annales offre une similitude frappante

---

1. Mühlbacher, *Regesta Karolorum*, n° 328.

2. Voy. les lettres d'Angilbert à Arn de Salzbourg, dans Jaffé, *Monum. Carolina*, 365-368.

3. Cf. *Ep. Alcuini* 133, éd. Jaffé.

4. Le privilège de Léon IX en faveur de Saint-Riquier accordé en 800 à la demande d'Angilbert est un faux (cf. Mabillon, *AA. SS. O. S. Benedicti*, II, 349 ; Mühlbacher, *Regesten des Kaiserreichs unter den Karolingen*, p. 148). Mais quand on voit la peine qu'eut le vieil Alcuin, malgré sa santé défaillante, à éviter le voyage d'Italie, il est bien vraisemblable qu'Angilbert y fut aussi convié. Il se plaint bien de sa santé dans sa lettre à Arn de 787, mais il paraît rétabli en 798, et c'est en 799 qu'Alcuin déplore son faible pour les histrions.

5. Einhard, *Vita Karoli*, c. 33.

avec le style de la première partie qui fut probablement, comme nous l'avons vu, rédigée sous l'influence de l'archichapelain. Les mentions de l'intervention divine à propos de chaque événement heureux : « Domino protegente (788), Domino largiente, Domino perducente (789), cum Dei adjutorio, Christo perducente (791) [1], » les formules religieuses y frappent d'autant plus qu'elles ne se retrouvent plus dans la suite [2]. Il faut observer en outre que le roi est encore nommé ici deux fois *domnus rex Carolus*, ce qui est la désignation toujours employée dans les années précédentes, tandis qu'en 792, 793, 795 et dans la suite, l'annaliste dit *rex* tout court ou *domnus rex* sans ajouter son nom [3]. La fin de l'année 788 et les trois années 789-791 paraissent avoir été écrites d'une seule teneur, car, tandis que dans la partie des Annales écrites année après année on répète à chaque instant le mot *rex*, ici le *domnus rex Carolus* placé en tête de cette partie des Annales sert de sujet à toutes les phrases où il est question de Charlemagne jusqu'au milieu de l'année 791 ; enfin, tandis que l'année 789 est très brève et qu'on se borne, en 790, à dire que Charlemagne n'y fit aucune expédition, l'année 791 contient un récit développé de la campagne contre les Avares à laquelle Angilramn prit part et pendant laquelle il mourut. Je suis donc disposé à croire que ces années 788-791 furent rédigées au retour de la campagne contre les Avares et après la mort d'Angilramn par le même clerc qui, sous sa direction, avait rédigé la première partie des Annales.

De 792 à 794, c'est Angilbert, qui est *primicerius aulae*, et qui dirige la chapelle, mais, en 792-793, il est en mission en Italie, et Charlemagne séjourne en Bavière. Ce n'est qu'en 794 que Charles revient dans la région rhénane et qu'il y fixe définitivement sa cour, « in palatio quod Aquis vocatur » comme disent les Annales. Les années 792 et 793 ne contiennent que

1. Voy. aux années précédentes : 783 : « Domino auxiliante, » trois fois répété ; 784 : « Auxiliante Domino, volente deo ; » 786 : « Deo largiente, » etc.

2. Sauf, comme l'a fait remarquer M. Manitius (Kurze, *Neues Archiv*, XX, 40), en 796, la formule « peracta Deo largitori omnium bonorum gratiarum actione, » qui est tout à fait isolée et est une citation de Prudence. M. Manitius et M. Kurze se trompent en prétendant que ces formules se retrouvent jusqu'en 794. Elles cessent avec 791. MM. Dünzelmann, Waitz, Manitius, Kurze ont tous remarqué que le style des années 787 et 788 ne diffère pas du style des années 789-791. Ils ont eu tort de vouloir retrouver cette identité jusqu'en 795.

3. L'année 794, écrite d'un style plus soigné, dit « domnus Carolus gloriosissimus rex. »

quelques lignes fort sèches, mais où l'on trouve cependant mentionnée la mission d'Angilbert en Italie. En 794, le style de l'annaliste prend tout à coup une forme plus littéraire et une certaine solennité. On serait tenté d'y reconnaître l'influence de l'élève de Pierre de Pise et d'Alcuin[1].

A partir de 796, le récit prend une ampleur nouvelle; les phrases sont mieux construites et mieux liées, et le remanieur qui bientôt récrira et refera les Annales jusqu'à 801 trouvera bien moins d'additions et de modifications à y introduire. Est-ce Angilbert, est-ce Hildebald qui président à la rédaction des Annales? Peut-être chacun d'eux tour à tour. Tandis qu'à l'année 792 Angilbert était nommé simplement et sans épithète, en 796, lorsqu'il est reparti pour l'Italie, il est qualifié de « dilectus abbas Karoli. » Par contre, Hildebald, absent des pays francs depuis le milieu de 799, ne pouvait pas s'occuper de faire rédiger les Annales qui, pour les années 799 et 800, ont été écrites, comme nous l'avons dit, par un personnage qui était auprès du roi et notait les événements au moment où ils venaient de se produire. Angilbert, nous l'avons vu, assista sans doute à l'entrevue de Paderborn, et il suivit probablement Charlemagne pendant toute l'année 800 après que celui-ci fut venu le voir à Saint-Riquier. Le fait que les Annales ont changé de main en 801 serait une raison de plus de croire qu'Angilbert a été pour quelque chose dans la rédaction des années qui précèdent cette date. Or, à partir du milieu de l'année 801, le style de l'annaliste change tout à coup[2], et le récit, au lieu de conserver son ampleur et sa

---

1. Ce qui corrobore l'hypothèse d'après laquelle les *Annales Laurissenses majores* de 789 à 791 sont bien un récit demi-officiel sorti de la chapelle du palais, tandis que les *Annales Laureshamenses* sont, pour cette même époque, un travail plus personnel et plus indépendant, c'est qu'à l'année 792 nous trouvons dans les *Annales Laureshamenses* un récit assez circonstancié de la conspiration du jeune Peppin, fils d'Himiltrude, tandis que la phrase très courte qui, dans les *Annales Laurissenses,* fait allusion à ce fait n'appartient certainement pas à la rédaction primitive. Les mêmes manuscrits qui ne contiennent pas la phrase relative à la conjuration de Peppin ne contiennent pas non plus à l'année 785 la mention de la conjuration de Hardrad. Le manuscrit de Lorsch (dans Canisius), qui représentait la rédaction la plus ancienne, ne la contenait pas non plus.

2. Ce changement est frappant à partir de la phrase : « Ipsa aestate capta est Barcinona civitas in Hispania jam biennio obsessa. » Le *Poeta Saxo* qui a mis en vers le remaniement des *Annales Laurissenses* avait sous les yeux un texte qui s'arrêtait au paragraphe précédent commençant par la phrase : « Imperator de Spoletio Ravennam veniens... Papiam percepit. » Ces mots sont les derniers qu'il ait empruntés au remaniement.

forme soignée, se compose de phrases courtes juxtaposées. Évidemment, tout le récit de la campagne d'Italie, au moins jusqu'au printemps de 801, est d'une seule teneur. Ce qui suit, surtout à partir de 802, a le caractère de notes prises au jour le jour[1].

NOTE ADDITIONNELLE.

M. Kurze (*Neues Archiv*, XXI, p. 11 et suiv.) a émis et appuyé sur des vraisemblances assez fortes l'opinion qu'il aurait existé, à la fin du VIIIᵉ siècle, des Annales composées en 796, à Salzbourg, qui se seraient servies des *Ann. Petaviani*, des *Ann. Laurissenses majores* et de la seconde rédaction des Annales de Lorsch représentée par les *Ann. Laureshamenses* jusqu'à 790, et le *Fragmentum Chesnii*. Ces Annales auraient servi à la composition des *Annales Maximiniani,* des *Annales Juvavenses majores* et *minores* et des *Annales Xantenses*. Ces Annales auraient été ensuite continuées à Salzbourg de 797 à 811.

Il est vraisemblable aussi, d'après les recherches de Dorr, de Simson (*Zeitschrift fur Gesch. des Oberrheins*, IX, 217-220, et *Forschungen z. d. G.*, XX, 395), de Waitz (dans son édit. du *Chronicon Laurissense*, 1882, et dans *Forschungen z. d. G.*, XX, 385), de Heigel (*Forschungen*, V, 400), de Pückert (Comptes-rendus de l'Acad. des sc. de Leipzig, 1884) et de Kurze (*Neues Archiv*, XX, 29 et suiv.), qu'il a existé des Annales aujourd'hui perdues s'étendant jusqu'à 805 et dont nous retrouvons les éléments dans les fragments de Dusseldorf, Berne, Bâle et Vienne, dans les Annales de Metz, dans les *Annales Guelferbytani*, dans le *Codex Anianensis* de la Chronique de Moissac, dans les *Gesta abbatum Fontanellensium,* dans le *Chronicon Laurissense* (*Annales Laurissenses minores*), dans le *Chronicon Vedastinum,* dans les *Annales Lobienses* et les *Annales Sithienses*. Elles auraient été aussi utilisées par la continuation de 797 à 811 des Annales perdues de 796, par le *Breviarium Erchamperti*, par les *Annales Einhardi,* par les *Annales Fuldenses,* par le *Poeta Saxo*, par la *Vita Karoli*. Ce sont

---

1. M. Kurze, dans un appendice à son travail (*Neues Archiv*, XXI, p. 81), affirme avec décision que Riculf a composé la première partie des Annales en 787-788 et les aurait continuées à Mayence, où il était archevêque, jusqu'en 795. Rien n'est plus invraisemblable.

les *Annales Mettenses* qui en ont conservé la plus grande partie. M. Kurze croit pouvoir conclure de la comparaison des *Annales Mettenses* avec le *Chronicon Laurissense* qu'il a existé deux rédactions de ces Annales perdues, l'une composée en 805, l'autre composée en 830, qui aurait ajouté de 806 à 829 aux Annales perdues le texte des *Annales Einhardi*, en y ajoutant pour 829 un morceau original que nous retrouvons dans les *Annales Mettenses*. M. Kurze croit même pouvoir déterminer d'autres rédactions intermédiaires, une qui aurait servi aux *Annales Lobienses*, une autre, un peu plus récente, qui aurait servi à la Chronique d'Aniane. Il y a une large part d'arbitraire dans ces hypothèses. L'absence de dates d'années dans le *Chronicon Laurissense* et le fait que le fragment de Bâle porte des numéros de chapitres à côté des ans de l'Incarnation ont suggéré à M. Kurze la pensée que ces Annales ont d'abord été rédigées sous forme de chronique. Ce serait alors cet ouvrage et non le *Chronicon Laurissense* qui serait le premier essai de chronique carolingienne. On comprendrait dans ce cas comment un morceau d'une rhétorique aussi ampoulée que le fragment *de Pippino duce* de Freher, retrouvé isolé par Simson au British Museum dans le ms. Arundel 375, et qui fait partie des *Annales Mettenses*, pourrait à la rigueur se rattacher à cet ouvrage.

Les sources reconnaissables de la Chronique de 805 sont, d'après M. Kurze, les Annales perdues de 796, le Continuateur de Frédégaire, les *Annales Laurissenses*, la *Vita Bonifatii*, les *Vita Stephani* et *Adriani*, les Annales de Lorsch perdues et les *Annales Mosellani*.

M. Kurze croit que ces Annales ont été écrites à Saint-Denis, probablement par le Lombard Fardulf, abbé de Saint-Denis, mort en 805. Il propose d'appeler ces Annales *Chronicon Fardulfi*. Mais alors il faut en placer la rédaction en 805 et non en 807.

III.

Les « Annales Laurissenses » de 801 à 829.

Les dernières années du viiie siècle et les premières du ixe ont été une période importante pour la littérature annalistique. Comme l'a fait remarquer M. Kurze[1], indépendamment des

1. *Neues Archiv*, XXI, 11.

Annales perdues de 796 et de 805, c'est alors, si l'on accepte les dates qu'il propose, qu'ont été probablement coordonnées les *Annales Petaviani* (796), *Mosellani* (798), *Alamannici* (799), *Laureshamenses* (792-803), *Guelferbytani* (801), *S. Amandi* (810), *Maximiniani*. Mais les *Annales Laurissenses majores* sont de beaucoup les plus importantes parmi les œuvres originales composées à cette époque.

Ces Annales conservent de 801 à 829 le caractère d'Annales absolument contemporaines qu'elles avaient depuis 796 et d'Annales écrites au palais même pour conserver le souvenir des actes de l'empereur. Elles ne nous renseignent que sur ce que fait l'empereur, sur les assemblées qu'il préside, sur les ambassades qu'il reçoit ou qu'il envoie, sur ce qui se passe au palais. Elles indiquent les noms des ambassadeurs, nous décrivent les présents dont ils sont les porteurs. L'auteur va jusqu'à nous donner les noms des éléphants du roi. C'est vraiment un journal, des *Nouvelles du palais*, que nous avons sous les yeux[1]. Le caractère contemporain de ces Annales se reconnaît à une foule de signes : l'absence de toute composition et de toute prétention littéraire, sauf dans un ou deux passages où la personne et les sentiments de l'auteur se laissent voir[2] ; le style haché formé de phrases mal liées entre elles ou réunies par des locutions indiquant un récit où les faits s'ajoutent les uns aux autres à mesure qu'ils se produisent, *eodem anno, eodem tempore, et inde*, etc.[3], des dates précises de saisons, de mois et de jours,

---

1. Analysons une des années prise au hasard, l'année 807. Treize lignes sont d'abord consacrées à des observations astronomiques. Puis nous apprenons la mort de Radbert, ambassadeur franc qui revenait d'Orient, et l'arrivée à la cour d'Abdella, envoyé du roi des Perses, puis de Georges et Félix, envoyés de Thomas, patriarche de Jérusalem. Suit une longue description des présents d'Haroun-al-Raschid : pavillons et tentures de diverses couleurs, étoffes de soie, parfums, horloge avec sonnerie et personnages, candélabres de cuivre travaillé. Ces envoyés sont reconduits en Italie. Le comte Burchard est envoyé en Corse contre les Maures, qui sont vaincus. Détails sur les moines vendus en Espagne par les Maures et dont quelques-uns furent rachetés par Charlemagne. Le patriarche Nicétius, qui était à Venise avec une flotte, conclut une trève avec Peppin jusqu'au mois d'août et retourne à Constantinople.

2. De 819 à 829, lorsque Hilduin s'occupa des Annales, comme nous le verrons plus loin, le style devient plus personnel.

3. Surtout de 801 à 808. 801 : « Eodem anno; ipsa aestate; ipsius anni mense... » 802 : « Ipsius anni mense... » 803 : « Hac hieme *circa ipsum palatium;* et inde. » 804 : « Eodem tempore. » 805 : « Non multo post; eodem anno. » 806 : « Et inde; eodem anno. » 807 : « Illo anno. » — A partir de 808, on ne trouve plus « eodem anno; eodem tempore. » Par contre, « Interea » est fréquemment employé dans la suite.

surtout pour les morts de grands personnages, des mentions de phénomènes naturels et en particulier de phénomènes célestes observés et recueillis par les astronomes de la cour, qui interrompent le récit[1]. A l'année 823 on nous raconte qu'une jeune fille de douze ans s'est passée de nourriture pendant dix mois; puis en 825 on ajoute que depuis 823 jusqu'en novembre 825 elle a continué à vivre sans nourriture. M. Kurze a même voulu voir, sans que l'argument me paraisse décisif, une preuve que les Annales ont été écrites au jour le jour dans le fait que le même nom propre se trouve à quelques lignes de distance orthographié d'une manière différente : *Capcan* et *Cagan* (805), *Eardulf* (808) et *Ardulf* (809), *Albis* et *Albia*, *Avari* et *Avares*.

M. Kurze donne encore un autre argument en faveur de la même thèse; c'est les rapports qui existent entre les *Annales Laurissenses* et les *Annales Mosellani* jusqu'à 797, les *Annales Laureshamenses* jusqu'à 798, les *Annales S. Amandi* jusqu'à 808. Comme la comparaison de ces Annales avec les *Laurissenses* ne permet pas d'admettre qu'elles leur ont servi de sources, il est nécessaire d'admettre que les *Laurissenses* ont été une des sources de ces Annales comme aussi des Annales perdues de 796 et de 805 et par conséquent qu'elles ont été écrites au fur et à mesure des événements et ont été utilisées en 797, en 803, en 806, jusqu'à ces dates respectives.

Quelques critiques ont pourtant essayé de dénier aux *Annales Laurissenses* le caractère de sources directe et contemporaine. M. Bernays a fait ressortir quelques rapports de style entre les *Annales Laurissenses* et la Chronique de Moissac[2]; il a soutenu que ces rapports ne pouvaient s'expliquer par un emprunt direct et en a conclu que les deux textes ont été puisés à ces fameuses Annales de la cour perdues qui sont si commodes pour mettre fin à toute critique des Annales carolingiennes. Un autre argument qui n'a pas plus de valeur est celui qui est tiré d'une phrase sur Léon III à l'année 808 : « Praeerat tunc temporis ecclesiae Romanae Leo tertius; » Léon n'étant mort qu'en 816, M. de Sybel en a conclu[3] que l'année a été rédigée au plus tôt en

---

1. 801 et 802 : tremblements de terre. 807 : observations astronomiques. 808 : peste. 809 : éclipse. 810 : peste, éclipses. 812 : éclipse. 815 : tremblements de terre, inondations. 817 : éclipse, comète. 818 : éclipse. 820 : peste, inondations, éclipses. 821 : divers phénomènes naturels, etc. A partir de 820, les phénomènes naturels sont décrits avec une plus grande complaisance encore et dans un style plus orné.

2. Nous reviendrons sur cette question à propos de la Chronique de Moissac.

3. *Historische Zeitschrift*, t. XLIII, p. 413. — M. W. de Giesebrecht avait déjà

817. Mais M. Simson[1] a montré que le prétérit a été plus d'une fois dans des cas analogues employé à la place du présent. M. de Sybel a tiré une objection plus facile encore à réfuter des rapports indéniables qui existent entre la dernière partie des *Annales Laurissenses* et la *Vita Karoli* d'Einhard[2] et d'une phrase de l'introduction de la *Vita Karoli* où Einhard nous dit : « Ab hujuscemodi scriptione (à savoir : Vitam et conversationem, ut ex parte non modica res gestas domini Karoli) quando mihi conscius eram, nullum ea veracius quam me scribere posse... et utrum ab alio scriberentur necesse, liquido scire non potui. » M. de Sybel prétend qu'Einhard n'aurait pas pu écrire les lignes si les Annales de 789 à 813 avaient existé en 814 et si par suite les rapports de textes entre elles et la *Vita Karoli* s'expliquaient par des emprunts d'Einhard. — Ce serait donc la *Vita Karoli* qui aurait servi à la composition des Annales. MM. de Giesebrecht, Simson, Ebrard, Dorr, Kurze ont fait observer avec raison que cet argument a peu de force, Einhard ayant pour principale préoccupation de peindre la « vitam et conversationem » de Charlemagne, sa personne et son caractère, et ne donnant qu'une place secondaire à ses hauts faits, « res gestas, » qui trouvent seuls place dans les Annales[3]. Ils auraient pu ajouter qu'Einhard ne fait allusion qu'à des œuvres biographiques d'un caractère littéraire et personnel[4], écrites par des hommes « otio et litteris dediti, » et non à des Annales essentiellement impersonnelles, qui, si elles ont été composées, comme nous le voyons, par des clercs de la chapelle royale, étaient plutôt une sorte de memorandum, de journal de la cour qui fournissait des matériaux aux historiens plutôt qu'elles ne constituaient une histoire. La liberté avec laquelle ces divers auteurs d'Annales d'ailleurs se copient les uns les autres, se font des emprunts les uns aux autres, montre bien que toutes ces œuvres étaient considérées

relevé cette phrase dans le *Münchener historischer Jahrbuch,* 1865, et l'avait considérée sans motif comme une interpolation.

1. *Jahrbuch des d. Reiches unter Karl dem Grossen,* II, 605.

2. Ces rapports, qui ont été signalés par M. Simson dans sa brochure *De statu quaestionis,* etc., et par M. Dünzelmann (*Neues Archiv,* II, 497), se réduisent à peu de chose ; mais le rapport du chapitre 14 de la *Vita* avec l'année 810 des *Annales Laurissenses* n'est pas douteux.

3. « Vitae illius modum potius quam bellorum... eventus memoriae mandare... animo esset prepositum. »

4. Einhard parle, en effet, de ceux qui veulent conserver pour la postérité « nominis sui famam. » Il ne peut s'agir ici d'anonymes auteurs d'Annales.

comme formant une sorte de fonds commun où tous venaient puiser, qui étaient *juris publici* pour ainsi dire[1].

MM. de Giesebrecht, Ebrard, Simson, Dorr, Ranke, Manitius, Wattenbach, Kurze pensent que ce qui achève d'ôter toute force à l'argument de M. de Sybel c'est qu'Einhard a dû être lui-même l'auteur des Annales de 796 à 813 et que par conséquent ses paroles s'expliquent à merveille, les Annales de 796 à 813 n'étant que les notes mêmes écrites par lui pendant les dix-sept dernières années du règne de Charlemagne et qu'il a ensuite utilisées pour sa biographie de l'Empereur.

Nous verrons plus loin ce qu'il faut penser de cette collaboration supposée d'Einhard aux Annales, collaboration que rien ne rend impossible, mais que rien non plus ne rend certaine ni même probable. — Serait-il admissible qu'Einhard n'eût rien connu des Annales qui existaient de son temps et que la première partie des *Annales Laurissenses* fût ignorée de lui? Le raisonnement fait par M. de Sybel à propos de la dernière partie des Annales aurait autant de valeur pour la première, ce qui ne peut un instant se soutenir. La phrase de l'introduction d'Einhard ne peut en aucune façon être alléguée en faveur de l'attribution à Einhard d'aucune partie des Annales. Elle signifie simplement qu'aucun lettré à sa connaissance n'a écrit la biographie de Charlemagne.

Les Annales de 801 à 829 ont-elles été écrites par un même auteur? Ceux qui en ont attribué la rédaction à Einhard l'ont prétendu en se fondant sur des raisons de style. M. Kurze, qui accepte cette manière de voir pour les années 797 à 819, doute qu'Einhard ait été aussi l'auteur des années 820 à 829, sans toutefois se prononcer d'une manière positive. M. Dünzelmann, par contre, qui attribue à Einhard la composition des Annales de 797 à 801, lui refuse toute participation pour la période qui s'étend de 801 à 829. Il croit reconnaître au style quatre auteurs différents, qui auraient travaillé, le premier de 801 à 806, le second de 807 à 815, le troisième de 816 à la fin de 820, le quatrième de la fin de 820 à 825.

Nous verrons tout à l'heure les motifs qui nous font attribuer à l'archichapelain Hilduin les années 819 à 829. Nous croyons cette attribution aussi certaine que peuvent l'être des attributions

---

1. Le biographe de Louis le Pieux, qui, de 814 à 829, suit pas à pas les *Annales Laurissenses*, n'y fait aucune allusion; il dit qu'il raconte *quae vidi et comperire potui*. Les Annales étaient mises par les gens de la cour, évidemment, sur le même pied que les renseignements oraux qu'ils pouvaient recueillir.

de cette nature, en l'absence de témoignages directs. Si cette hypothèse est exacte, en la rapprochant de ce qui a été dit plus haut de l'attribution à l'influence de l'archichapelain Angilramn, la composition des années 741 à 791, et à celle des archichapelains Angilbert et Hildebald, la composition des années 792 à 801, nous sommes autorisés à penser que les Annales de 801 à 818, qui conservent absolument le même caractère que les années précédentes, ont aussi été composées par des clercs de la chapelle royale, pendant que Hildebald, qui mourut le 3 septembre 818, la dirigeait[1]. Rien ne nous permet toutefois d'attribuer à Hildebald lui-même une part dans la rédaction des Annales. S'il y avait mis lui-même la main, on y trouverait plus d'unité de style et de composition, et probablement aussi, du moins à l'année 814, lors du changement de règne, quelques accents plus personnels. Nous avons évidemment affaire, au contraire, à des scribes qui notent au fur et à mesure les événements importants pour en conserver la mémoire d'une manière très impersonnelle. Est-il possible de déterminer combien de fois les Annales ont changé de mains de 801 à 818? Cela est très difficile, et M. Kurze a remarqué avec raison que les différences qu'on remarque dans la rédaction peuvent provenir de causes tout extérieures. Quand il ne s'est produit qu'une série de faits sans grande importance et qui se passaient au loin, comme c'est le cas depuis les dernières lignes de l'année 801 après la mention du retour de Charlemagne dans le Nord[2] jusqu'à la fin de 805, le récit peut se réduire à une série de courtes phrases mal liées entre elles. Quand le narrateur a assisté à une cérémonie qui a vivement frappé les imaginations, comme l'arrivée des cadeaux d'Haroun el Raschid en 807, il entre dans des détails circonstanciés et il s'anime un peu. — Aussi ne pouvons-nous conclure de l'uniformité du style de deux années différentes qu'elles ont eu le même rédacteur, ni de divergences légères dans la narration que nous sommes en présence de deux rédacteurs différents.

1. M. Simson (*Ludwig der Fromme*, II, 232) admet la date de 818 d'après les *Ann. S. Petri Coloniensis*, confirmée par le fait que, le 1er mai 819, Louis accorde un diplôme à la prière de Hilduin, archichapelain. Pourtant, les *Ann. Coloniensis brevissimi* et les *Ann. S. Emmerani Ratisp. mas.*, donnent la date de 819, mais elles commettent plusieurs fois une erreur d'une année dans la date des événements. Le jour de sa mort est donné par le nécrologe de Saint-Géréon.

2. « Alpes transgressus in Galliam reversus est. »

Toutefois il est possible, je crois, de marquer quelques différences assez notables dans la rédaction des Annales pour qu'on
soit obligé d'admettre que divers scribes y ont travaillé.

Les années depuis 801 (aux mots : *ipsa aestate capta est
Barcinona*), jusqu'à la fin de l'année 808, forment tout d'abord
un groupe nettement marqué[1]. C'est à la fin de l'année 808 que
paraît, pour la dernière fois, la formule : *et inmutavit est* (ou
se) *numerus annorum in*. C'est aussi à la fin de l'année 808
que l'annaliste cesse d'indiquer à la fin de chaque année, par des
formules uniformes, le retour de l'empereur dans sa résidence
d'hiver et le lieu où il a célébré Noël, et souvent aussi la Pâque
de l'année suivante. Les indications de dates sont parfois un peu
vagues : « Eodem anno, eodem tempore, in illo anno, non multo
post. » Quand on observe la brièveté relative des années 802
à 805 et leur chronologie un peu incertaine, bien qu'elles soient
composées de notes sèches et précises, on est disposé à penser
qu'après le retour d'Italie, en 801, il y eut une interruption dans
la rédaction des Annales et qu'on ne la reprit qu'en 806, en se
contentant de réunir quelques notes pour les années écoulées[2].
Cela expliquerait aussi comment la grande assemblée de 802, si
importante au point de vue législatif et qui a si fortement frappé
l'auteur des *Annales Laureshamenses*, n'a pas été mentionnée
par les *Annales Laurissenses*. En 806, le récit devient plus
ample et les phrases sont assez bien liées entre elles.

De l'année 809 à l'année 813, nous sommes en présence d'un
nouveau rédacteur. L'indication des stations d'hiver de l'empereur et de la célébration des fêtes de Noël et de Pâques n'est plus
donnée régulièrement à la fin de chaque année et les changements de dates ne sont plus annoncés. Le récit, écrit dans un
style d'une bonne latinité[3], nous offre des phrases bien cons-

1. On a soutenu, M. Kurze en particulier, que les années 801 et suivantes
sont du même auteur que les années 797 à 801. Je crois que la sécheresse
excessive des années 802 à 805, comparée aux années 799 et 800, rend la supposition difficile à admettre. Pourtant, je crois qu'un changement de main en
808 est plus évident qu'en 801.

2. Ces notes seraient-elles dues à l'abbé Fardulf de Saint-Denis, qui, d'après
M. Kurze, serait l'auteur de la Chronique de 805 (cf. *supra*, p. 127)? Dans ce
cas, ce serait la Chronique de 805 qui serait source des *Laurissenses* pour les
années 802 à 805. Il est aussi très possible que les années 801 à 805 soient d'une
main et les années 806 à 808 d'une autre.

3. M. Manitius a prétendu appuyer l'attribution à Einhard d'une partie des
Annales Laurissenses sur des ressemblances de style. Il a relevé des locutions
qui se retrouvent, en effet, dans les Annales et chez Einhard. Mais rien n'est

truites et liées entre elles par des conjonctions employées avec justesse[1].

Y a-t-il eu un arrêt dans la composition des Annales en 813 et un nouveau rédacteur intervient-il à cette date? Divers indices permettent de le supposer. M. Kurze pense même que la rédaction des Annales, interrompue pendant l'année 814, au moment de la mort de Charlemagne, n'a été reprise qu'en 815. Sans oser aller jusque-là, nous ferons remarquer que plusieurs manuscrits des Annales, disons mieux, toute une famille de manuscrits des Annales (celle que M. Kurze désigne par la lettre B) s'arrête à 813 aux mots : *multis suorum amissis, recesserunt.* M. Kurze a fait remarquer avec raison que les faits se rapportant aussi à l'année 813 et mentionnés après ces mots n'ont pu être ajoutés au plus tôt qu'en 814, quand arrivèrent à Aix-la-Chapelle les envoyés de l'empereur Léon.

Plusieurs détails peuvent nous faire considérer les années 814 à 818[2] comme formant un groupe spécial : un emploi beaucoup plus sobre des ablatifs absolus; une attention plus grande apportée aux grandes assemblées qui sont toujours désignées par les mots : *conventus generalis*, 818; *conventus generalis populi sui*, 814, 815, 817, alors que de 801 à 808 il n'est pas fait mention d'une seule assemblée générale, et que, de 809 à 813, plusieurs sont indiquées, mais avec des termes variés (*concilium* 809, *placitum generale* 811[3], *conventus generalis* 812, *conventus generalis* 813); l'emploi du mot *nostri* pour désigner les Francs (817 : *Cum nostri fortiter restitissent;* 818 : *Ad nostros fines*); enfin et surtout l'emploi singulier de l'expression *circiter, circa,* accompagnant des dates précises[4], qui ne se remarque à aucune des années précédentes.

---

plus fréquent chez des hommes qui écrivent une langue morte et qui ont été à la même école que l'emploi de locutions identiques. Qu'on veuille bien rapprocher l'ensemble du style des années 809 à 813 du style d'Einhard, on verra éclater des différences notables, par exemple le rare emploi de l'ablatif absolu chez Einhard, son emploi presque surabondant et fatigant dans les Annales, etc. L'annaliste me paraît aussi meilleur écrivain qu'Einhard.

1. 809 : « Autem, at, postquam, quoque, interea, etiam, vero, his ita gestis, etiam, autem, cumque, sed, autem, » et ainsi de suite.

2. M. Simson (*Ludwig d. F.*, I, 348, n.) a supposé un changement d'auteur en 817, parce que la mention de la venue à Compiègne des envoyés d'Abder Rhaman, donnée à la fin de 816, est répétée au début de 817. Cet indice me paraît insuffisant.

3. M. Kurze (*Neues Archiv*, XXI, 53) dit à tort que le mot *placitum* ne se trouve pas de 795 à 820.

4. 814 : « Anno aetatis circiter septuagesimo primo; » 818 : « Circa medium

De l'année 819 à l'année 829, l'allure du récit devient beaucoup plus personnelle. L'auteur semble mêlé beaucoup plus intimement encore à la politique impériale, sur laquelle il donne des détails circonstanciés, aux assemblées, qu'il mentionne et raconte toutes en distinguant les simples *conventus* et les *conventus generales*[1]. Il donne des indications sur les institutions des peuples qui sont en relation avec Louis le Pieux. Il note avec exactitude toutes les chasses impériales[2], et les *autumnales venationes* ont pour lui beaucoup d'importance. Il termine le récit de chaque année par la mention des phénomènes physiques les plus remarquables de l'année, même quand ces phénomènes se sont produits au milieu de l'année, non en hiver (823, 824, 828). Il accorde à ces phénomènes et, en particulier, aux intempéries, aux mauvaises récoltes, aux semailles difficiles, aux gelées extraordinaires, à la mauvaise qualité des vendanges, aux inondations, aux épidémies sur les bestiaux une attention particulière[3] et les raconte en termes emphatiques[4]. Il

fere Madium mensem ; » 816 : « Circiter 8 kal. junii ; » 817 : « Circiter 8 kal. februarii. » Il faut remarquer qu'on retrouve en 824, 825, 826, l'emploi de « circiter, circa, » avec des indications de dates et de temps d'un caractère, il est vrai, moins précis. On verra, du reste, un autre exemple d'un rapport de style analogue entre ces deux dernières parties des Annales.

1. Mais jamais il n'emploie, comme le précédent annaliste, l'expression *conventus populi sui*. L'attention qu'il porte à la composition des assemblées est telle qu'en 823 il dit : « Conventus in quo, *non universi Francie primores*, sed de Orientali Francia atque Saxonia, Baioaria, Alamannia atque Alamanniae contermina Burgundia et regionibus Rheno adjacentibus adesse jussi sunt. » Voy. aussi, à l'année 827, la mention de deux assemblées, l'une où l'on devait poursuivre les négociations avec Horic, l'autre pour la réception des dons annuels.

2. Déjà, en 817, nous trouvons ces mentions de chasses ; à partir de 819, elles ne cessent plus ; 819 : « Venatorio exercitio more solemni exacto ; » 820 : « Autumnalem venationem ex more completam ; » 821 : chasse dans les Vosges ; 822 : chasse dans les Ardennes ; 823 : id.; 824 : pas de chasse d'automne à cause de l'expédition de Bretagne ; 825 : chasse de printemps à Noyon, d'automne dans les Vosges ; 826 : chasse à Salz ; 827, 828 : rien ; 829 : chasse à Francfort.

3. Nous ne nous étonnerons pas de ces préoccupations de propriétaire quand nous verrons que nous avons ici affaire non à un évêque, mais à un abbé qui devait être très affecté des mauvaises nouvelles qu'il recevait des récoltes de son monastère. En 829, il nous raconte que les légumes ont pourri sur place, que le vin a été rare et mauvais, que les semailles d'automne n'ont pu être faites, qu'il y a eu peste bovine.

4. 819 : « Pestilentia tam immane longe lateque grassata est ; » 820 : « Pestilentia quae... immaniter usquequaque grassata est ; » 824 : « Immanitas frigoris. » — En 819, l'annaliste avait déjà dit de Lupus : « Immane accusabatur. » Il semble avoir emprunté cette expression à l'annaliste de l'année 810 : « Illius

semble que l'auteur eût plus que ses prédécesseurs un certain souci de la composition. Ses phrases ont aussi une ampleur quelque peu solennelle et sont surchargées d'incidentes. Il y laisse percer ses sentiments sur les événements qu'il raconte, y mêle des approbations ou des blâmes discrets, accorde à Louis des éloges (*misericordia singularis, summa devotio*) qui contrastent avec l'objectivité presque absolue des auteurs des années antérieures; il donne même une certaine couleur poétique à son style : « Sacro paschali festo solemniter Aquisgrani celebrato, arridente etiam verna temperie » (825).

Qui peut donc être ce nouvel annaliste qui prend en main la rédaction des Annales après la mort d'Hildebald et qui leur donne tout à coup une saveur inattendue ?

Deux passages ont frappé tous les critiques qui se sont occupés de cette question et nous donnent la clef du problème. Ce sont ceux qui nous parlent de deux fameuses translations de reliques : celle des reliques de Saint Sébastien à Saint-Médard de Soissons, par Hilduin, abbé de Saint-Denis, et celle des reliques des Saints Marcellin et Pierre à Mülinheim, ou Seligenstadt, par Einhard. Je transcris ici ces deux passages :

A° 826. ... *Dum haec aguntur, Hildoinus, abbas monasterii S. Dionysii martiris, Romam mittens, adnuente precibus eius Eugenio sanctae sedis apostolicae tunc praesule, ossa beatissimi martiris Christi Sebastiani accepit, et ea apud Suessonam civitatem in basilica S. Medardi collocavit, ubi dum adhuc inhumata in loculo, in quo adlata fuerant, iuxta tumulum S. Medardi iacerent, tanta signorum ac prodigiorum multitudo claruit, tanta virtutum vis in omni genere sanitatum per divinam gratiam in nomine eiusdem beatissimi martiris enituit, ut a nullo mortalium eorumdem miraculorum aut numerus comprehendi, aut varietas verbis valeat enuntiari; quorum quaedam tanti stuporis esse narrantur, ut humanae inbecilitatis fidem excederent, nisi certum esset, dominum nostrum Iesum Christum pro quo idem beatissimus martir passus esse dinoscitur, omnia quae vult facere posse per divinam*

generis animalium mortalitas immanissime grassata est. » En 811, on trouve aussi : « Immanitate frigoriis. » M. Simson (*Karl der Grosse*, II, 609) a relevé, ainsi que M. Kurze (*Neues Archiv*, XXI, 59), plusieurs particularités de style propres à l'annaliste de 819 à 829. Il ne serait pas impossible que Hilduin ait fait partie de la chapelle du palais de 808 à 813 et ait alors travaillé à la rédaction des Annales.

omnipotentiam, in qua illi omnis creatura in cœlo et in terra subiecta est.

A° 827. ... *Corpora beatissimorum martirum Marcellini et Petri de Roma sublata, et octobrio mense in Franciam translata, et ibi multis signis atque virtutibus clarificata sunt.*

Pertz, dans la préface de son édition, a cité ces passages comme une preuve qu'Einhard est bien l'auteur des Annales. Voici son raisonnement : « Einhard a nommé Hilduin et a tu son propre nom. Cela est tout naturel, vu sa modestie bien connue. Tout le monde savait d'ailleurs qu'il était l'heureux possesseur de ces reliques. Il a consacré vingt lignes à Saint Sébastien et trois seulement aux Saints Marcellin et Pierre, parce qu'à ce moment même il écrivait un ouvrage entier sur la Translation de leurs reliques. Il ne voulait pas se répéter. D'ailleurs, ces trois lignes s'accordent parfaitement avec la *Translatio SS. Marcellini et Petri.* »

Il est difficile de souscrire à ces appréciations si on n'est pas d'avance convaincu, et par d'autres raisons, qu'Einhard a composé les Annales. Il me semble, au contraire, presque impossible d'admettre qu'il ait pu écrire les deux passages que je viens de citer. Il était modeste assurément ; mais, s'il était modeste pour lui-même, il ne se serait pas cru permis de l'être pour les Saints honorés à Seligenstadt. Son livre sur leur Translation nous prouve à quel point il tenait à mettre en lumière leur puissance, et révèle l'irritation qu'il éprouvait contre ceux qui osaient la mettre en doute. *Incredulis ac sanctorum gloriae derogantibus... ne omnino legere velint, suadendum censeo; ne forte vilitate nostri sermonis offensi, blasphemiam et invidentiam devitare non valeant ; ac sic Deum et proximum, quos amare iubentur, se odisse declarent*[1]. Il ne fait pas allusion ici à des impies qui auraient nié la possibilité des miracles en général; il n'y en avait guère à cette époque; mais à des envieux qui niaient les mérites des reliques de Seligenstadt au profit de reliques rivales.

Est-il vraisemblable alors qu'un homme, si pénétré des vertus exceptionnelles et innombrables de ses Saints et si jaloux de leur gloire, en ait parlé avec une réserve touchant à la froideur et ait, au contraire, entonné, en faveur de Saint Sébastien et de ses miracles, une hymne enthousiaste et triomphante ?

[1]. *Translatio SS. Marcellini et Petri,* § 94.

Cela n'est pas seulement invraisemblable; cela est impossible, si l'on songe aux relations qu'Einhard avait eues avec Hilduin, précisément à l'occasion de ces mêmes reliques. Le notaire d'Einhard, Ratleic, qui s'était rendu à Rome pour y enlever subrepticement les reliques des Saints Marcellin et Pierre, avait été accompagné par un émissaire d'Hilduin, le rusé prêtre Hunus, qui avait promis d'en rapporter les reliques de Saint Tiburce; n'ayant pu se les procurer, Hunus avait dérobé à Ratleic une bonne partie de son précieux butin, en subornant un de ses compagnons à prix d'argent; il avait rapporté à Hilduin le fruit de son larcin et Hilduin avait déposé à Saint-Médard ces reliques injustement acquises. La chose s'ébruita. Hilduin dut l'avouer et il ne rendit les reliques dérobées qu'après s'être fait passablement tirer l'oreille. C'est d'Einhard lui-même que nous tenons tous ces détails : *Licet ille paulo durior ac difficilior, quam optaveram, in assensione fuisset, victus tamen est sedulitate precum mearum, cessitque improbitati meae, qui se paulo ante nullius iussioni, in hac praesertim causa, cessurum pronuntiavit*[1].

La mauvaise volonté d'Hilduin ne s'arrêta pas là. Quand les reliques volées eurent été transportées à Aix-la-Chapelle, dans l'oratoire privé d'Einhard, il empêcha Louis le Pieux de s'y rendre, et l'empereur ne les vit et ne leur offrit ses dévotions que lorsqu'elles furent déposées dans la basilique de Notre-Dame.

Et l'on s'imagine qu'Einhard, dont les ressentiments se montrent si mal apaisés dans la *Translatio*, écrite en 830, aurait, en 827, dissimulé sa rancune au point d'exalter les mérites de Saint Sébastien au détriment de ses propres Saints, qu'il avait eu tant de peine à lui arracher! Après toutes les misères que lui avait faites ce prélat magnifique et orgueilleux qu'il nous représente couchant devant la porte de l'empereur pour empêcher les autres d'y pénétrer, il aurait parlé en termes aussi exagérés des miracles du sanctuaire de Saint-Médard! Ce n'aurait plus été de la modestie ni de la grandeur d'âme; ç'aurait été une naïveté touchant à la sottise, une trahison envers les Saints dont l'honneur lui était confié et, de plus, une hypocrisie.

Supposons, au contraire, que c'est Hilduin qui a écrit les Annales de 819 à 829, tout s'explique sans peine : la sécheresse et la brièveté du passage relatif aux reliques des Saints Marcellin et Pierre, la prolixité et l'emphase du passage relatif à Saint

1. *Translatio*, § 24.

Sébastien. Ce style échauffé et redondant, qui jure avec la simplicité concise des Annales, ne s'explique que par l'intervention d'une passion personnelle. On y reconnaît l'accent de l'homme à qui ces reliques appartiennent, qui identifie leur gloire avec la sienne, qui tient à ce qu'on sache qu'elles valent mieux que les autres, qui est secrètement vexé que des reliques nouvelles soient venues, les intruses, après un an à peine, leur disputer l'attention du public, les faveurs du ciel et les générosités des princes. Car l'empereur leur a donné une terre de quinze manses avec neuf arpents de vigne, et l'impératrice sa propre ceinture d'or ornée de gemmes et pesant trois livres[1]. Sans doute les nouvelles reliques ont été *multis signis et virtutibus clarificata*. Hilduin ne peut le nier, puisqu'elles attiraient déjà la foule à Saint-Médard; mais qu'est-ce que cela auprès des siennes, *tanta prodigiorum multitudo, tanta virtutum vis... ut humanae inbecillitatis fidem excederent?* Il a bien soin de faire remarquer que les reliques de Saint Sébastien ont été officiellement concédées par le pape, *adnuente Eugenio sanctae sedis apostolicae tunc praesule*, tandis que les autres ont été enlevées furtivement, *sublata*. Est-on bien sûr de leur origine? Il avait espéré que l'expédition de Ratleic lui aurait permis d'enrichir, de renforcer son trésor de reliques avec celles de Saint Tiburce que lui promettait Hunus. Mais cet *homo callidus*, comme l'appelle Einhard[2], avait manqué son affaire. La curiosité de la foule, les largesses impériales vont aux nouvelles venues. Hilduin laisse voir sa déception.

Comparez maintenant le passage des Annales sur la Translation de Saint Sébastien avec l'opuscule de Hilduin sur Saint Denis l'Aréopagite, et vous connaîtrez que c'est bien le même homme qui les a écrits. C'est le même esprit et le même style. Il n'y a rien là de la candeur, de la simplicité, de la sincérité d'Einhard. On a affaire à un homme à la fois hâbleur et malin, qui prévoit toutes les objections et y répond avec une superbe assurance. Il connaît fort bien les raisons qui interdisent d'identifier Denis l'Aréopagite avec Saint Denis de Paris; mais il les réfute au nom de l'histoire et de la science; il s'appuie sur des textes, sur des *veracissimi testes, veracia testificantes;* il fait la leçon à Grégoire de Tours et à Bède le Vénérable, qui ignorent les questions de lieux et de dates. C'est bien le même homme qui, dans les

1. *Translatio*, § 29.
2. *Translatio*, § 3.

Annales, lorsqu'il rapporte des prodiges, met toujours sa responsabilité à couvert en ajoutant : *narratur, dicitur, visum est*, et qui prévoit que des objections pourront être faites à la réalité des miracles inouïs opérés par Saint Sébastien : *humanae inbecillitatis fidem excederent, nisi certum esset dominum nostrum Jesum Christum omnia quae vult facere posse per divinam omnipotentiam.* Comparez le style des Annales avec celui de la *Vita Dionysii*, vous y reconnaîtrez la latinité châtiée d'un des bons élèves d'Alcuin, une latinité plus raffinée que celle d'Einhard. Voyez, enfin, s'il n'y a pas un rapport étroit pour l'idée comme pour l'expression entre ce que disent les Annales sur les miracles de Saint Sébastien et ce que dit Hilduin sur les miracles des Saints Denis, Éleuthère et Rustique :

ANNALES.	VITA S. DIONYSII.
Tanta signorum ac prodigiorum multitudo claruit, tanta virtutum *vis in omni genere sanitatum per divinam gratiam in nomine beatissimi martiris enituit, ut a nullo mortalium eorumdem miraculorum aut numerus* comprehendi *aut varietas verbis* valeat enuntiari.	*Merita eorum virtutum probantur frequentia. Quorum miraculorum insignia non solum sermo non* praevalet enarrare, nec ipsis queunt humanis mentibus comprehendi. *Unde nec dignitas honoris et magnificentiae eorum hominis cogitatu potest attingi.*

Hilduin, abbé de Saint-Denis depuis 814, était, depuis 818, archichapelain[1], et ses fonctions mêmes, comme la faveur de Louis le Pieux, l'appelaient à demeurer constamment auprès du souverain. Nous constatons, par les diplômes où il figure comme signataire ou comme intercesseur, sa présence à la cour de 819 à 829. Frothaire, évêque de Toul, s'adresse fréquemment à lui comme au plus puissant de tous les protecteurs[2]. Agobard nous le montre exerçant sur Louis le Pieux une influence bienfaisante et résidant toujours au palais[3]. En même temps, sa sollicitude pour son abbaye reste toujours éveillée. Dès le 1er mai 819, nous le voyons obtenir de Louis le Pieux un acte en faveur de Saint-

---

1. Ébert, *Allgmeine Gesch. der Literatur der Mittelalters*, t. II, p. 248, dit, à tort, en 822. Nous avons deux diplômes de Louis le Pieux du 1er décembre 814 où Hilduin est qualifié d'abbé, et le 1er mai 819 il intercède auprès de Louis en qualité d'archichapelain. Voy. Sickel, *Acta Karolinorum, Acta Ludovici*, nos 27, 30, 137.

2. *Frotharii epistolae*, 1, 9, 11, 14, 15.

3. *Epistola ad proceres palatii.*

Denis et dans les années suivantes nous trouvons encore dix diplômes de Louis accordés à Hilduin en faveur de son abbaye. On comprend que, dans les Annales, il ait eu soin de nous renseigner si exactement sur les phénomènes météorologiques qui le touchaient si directement comme administrateur des terres de Saint-Denis.

Nous savons de plus que Hilduin était ami de Wala, du chancelier Helisachar, de Matfrid, comte d'Orléans, qu'il appartenait comme eux au parti de Lothaire et prit part avec eux à la révolte de 830. Il était donc hostile à Judith, à Bernard de Septimanie, au jeune Charles. Or les Annales ne mentionnent même pas la naissance de Charles et ne disent rien de la cession qui lui fut faite, en 829, de l'Alémanie, de la Rhétie et d'une partie de la Bourgogne. La pénitence de Louis en 822 est racontée avec une visible complaisance. L'annaliste prétend même, ce qui est fort douteux, que Louis fit pénitence, non seulement de la mort de Bernard d'Italie, mais aussi de la disgrâce d'Adalhard et de Wala. Il omet, en 827 et 829, de donner les noms de Hugues et de Matfrid, lorsque ces deux comtes, dont le premier était beau-père de Lothaire, furent privés de leurs honneurs, en punition de leur lenteur à marcher contre les Sarrasins. C'est le biographe anonyme de Louis le Pieux qui, en transcrivant les Annales, ajoute leurs noms et remplace le terme adouci de *desidia* par l'expression flétrissante de *ignavia*. Enfin, les Annales s'arrêtent à 830, précisément au moment où Hilduin trahit l'empereur et où sa trahison eut pour châtiment la perte de sa charge, son internement à Paderborn, puis son exil à Korvei.

Remarquons encore que Hilduin accompagna Lothaire en Italie en 824, quand le jeune prince fut chargé de rétablir à Rome l'autorité impériale. Les résultats de ce voyage sont exposés par l'annaliste avec une grande précision, et en général toute l'histoire des relations avec Rome est de sa part l'objet d'une attention spéciale.

Si l'archichapelain était mieux placé que personne pour s'occuper de la rédaction des Annales, il n'en était pas tout à fait de même pour Einhard, qui, depuis 815, ne paraissait à la cour que quand il y était contraint par son devoir. Bien qu'il eût accepté, en 817, le rôle de conseiller de Lothaire et, en 830, cherché à réconcilier l'empereur avec son fils rebelle, ses inclinations personnelles le portaient de plus en plus vers la retraite et la vie religieuse. Il se retira d'abord à Michelstadt, à partir de 815, puis à Mülinheim, en 827. Sa *Vita Caroli* (qui est sur plusieurs points en désaccord avec les Annales dites d'Einhard) et la *Translatio SS. Marcellini et Petri* furent pour lui des occupations littéraires suffisantes, à côté de sa correspondance assez étendue. Certainement, les ressemblances de style que M. Simson a relevées dans la *Translatio SS. Marcellini et Petri* et les Annales sont très remarquables[1] ; mais je ne pense pas qu'elles puissent détruire la valeur des observations que nous venons de faire. Toute notre étude des *Annales Laurissenses* nous oblige à les considérer comme une œuvre émanant directement de la chapelle royale, et si de 801 à 818 le caractère en est très impersonnel, de 819 à 829 la main de l'archichapelain lui-même nous paraît s'y faire sentir d'une manière très sensible.

1. Ann. 826 : « Sine morarum interpositione. » Transl., ch. 48 : « Sine morarum interpositione. » — Ann. 829 : « Cum magna laetitia et exultatione. » Transl., ch. 20 : « Cum magna laetitia et exultatione, etc. » Voy. aussi l'emploi des mots « immanis, immaniter grassari. » Mais ces expressions toutes faites prises à Cicéron, à Aulu-Gelle (*immanitas frigoris*), s'apprenaient dans les écoles. L'emploi si gauche de *circiter* venait aussi de l'imitation maladroite de Cicéron. Quant à *curavit* avec l'infinitif (*facere curavit*) habituel dans les Annales et la Translation, c'était une forme de style commode qui se retrouve dans beaucoup de textes, qui était, p. ex., familière à Angilbert (on la trouve cinq fois dans le *Libellus S. Richarii*). Hilduin, dans sa *Vita S. Dionysii*, dit aussi : « Immanissimae crudelitatis Domitianus (c. 23), per immanitatem tormentorum » (v. 33) ; il emploie le verbe *dinoscitur* (c. 5 de la préface) de la même manière que l'auteur des Annales à l'année 826. Si l'on ne voulait pas que Hilduin fût l'auteur des années 819 à 829, il faudrait au moins admettre qu'il y a inséré le passage sur les reliques de saint Sébastien, et aussi que c'est sous sa direction qu'un clerc du palais a rédigé les Annales, le même peut-être qui avait déjà rédigé les années 809 à 813, qui sont celles dont le style se rapproche le plus du style des années 819 à 825 (cf. *supra*, p. 135, n. 4). Hilduin devint abbé de Saint-Denis en 814. Il est très possible qu'avant cette date il ait séjourné à la cour, bien que le Nécrologe de Saint-Denis le qualifie de *monachus* et que M. Pückert (*Bericht der k. sæchs. Gesellschaft der Wissensch.*, 28 juillet 1894) en ait conclu qu'il vivait à Saint-Denis dans les dernières années de Charlemagne. Il n'y aurait rien d'étonnant qu'il eût travaillé aux Annales de 809 à 813 et en ait repris la rédaction quand il devint archichapelain en 818-819. — Nous relevons encore les rapports de style suivants : 809 : « At in occiduis partibus D. Hludovicus rex cum exercitu Hispaniam ingressus ; » 815 : « At in partibus occiduis Pippinus, Vasconiam cum exercitu ingressus ; » 811 : « Redeunte veris temporie ; » 813 : « Incipiente veris temperie ; » 825 : « Arridente verna temporie ; » 809 : « In sancto paschali sabbato ; » 825 : « Sacro paschali festo. » Le mot *placitum* pour *conventus* est employé en 811, 821, 823, 828, 829. M. Kurze, qui avait eu d'abord quelque hésitation à accepter notre opinion relative à Hilduin, s'y est franchement rallié dans la note 10 de la page 6 de l'édition des *Annales regni Francorum et Annales q. d. Einhardi* des *Scriptores rerum Germanicarum in usum scholarum recusi*.

IV.

Le remaniement des Annales.

Les *Annales Laurissenses* ont été l'objet d'un travail de revision qui en a profondément transformé le texte de 741 à 800. Les manuscrits complets qui contiennent ce texte remanié le font tous précéder de la *Vita Caroli* d'Einhard et se rattachent probablement à un archétype commun qui contenait cet ouvrage. Au texte remanié des années 741 à 801 fait suite le texte des *Annales Laurissenses* avec un petit nombre de très légères variantes[1].

Quel a été le but de l'annaliste qui a entrepris ce remaniement? Tout d'abord de mettre en bon style le latin rude et incorrect du premier annaliste. Il supprime les formules monotones répétées à la fin de chaque paragraphe pour indiquer la célébration des fêtes de Noël et de Pâques et les changements de date; mais il ne laisse presque rien subsister du texte des années 741 à 798 et semble se donner à tâche de le modifier, même quand le latin en est devenu moins barbare, comme c'est le cas à partir de 796. Mais l'annaliste ne se borne pas à ces changements de forme; il modifie profondément le fond même du récit; y ajoute des détails explicatifs, des faits nouveaux, le rend plus complet et mieux coordonné. Il a, évidemment, vécu au palais même, a connu par lui-même beaucoup des faits dont il parle, a recueilli beaucoup d'informations de première main et a eu, sans doute, sous les yeux, des documents écrits pour compléter ses souvenirs et les renseignements oraux qu'il a pu recueillir[2]. Il a rendu intelligibles les détails donnés par les *Annales Laurissenses* aux années 747 et 748 sur Grifon en racontant sa première révolte en 741; il semble avoir fait usage du dernier continuateur de Frédégaire[3]; il ne craint pas de signaler les défaites que l'armée de Charlemagne a pu subir en 775 et en 793 en Saxe, en 778 dans les Pyrénées, ou d'accuser en 792 la reine Fastrade de cruauté. Pour l'histoire

---

1. Les mots *et inmutavit se numerus annorum* supprimés dans la partie remaniée le sont aussi de 801 à 808.

2. M. Kurze pense qu'il s'est servi des *Annales Fuldenses*, des *Annales Sithienses* et de la Chronique de l'année 805, qu'il attribue à l'abbé Fardulf (cf. *supra*, p. 127).

3. On peut, toutefois, se demander si les ressemblances de texte qui se remarquent pour les années 753, 760, 761, 768, ne viendraient pas de l'emploi, par le remanieur, d'annales qui auraient utilisé le continuateur.

des campagnes de 782, 789-791, 793, il comble les graves lacunes des *Annales Laurissenses*. On peut même supposer qu'il appartenait à l'entourage du comte Théodoric, parent de Charlemagne, car il donne un développement excessif au récit de sa campagne de Saxe en 785[1] et indique avec soin son rôle en 791 et 793, alors que les autres sources ne prononcent pas même son nom. Il parle de la relation faite à la cour en 798 par Éburis, envoyé de Charles chez les Abotrites, comme s'il l'avait entendue lui-même.

Il est probable que l'auteur du remaniement des Annales a composé son œuvre à la cour impériale d'Aix-la-Chapelle, car il parle des événements qui se passent sur la rive droite du Rhin comme arrivés *trans Rhenum*[2]. S'il était un clerc, il était loin d'avoir la ferveur religieuse et la foi naïve du premier annaliste ou d'Einhard. Il supprime les formules pieuses par lesquelles le premier annaliste parle de l'intervention spéciale de la faveur divine pour chaque victoire. A l'année 772, tandis que les *Annales Laurissenses* affirment le caractère miraculeux de l'apparition d'une source « divina largiente gratia, » le remanieur dit avec plus d'hésitation « divinitus factum creditur. » A l'année 774, il supprime simplement l'apparition miraculeuse de deux jeunes hommes vêtus de blanc, rapportée par les *Annales Laurissenses*. Enfin, tandis que les *Annales Laurissenses* et Einhard, dans sa *Vita Caroli*, rapportent comme un fait certain que Léon III avait eu les yeux arrachés et la langue coupée, le remanieur, plus prudent, dit seulement « erutis oculis, ut aliquibus visum est, lingua quoque amputata. »

Nous ne possédons aucun manuscrit qui nous ait conservé le remaniement des *Annales Laurissenses* jusqu'à 801 comme un texte isolé. Tous ceux que nous possédons s'étendent jusqu'à l'année 829, comme les *Annales Laurissenses* elles-mêmes. Quelques critiques[3] ont admis que le remaniement n'a été fait qu'en 829 ; si les soixante premières années des Annales ont seules été refondues, c'est pour les uns[4] parce que l'auteur des Annales de 801 à 829, qui serait Einhard, est en même temps

---

1. Ces additions sont d'autant plus frappantes que le remanieur est préoccupé de la pensée de donner à son récit de justes proportions. En 773-774, il abrège le texte primitif.

2. Ann. 785, 795.

3. Pertz, Ranke, Simson, Kurze.

4. Pour Pertz, par exemple, et Simson. M. Dünzelmann, qui attribue aussi le remaniement à Einhard, croit qu'il l'a fait en 801.

l'auteur du remaniement et qu'il a travaillé aux *Annales Lau-rissenses* pour la période du IXᵉ siècle, pour les autres parce qu'à partir de 801 le texte primitif a satisfait le remanieur.

Nous examinerons bientôt l'hypothèse qui attribue à Einhard la rédaction d'une partie des Annales et nous verrons qu'elle ne repose sur aucun argument solide ; ce que nous avons dit tout à l'heure de l'esprit qui anime le remanieur en opposition avec Einhard suffit pour ne pas l'identifier avec lui. Quant à admettre un remanieur qui, travaillant en 830, aurait brusquement arrêté son travail en 801, c'est là une supposition bien peu vraisemblable. Pourquoi, après avoir refondu le texte primitif des années 796 à 800, qui est écrit d'un bon style, aurait-il subitement cessé son travail en 801, quand, précisément, au lieu de phrases amples et de périodes construites avec soin, les Annales sont de nouveau formées de phrases courtes, sèches et sans liaisons entre elles? Pourquoi aussi aurait-il cessé, en 801, de compléter par des additions explicatives les indications géographiques contenues dans les Annales s'il avait écrit en 830? Il est aussi digne de remarque que le poète saxon, dans les Annales en vers du règne de Charlemagne, qu'il composa dans la seconde moitié du IXᵉ siècle, après avoir jusqu'en 801[1] suivi très fidèlement le remaniement, emprunte à partir de 802 les faits qu'il rapporte à des sources diverses, dont quelques-unes sont même aujourd'hui perdues[2]. Il semble donc qu'il a dû avoir entre les mains un manuscrit ne contenant que la partie remaniée.

Nous pourrions donner à cette question de la date du remaniement une réponse positive si nous pouvions décider avec certitude le rapport qui existe entre ce texte et la *Vita Caroli*. Il y a, en effet, entre ces deux écrits des rapports étroits et des ressemblances nombreuses. Si, comme le pense M. Kurze, c'est le remanieur qui s'est servi de la *Vita Caroli*, composée en 814, il est très vraisemblable que son travail a été fait en 830 et que les manuscrits que nous possédons aujourd'hui dérivent d'un manuscrit composé par l'auteur du remaniement qui avait commencé par transcrire la *Vita Caroli*. Si, au contraire, c'est Einhard qui s'est servi du remaniement quand il composait la *Vita Caroli,* il est probable que le remaniement a été fait en 801, qu'on y a

---

1. Le fait a été signalé d'abord par M. Simson dans un article des *Forschungen*, I, 301, *Der Poeta Saxo und der Friede zu Salz.*

2. Jusqu'à la phrase « Imperator de Spoletio Ravennam veniens aliquot dies ibi moratus Paviam perrexit. »

ajouté ensuite la continuation des *Annales Laurissenses* et que le manuscrit complet a seul servi de modèle aux manuscrits exécutés dans la suite[1].

Je ne pense pas qu'il soit possible de donner à cette question une solution indiscutable. Toutefois, indépendamment des indices énumérés plus haut, je crois qu'il y en a d'autres qui doivent nous faire penser que le remaniement est la source de la *Vita Caroli*.

Einhard connaissait les *Annales Laurissenses*. Nous en avons la preuve au chapitre xiv de la *Vita Caroli*, où il est dit du chef normand Godefroid qu'il était *vana spe inflatus* et qu'il fut *a proprio satellite interfectus*, de même que dans les *Annales Laurissenses*, à l'année 810, on lit, au sujet du même personnage : *vanissima spe victoriae inflatus* et *a quodam satellite suo interfectus*[2]. Né en 770, Einhard n'a pas tiré de ses propres souvenirs ni de simples rapports oraux les renseignements très précis qu'il donne sur les guerres de Charlemagne. Il résume des événements qui sont racontés dans les Annales et dans leur remaniement. Or, s'il n'avait eu que les Annales sous les yeux, il serait vraiment surprenant qu'il n'y eût pas entre elles et la *Vita Caroli* un seul rapport de texte, alors qu'il y en a à chaque chapitre entre la *Vita Caroli* et le remaniement (cf. chap. v à xiii). Nous pourrions conclure de ce seul fait que c'est sur le remaniement et non sur les Annales qu'il a travaillé. Si le remanieur avait eu la *Vita Caroli* sous les yeux, on ne voit pas pourquoi il aurait négligé de lui emprunter certains faits très

1. M. Kurze semble croire que la présence de la *Vita Caroli*, dans tous les manuscrits que nous possédons du remaniement, est une preuve suffisante qu'il est postérieur à la *Vita*. L'argument nous paraît insuffisant. Il aurait pu aussi faire valoir le rapport du remaniement avec les manuscrits de la classe D des *Annales Laurissenses* (cf. *supra*) qui contiennent les Annales complètes jusqu'à 829 et de plus les mentions des conjurations de Hardrad et de Peppin. On pourrait soutenir que ces additions doivent être postérieures à la mort de Charles. Mais est-il bien sûr que le remaniement se soit servi des mss. D.? Ne seraient-ce pas ces manuscrits qui auraient emprunté à ce remaniement ces mentions? Nous voyons qu'aux années 773 et 776 le remanieur n'a probablement pas eu sous les yeux deux longs passages qui manquent dans le texte le plus ancien des Annales et qui ont été introduits dans le texte par des notes marginales. Cela ne porterait-il pas à penser qu'il n'a pas travaillé sur les textes les plus élaborés et qu'il a, par conséquent, été composé bien avant 829?

2. Einhard rapporte aussi (c. 10), comme les Annales (ann. 786), la répugnance d'Arichis à se présenter devant Charles. Le remanieur n'en dit rien. Dans la campagne de 785 contre les Wiltzes, Einhard et les *Annales Laurissenses* sont seuls à mentionner le rôle des Abotrites.

caractéristiques : l'opposition faite par les Francs à l'expédition de Peppin en Italie (*Vita Caroli*, c. 6) ; les noms des fidèles de Charles qui ont péri à Roncevaux (*Vita Caroli*, c. 9), surtout celui de Roland ; le rôle joué par les Abotrites comme alliés des Wiltzes dans la campagne de 785 (*Vita Caroli*, c. 12) ; les détails donnés par Einhard sur Erich et Gerold (*Vita Caroli*, c. 13). Quand Einhard parle de campagnes contre les Avares, il dit *Avari aut Huni*, comme s'il avait sous les yeux et les Annales qui les appellent toujours *Avari* et le remaniement qui les appelle toujours *Huni*. Enfin, quand Einhard parle des conspirations contre Charlemagne, il commence par parler de celle de Peppin le Bâtard en 792, puis il mentionne celle que dirigea en 785 Hardrad et il applique aux deux conspirations ce que nous dit le remaniement de celle de Peppin seul sur Fastrade, dont la méchanceté aurait causé le mécontentement des grands. Sans pouvoir l'affirmer avec certitude, on est porté à croire que ce ne fut vrai que pour la conspiration dirigée par Peppin, molesté par sa belle-mère[1]. Einhard, qui a plus d'une fois, dans la partie narrative de sa biographie, commis diverses confusions[2], a rapporté aux deux conjurations ce que les Annales disaient d'une seule.

Nous croyons donc que c'est Einhard qui s'est servi du remaniement et que ce dernier a été composé vers 801. Il est difficile de dire qui en fut l'auteur. Nous reviendrons bientôt sur les motifs qui nous interdisent de l'identifier avec Einhard. M. Kurze a remarqué avec raison qu'il emploie pour les noms de lieu des formes prises au bas allemand au lieu des formes en haut allemand et que, par conséquent, il devait être un Saxon ou un Frison. M. Meyer a émis l'hypothèse qu'on pourrait voir en lui Gerold, l'archidiacre de Louis le Pieux, qui finit sa vie à Korvei et qui, peut-être, était Saxon[3]. Il est certain que le remanieur est admirablement renseigné sur les affaires de Saxe et s'y intéresse.

---

1. Cf. ce qu'en dit Simson, dans ses *Jahrbücher* de Charlemagne, *ad an.*
2. Étienne nommé par Zacharie au ch. 1, les deux sièges de Paris confondus au ch. 6, etc.
3. M. Meyer (dans les thèses de sa dissertation inaugurale de Münster, 1893) attribue à Gerold le remaniement, les *Annales Laurissenses* de 801 à 829 et la vie anonyme de Louis le Pieux. Ce *Vir scientia omni eruditus* (Simson, *Ludwig der Fromme*, II, 251) a peut-être composé la vie de Louis le Pieux ; il n'a certainement pas été l'auteur des Annales de 801 à 829 et il est douteux qu'il ait composé le remaniement si celui-ci a été écrit en 801 et par un clerc de l'entourage du comte Théodoric. M. Bernheim, dans l'article de la *Historische*

Cette œuvre, quoique composée par un homme qui a vécu à la cour, n'a pas eu le caractère semi-officiel des *Annales Laurissenses*, ce n'est pas elle qui a servi de point de départ aux Annales du IX⁰ siècle. C'est un travail individuel qui s'est confondu avec les *Annales Laurissenses*, mais a exercé une moindre influence qu'elles sur l'historiographie carolingienne. Elle émane, néanmoins, d'un homme remarquablement intelligent, instruit et bien informé, et a pour nous une autorité égale à celle des *Annales Laurissenses*.

V.

Les « Annales Laurissenses » sont-elles des Annales officielles ?

La réponse à cette question ressort de tout ce que nous avons dit sur le caractère, la composition et les auteurs présumés des Annales. Elles n'ont pu être écrites que par des hommes qui vivaient au centre même de la vie politique, qui avaient entre leurs mains des documents officiels[1] et étaient assez familiers avec le style de ces documents pour lui emprunter des tournures de phrases et des formules. Ils ont été témoins d'une partie des faits qu'ils racontent et ont été renseignés sur les autres de première main par ceux mêmes qui y ont pris part. On pourrait peut-être admettre à la rigueur qu'une partie des Annales eût été écrite dans un monastère très voisin de la cour et en relations constantes avec elle, et nous avons exposé les raisons pour lesquelles il ne serait pas impossible que les années 741 à 788 eussent été composées au monastère de Lorsch; mais encore, même pour cette période, il serait difficile d'y voir une œuvre créée par l'initiative personnelle d'un moine et on est obligé de penser que l'abbé ou le protecteur de l'abbaye, mêlé de près aux affaires politiques, a dirigé leur rédaction, s'il ne les a pas rédigées lui-même. Si cette hypothèse est acceptable pour l'époque où la cour n'avait pas encore de résidence fixe, elle l'est beaucoup moins à partir de 796, quand la cour est fixée à Aix-la-Chapelle, et les

---

Vierteljahrschrift, paru pendant l'impression de ce volume, soutient la même opinion que nous.

1. A l'année 813 l'annaliste a soin de dire que les actes des conciles de Mayence, Reims, Tours, Chalon et Clermont se trouvent conservés dans ces cinq villes et de plus *in archivo palatii*.

disparates que nous avons signalées dans la rédaction des années 799 à 802 ne s'expliquent guère que par le trouble apporté dans la vie intérieure de la chapelle royale, gardienne des archives, par la grande expédition d'Italie de 800 et l'organisation du gouvernement impérial.

C'est, en effet, à la chapelle royale que nous avons toujours dû revenir quand nous avons voulu nous imaginer comment les Annales avaient pu être composées. Pour la première partie, nous avons écarté l'attribution qui en a été faite à Arn de Salzbourg par M. W. de Giesebrecht, au diacre Riculf par M. Kurze[1], et, sans nous prononcer d'une manière positive sur la personnalité des rédacteurs mêmes des Annales, nous avons pensé que c'était dans la chapelle même ou, pour mieux dire, dans les archives mêmes du palais qu'elles avaient été composées, sous l'influence plus ou moins directe des archichapelains Angilramn, Angilbert, Hildebald et Hilduin. Nous croyons avoir prouvé la participation certaine de ce dernier personnage à la rédaction des Annales. Leurs auteurs ont eu pour but évident de tenir un journal des actes de Charlemagne et de Louis le Pieux, de raconter ce qui se passait à la cour et les nouvelles qu'on y recevait de toutes les parties de l'Empire franc. De 801 à 829, nous ne trouvons aucun indice qui nous permette d'imaginer en quel lieu autre que le palais même et par qui, sinon par des membres de la chapelle royale, les Annales ont pu être écrites. Elles ont le caractère impersonnel d'une historiographie officielle.

Ce terme d'historiographie officielle doit-il être pris au pied de la lettre? Est-ce Charlemagne qui a chargé des clercs de sa chapelle de consigner sous forme d'Annales les événements de son règne? Est-ce ces Annales que nous possédons dans les *Annales Laurissenses?*

Il existait au ixe siècle des Annales auxquelles les contemporains attribuaient un caractère officiel. Nous en avons un témoignage direct dans la préface de la vie de saint Benoît, par Ardon Smaragd, écrite probablement avant 830[2]. Il y écrit, en effet,

---

1. Cependant, le diacre Riculf ayant fait partie du clergé du palais jusqu'à 787, cette attribution ne serait pas en contradiction avec notre théorie. Mais nous ne voyons aucune raison de prononcer ici son nom plutôt que celui d'un autre clerc et sa nomination au siège de Mayence en 787 rend peu vraisemblable l'hypothèse que ce soit lui qui ait été poussé par les événements de 788 à composer les Annales.

2. Smaragd dit dans cette préface qu'il a longtemps tardé à écrire la vie de son maître et ami, mort en 821 ; d'autre part, comme il demande que son œuvre

que les rois ont eu depuis longtemps et ont encore la coutume de faire conserver dans des Annales, pour la postérité, le souvenir des événements importants[1]. De quelles Annales peut-il être ici question? Évidemment, des *Annales Laurissenses,* si ces lignes ont été écrites avant 830. Si elles ont été écrites plus tard, il s'agirait des Annales de Saint-Bertin, qui sont, comme nous le verrons plus tard, la suite des *Annales Laurissenses.*

Ce qui prouve, en effet, la grande autorité dont jouissaient les *Annales Laurissenses,* c'est l'emploi qu'en ont fait les principaux annalistes carolingiens. Si les auteurs des Annales de Fulda se servent davantage du *Chronicon Laurissense,* appelé aussi *Annales Laurissenses minores,* extraites des *Majores* et interpolées et continuées à Fulda, elles ont cependant fait maint emprunt aux *Annales Laurissenses majores*[2]. Quant aux auteurs à qui nous devons les plus remarquables Annales du ixe siècle, les Annales dites de Saint-Bertin, ils sont simplement les continuateurs des *Annales Laurissenses majores,* dont le texte précède le leur, presque sans modification et sans qu'aucune transition marque en 830 qu'une œuvre nouvelle commence. Réginon les a aussi suivies et reproduites à la fin du ixe siècle. Plus tard, l'auteur des *Annales Mettenses,* qui a la prétention d'écrire une histoire et une apologie des Carolingiens, s'est également constamment servi des *Annales Laurissenses majores,* en y ajoutant, il est vrai, des détails pris à d'autres Annales contemporaines.

Si les *Annales Laurissenses majores* n'étaient pas considérées au ixe siècle, et en particulier à la cour, comme étant la source la plus complète et la plus sûre pour l'histoire du règne de Charlemagne, on ne s'expliquerait pas bien que l'auteur des Annales de Saint-Bertin, qui ont, elles aussi, le caractère d'Annales royales, se soit fait leur continuateur.

Nous croyons donc que les *Annales Laurissenses majores* sont bien celles qui sont désignées par Ardon Smaragd, qu'elles

---

soit soumise à l'abbé Hélisachar, qui jugera si elle mérite de voir le jour, il est probable qu'il écrit avant la révolte de 830, à laquelle Hélisachar prit part et après laquelle il fut quelque temps exilé.

1. « Perantiquam siquidem fore consuetudinem, hactenus regibus usitatam, quaeque geruntur accidentve annalibus tradi posteris cognoscenda, nemo, ut reor, ambigit doctus » (Migne, *Patr.,* CIII, 355; cf. Duemmler, *Gesch. d. Ostfrænk. Reichs,* I, 877).

2. Voy. la préface de Kurze à l'édition des *Annales Fuldenses,* dans l'édition *in usum scholarum* des *Scriptores rerum germanicarum.*

ont été composées sous l'influence directe des rois carolingiens et que leurs auteurs se sont proposé pour but de transmettre à la postérité le souvenir des actes de ces rois. Il est même très possible que ce soit le désir de ne montrer que les côtés brillants de leur règne qui a été cause de certaines omissions et de certaines inexactitudes. Si le silence des Annales sur la première révolte de Grifon en 741 peut s'expliquer par beaucoup d'autres raisons[1], il est difficile de ne pas voir un parti pris de l'annaliste dans le soin qu'il a pris de taire les défaites subies par les Francs en Saxe en 775 et en 782 et dans les Pyrénées en 778. De même, on est frappé de l'habileté avec laquelle il a glissé sur l'usurpation du royaume de Carloman par Charlemagne en 771[2]. La première rédaction des Annales passe complètement sous silence la conjuration de Hardrad en 785 et celle de Peppin en 792. L'annaliste, en rapportant le châtiment de Bernard d'Italie et de ses complices en 818, a soin de ne pas parler de la mort de Bernard. On n'est pas moins frappé de la précision avec laquelle il nous renseigne sur les relations diplomatiques en général, en particulier sur celles avec le pape et avec l'empereur grec, enfin de l'absence de toute expression qui pourrait impliquer un blâme à l'adresse du roi ou d'un membre de la famille royale. Il me paraît difficile de lire les Annales dans leur ensemble sans remarquer l'allure grave, réservée, impersonnelle du récit et l'importance attachée soit aux événements qui devaient frapper le plus les personnes de la cour, soit à ceux qui avaient le plus de portée politique. Hilduin lui-même, qui laisse un peu plus percer ses sentiments personnels, ne les laisse guère voir, sauf lorsqu'il parle de ses chères reliques de Saint Sébastien, que par des omissions volontaires. La comparaison avec les autres Annales et même avec le remaniement, qui, cependant, les suit pas à pas, ne fait qu'accroître cette impression ; si l'on cherche un terme pour définir le caractère des Annales, on est involontairement amené à les regarder comme une *histoire officielle* du règne de Charlemagne et de Louis le Pieux. Si l'on trouve ce terme d'*histoire officielle* trop fort, on acceptera du moins le titre d'*Annales royales* (*Reichs Annalen*, comme les appelle Ranke, ou *Kœnigs Annalen*, comme les nomme Giesebrecht).

1. Les Annales sont si incomplètes pour les premières années que l'on ne peut tirer aucune conclusion de l'absence de tel ou tel fait.

2. La réserve du premier annaliste est d'autant plus frappante que le remanieur insiste sur le désir de Charles de s'emparer de tout le royaume et de l'indifférence avec laquelle il vit la femme de Carloman se réfugier en Italie.

Bien que presque tous les critiques qui se sont occupés des Annales carolingiennes, MM. Dünzelmann, Wattenbach, Simson, Arnold, Ehrard, Ébert, Kurze, aient accepté, avec des nuances, le point de vue de MM. de Ranke et de Giesebrecht, M. de Sybel en a cependant contesté la justesse et a déployé beaucoup de talent et d'esprit à démontrer que les *Annales Laurissenses majores* n'étaient qu'une œuvre privée et ne pouvaient avoir une origine officielle[1]. Il a relevé avec soin les quelques erreurs qui s'y trouvent, surtout dans la première partie; il a fait remarquer que la chronologie de 746 à 750 est inexacte; il a cherché, par des raisonnements plus subtils que solides, à expliquer les omissions que j'ai signalées tout à l'heure; il a, enfin, soutenu que, si les Annales avaient été un écrit officiel, elles donneraient plus de détails sur les faits importants et surtout en montreraient mieux les causes, la portée et les conséquences, tandis qu'elles laisseraient de côté les petits faits sans valeur auxquels les Annales ont donné une place. M. Bernays a accepté en partie le point de vue de M. de Sybel et admis comme lui que les Annales sont une compilation privée; mais il trouve que M. de Sybel a été trop loin dans sa démonstration, car, pour lui, les *Annales Laurissenses majores* sont un extrait des vraies Annales officielles, des *Hof-Annalen*. Nous avons déjà montré que l'hypothèse de M. Bernays ne repose sur aucun fondement sérieux. Elle se heurte surtout à une objection capitale : comment se ferait-il que les Annales mêmes de la cour, conservées sans doute en plusieurs exemplaires et en exemplaires de luxe, eussent été perdues et que l'on n'en eût conservé que des extraits, dus à des scribes plus ou moins maladroits; qu'au IXe siècle même les auteurs d'Annales, l'auteur des *Annales Bertiniani* en particulier, aient préféré reproduire ces extraits au lieu de la source originale?

Quant à l'opinion de M. de Sybel, elle repose, à notre avis, sur une supposition gratuite et erronée et sur un malentendu.

La supposition gratuite et erronée consiste à penser qu'un clerc ou un moine du VIIIe siècle, invité par Charlemagne ou par un membre de la famille royale à rédiger des Annales du règne, devra écrire une œuvre correcte, bien composée, où les événements seront placés dans leur vrai jour et expliqués avec intelligence et logique. Einhard, qui, assurément, eût été le meilleur des historiographes royaux, n'a-t-il pas confondu le pape Zacharie et le pape Étienne et ignoré le passé au point de dire qu'il ne

1. *Kleine historische Schriften*, III, 1.

savait rien de la naissance ni de l'enfance de Charlemagne? Si
les merveilleuses Annales de la cour, que réclame M. de Sybel et
qu'imagine M. Bernays, avaient existé, il est vraisemblable
qu'Einhard y aurait trouvé ce qu'il déclare ignorer. — M. de
Sybel me paraît aussi oublier qu'en tout cas la première partie
des *Annales Laurissenses majores*, écrite en 788, l'a été sur
des documents incomplets, par un homme à demi instruit, et que
ce n'est que plus tard, vers 796 ou 801, que les Annales sont
rédigées d'une manière régulière et avec toute l'ampleur dési-
rable.

En second lieu, toute cette discussion me paraît reposer sur un
malentendu qui provient du sens que l'on donne au mot *officiel*.
M. de Sybel raisonne comme si ses contradicteurs voyaient dans
les auteurs des *Annales Laurissenses majores* des historiographes attitrés chargés de raconter pour la postérité la plus
reculée les hauts faits du roi, comme Racine pouvait écrire la
campagne de Hollande. Il est évident qu'il n'existait rien de semblable à l'époque carolingienne et que, lorsqu'on parle des
Annales Laurissenses comme d'Annales officielles, cela signifie
simplement qu'on jugea utile à la cour même, comme on avait pu le
faire dans certains monastères, de prendre note au fur et à mesure
des principaux événements pour que le souvenir ne s'en perdît
pas. Il est tout naturel que cette pensée soit venue aux chefs de la
chapelle royale, qui assistaient à toutes les cérémonies, à toutes
les assemblées, qui avaient la garde des archives et étaient parmi
les plus écoutés des conseillers du souverain. Ils avaient dans les
clercs de la chapelle des collaborateurs tout trouvés. Ce qu'ils
rédigeaient était non une histoire ou une monographie, mais un
memento qui pouvait servir aux historiens, qui a servi à Einhard
et au biographe de Louis le Pieux. A aucune époque, d'ailleurs,
même moderne, on ne trouve, pas même dans les journaux officiels,
d'œuvres historiographiques répondant à l'idéal que nous oppose
M. de Sybel. Beaucoup des objections qu'il fait à l'occasion des
Annales Laurissenses majores pourraient être faites à propos
des Chroniques de Saint-Denis, dont le caractère officiel n'est
cependant pas douteux. Nous avons aussi fait observer que
presque toutes les œuvres historiques, aux époques mérovingienne
et carolingienne, sont écrites soit par des personnages qui ont
joué un rôle politique, soit pour leur complaire; ce ne sont jamais
des compositions littéraires ou des œuvres de science, ce sont toujours des œuvres de circonstance, des écrits politiques. Celles de
ces œuvres historiques qui sont composées sous l'influence des

rois ou de la famille royale méritent spécialement d'être considérées comme des œuvres officielles. Cela n'empêchait pas leurs auteurs d'y laisser mainte erreur; ils n'étaient pas surveillés, corrigés; ils étaient laissés à eux-mêmes, et leurs patrons, fort ignorants souvent eux-mêmes, ne devaient pas être très difficiles ni sur le fond ni sur la forme.

C'est ainsi que les *Gesta regum Francorum,* qui ont été écrits au commencement du VIIIe siècle à Saint-Germain-des-Prés ou à Saint-Denis par un moine dévoué aux Mérovingiens, peuvent être considérés comme une histoire quasi officielle des Mérovingiens, et c'est peut-être ces *Gesta* que Flodoard désigne sous le titre d'*Annales regum*[1].

Les continuateurs de Frédégaire sont aussi, à leur manière, des historiographes officiels. De même, les auteurs des Annales de Saint-Bertin sont les historiographes du royaume des Francs occidentaux et les auteurs des Annales de Fulda ceux du royaume des Francs orientaux. De même, Flodoard, dans un certain sens, sera l'historiographe des archevêques de Reims. A plus forte raison les *Annales Laurissenses* peuvent être considérées comme une œuvre officielle commencée sous l'influence d'Angilramn, continuée sous l'inspiration d'Angilbert et de Hildebald, puis sous celle de Hilduin[2].

Il ne faut pas donner un sens trop étroit à la phrase de Smaragd; lorsqu'il nous dit: « Aucun savant ne doute, je pense, que les rois ont eu fort anciennement et ont encore la coutume de faire rédiger des Annales, » il pense pour le présent aux Annales

---

1. « Hic Karolus ex ancillae stupro natus, ut in annalibus regum de eo legitur » (*Hist. eccl. Rem.*, II, 12). — M. Bernays n'a pas vu que le texte auquel il est fait allusion est probablement celui des *Gesta*, dont le texte peut être interprété comme si Charles Martel n'était pas né d'un légitime mariage; il croit que Flodoard a pris cette indication dans les fameuses *Annales de la cour*, ce qui est absurde, car ces annales, si elles avaient existé, auraient été écrites dans un esprit carolingien et auraient parlé d'Alpaïde comme le fait le continuateur de Frédégaire, qui loue son élégance et sa noblesse et dit que Peppin l'avait épousée. Peut-être, d'ailleurs, Flodoard a-t-il pris ce renseignement dans une Vie de Saint Rigobert, mais la première hypothèse est plus vraisemblable.

2. Les relations d'Angilramn avec Lorsch permettent à ceux qui tiendraient à conserver aux *Annales Laurissenses* une origine monastique de penser que leur nom traditionnel répond à un fait réel. Mais M. Kurze me paraît avoir donné de bonnes raisons pour en douter et, à partir de 796, on ne peut pas chercher hors de la cour le lieu où la suite des Annales fut rédigée. Penser qu'elle le fut à Inden, par exemple, aux portes d'Aix, c'est céder au préjugé de croire que les Annales sont des œuvres essentiellement et uniquement monastiques, parce que c'est dans les monastères qu'elles ont pris naissance.

de Lorsch, pour le passé probablement aux *Gesta*, aux continuateurs de Frédégaire, peut-être aux *Annales Petaviani* ou à d'autres encore qui pouvaient être conservées dans la bibliothèque du palais ; mais la forme même de sa phrase, « nemo, ut reor, ambigit doctus, » exclut l'idée qu'il y eût une série unique d'Annales, universellement reconnues, et faisant autorité comme document officiel.

Hincmar fait aussi allusion à un passage des Annales de Lorsch de l'année 768 en les qualifiant d'*Annales regum*[1]. Ce fait nous frappe d'autant plus que Hincmar fut le dernier continuateur des Annales de Saint-Bertin, qui étaient elles-mêmes la continuation des Annales de Lorsch. Nous croyons donc pouvoir affirmer que, pour lui comme pour Smaragd, les *Annales Laurissenses majores* étaient par excellence les *Annales royales* et que nous ne nous trompons pas en leur conservant ce titre.

VI.

Einhard a-t-il travaillé aux « Annales Laurissenses? »

Nous avons vu combien il est difficile de déterminer par qui les *Annales Laurissenses* ont été écrites. Les critiques résistent difficilement au désir de pénétrer le secret des œuvres anonymes, surtout quand il s'agit d'œuvres importantes, et ils s'attachent aux plus légers indices qui peuvent servir à justifier des hypothèses plus ou moins hasardées. Nous avons nous-même cédé à cette tentation, tout en sachant que les recherches de ce genre sont souvent plus utiles par elles-mêmes, en vous forçant à une

---

1. *De Villa Noviliaco* (Migne, CXXV, 1121). — Ce passage a fait singulièrement errer M. Bernays. Oubliant avec quelle liberté les auteurs du moyen âge reproduisent souvent les textes, même ceux de la Bible, il s'est appuyé sur les divergences du texte d'Hincmar et de celui des Annales pour soutenir que l'archevêque de Reims a eu sous les yeux, non les *Annales Laurissenses,* mais les Annales primitives de la cour, et il prétend retrouver aussi le texte primitif dans le passage correspondant des Annales de Metz. Il ne s'est pas aperçu, d'abord que Hincmar ne prétend pas citer un texte, mais indiquer sa source, et qu'en effet les dates et les faits qu'il rapporte se trouvent exactement dans les Annales de Lorsch, et ensuite que le texte des Annales de Metz n'est pas autre chose que celui du continuateur de Frédégaire associé à celui des Annales de Lorsch, à ce point que le compilateur des Annales de Metz, mêlant des dates contradictoires, fait mourir Peppin le 8 des calendes d'octobre, comme les Annales de Lorsch, et couronner ses fils le 14 des calendes,

étude minutieuse du texte, que par les résultats auxquels elles conduisent.

Quelques critiques ne se sont pas contentés de proposer des hypothèses sur les auteurs des *Annales Laurissenses*; ils ont prétendu connaître avec certitude celui qui a composé la plus grande partie des Annales et leur remaniement. Cet auteur ne serait rien moins qu'Einhard, l'ami, le conseiller et le biographe de Charlemagne. Leur opinion a été si généralement adoptée que l'on désigne dans l'usage courant sous le nom d'*Annales Einhardi* le Remaniement ainsi que les Annales depuis 801, tels qu'ils se trouvent réunis dans les manuscrits suivis par le comte Nuénar, par Freher et par Duchesne. On les fait figurer sous cette forme dans les éditions des œuvres complètes d'Einhard, et les auteurs qui parlent d'Einhard, depuis les Bénédictins de l'Histoire littéraire jusqu'à M. Ébert, le considèrent comme le princi-

c'est-à-dire six jours avant, parce qu'il copie ici la date du continuateur de Frédégaire, qui ne donne pas celle de la mort de Peppin.

HINCMAR.

« Defuncto Pippino rege 8 *kal. octob.* in monasterio Sancti Dionysii, filii ejus Carolomannus et Carolus, secundum dispositionem patris sui, et consilium regni primorum, diviserunt inter se regnum paternum et *elevati sunt in reges VII Idus octobris, Carolomannus in Suessionis, et Carolus in Noviomo*, — ut in Annali regum scriptum habemus. »

CONTINUATEUR DE FRÉDÉGAIRE.

« *Rex Pippinus post paucos dies...*, ultimum diem et vitam simul caruit. *Sepelieruntque eum* praedicti reges Carolus et Carlomannus filii ipsius regis in Monasterio *Sancti Dionysii martyris, ut ipse voluit, cum magno honore, regnavitque annis XXV. His transactis, praedicti reges Carolus et Carlomannus*, unusquisque cum lendibus suis *ad* propriam *sedem regni eorum venientes*, instituto placito, initoque consilio *cum proceribus eorum, mense septembrio die dominico 14 kal. octob. Carolus ad Noviomum urbem et Carolomannus ad Saxonis civitatem*, pariter uno die a proceribus eorum et *consecration sacerdotem* sublimati sunt in regno. »

ANNALES LAURISSENSES.

« ... ad Sanctum Dionysium usque perrexit, ibique diem obiens finivit 8 *kal. octob.* Domnus vero Carolus et Carolomannus *elevatio sunt in regnum et domnus Carolus VII Idus octobris Noviomo* civitate, *Carolomannus in Suessionis* civitate similiter. »

ANNALES METTENSES.

« *Post paucos dies rex Pippinus* in pace obiit 8 kal. octob. *sepelieruntque eum* gloriosi filii sui in basilica *beati Dionysii martyris, ut ipse voluit, cum summo honore. Rexit* autem populum Francorum... *annis XXVI. His ita peractis, praedicti reges Karolus et Karolomannus cum proceribus suis* et optimatibus *ad sedes regni sui venientes, mense septembris die dominico 14 kal. octob. Karolus rex in Noviomo urbe, Karolomannus in Suessione per consecrationem sacerdotum* et electionem omnium optimatum in regni solium elevati sunt. »

pal auteur des Annales royales. Il faut, toutefois, remarquer que les critiques sont loin d'être d'accord sur la portion des Annales qui doit lui être attribuée. Tandis que Frese et Bernays lui refusent toute part à leur composition, tandis que Wattenbach, dans sa quatrième édition, reste indécis, Pertz et Teulet, au contraire, voient en lui l'auteur des Annales depuis 788 et du Remaniement, Ranke, Manitius et Dorr lui attribuent les Annales depuis 796 et le remaniement, Wilhelm de Giesebrecht n'accorde à Einhard que les années 797 à 817, Simson les années 809 à 829, Kurze les Annales de 796 à 819, Dünzelmann les Annales de 796 à 801 et le remaniement[1]. Cette variété d'opinions montre déjà combien est peu certaine cette attribution d'une partie des Annales à Einhard. En examinant de près les arguments apportés au débat, on reconnaîtra, je crois, que cette attribution, loin d'être probable, est tout à fait inadmissible.

Voyons si les arguments sur lesquels s'appuient ceux qui admettent qu'Einhard est l'auteur des Annales ont quelque force et si des arguments directs peuvent lui être opposés.

Les critiques que nous combattons tirent leurs preuves : 1° des rapports entre les Annales et la *Vita Caroli* ; 2° des témoignages directs qu'ils croient trouver dans des auteurs du moyen âge; 3° du style des Annales.

Éginhard, nous dit-on, était admirablement placé pour s'occuper de la rédaction des Annales. Il résidait toujours à la cour, et il ne la quitta qu'en 830, précisément à la date où les Annales de Lorsch s'arrêtent. Il était laïque et mêlé aux grandes affaires politiques; il jouissait de la confiance de Charlemagne, il était préoccupé de l'idée de conserver pour la postérité le souvenir des grandes actions de son roi, puisqu'il a écrit sa vie. Ne s'était-il pas préparé à cette tâche en recueillant des notes pour cette biographie, et qu'est-ce que les Annales, sinon une série de notes pour le règne de Charles et celui de Louis? Nous trouvons, en effet, soit dans le remaniement soit dans les Annales, beaucoup de faits qui sont aussi racontés dans la *Vita Caroli* en termes analogues[2]. N'est-il pas frappant que la défaite de Roncevaux ajoutée aux *Annales Laurissenses* par le remanieur soit racontée aussi et avec plus de détails encore dans la *Vita Caroli?* Enfin, nous savons qu'Einhard fut un des bons élèves de l'École

---

1. Wattenbach, *Deutschlands Geschichtsquellen*, 6° éd., I, p. 197-200, rapporte les diverses opinions sans oser se prononcer.

2. Les rapports de texte, nous l'avons vu, n'existent guère qu'avec le remaniement.

du palais ; il y étudia les auteurs anciens, il fut un des auditeurs d'Alcuin, et les questions de grammaire l'intéressaient, comme nous le voyons par ses lettres. Rien d'étonnant que ce soit lui qui, choqué par la barbarie du style des Annales antérieures à 788, ait songé à les récrire en bon latin en les complétant.

Ces raisonnements prouvent bien qu'Éginhard aurait pu être l'auteur des Annales, mais non qu'il l'a été. S'il les a composées, comment se fait-il qu'il ne s'y trouve pas un trait, pas un mot où il ait trahi sa personnalité ; comment se fait-il que lui, qui attachait tant de prix aux détails biographiques intimes, qui écrit d'un style si vivant et animé, ait pu composer des Annales aussi froides et aussi sèchement impersonnelles ? Comment aurait-il mentionné aussi brièvement, par un simple mot jeté en passant, la translation des Saints Marcellin et Pierre, accomplie par lui-même et à laquelle il devait consacrer plus tard un livre tout entier, tandis qu'il aurait accordé un long paragraphe à la translation de Saint Sébastien par l'abbé Hilduin, avec qui il était en fort mauvais termes ? Les ressemblances entre les Annales et la *Vita Caroli* n'ont rien que de très naturel. Einhard, qui vivait à la cour, s'est naturellement servi des Annales pour composer la *Vita Caroli*, du moins pour faire le tableau des guerres de Charles, qui compose la première moitié de la biographie. D'ailleurs, si les ressemblances sont nombreuses et naturelles, la différence de caractère et d'esprit des auteurs n'est pas moins frappante et empêche de les identifier. Nous avons déjà fait remarquer que le remanieur est peu crédule, et qu'il diffère en cela et du premier annaliste de Lorsch et d'Einhard, prompts tous deux à voir partout des miracles et à signaler toujours l'intervention de la faveur divine ; de même, tandis qu'en 807 l'annaliste montre des connaissances astronomiques très précises[1] et attribue à sa véritable cause, le passage de Jupiter, une tache noire aperçue sur le soleil, Einhard signale cette tache comme un prodige qui annonce la mort de Charles.

De ce premier ordre d'arguments, il n'y en a qu'un seul qui soit incontestable, c'est que les Annales s'arrêtent à la date même où Einhard se retira définitivement au monastère. Sans méconnaître la valeur de ce synchronisme, on ne saurait y voir une preuve bien concluante, surtout en présence des difficultés que nous venons de signaler, d'autant plus qu'Einhard, depuis 815, fut fréquemment à Michelstadt et, depuis 827, à Seligenstadt.

1. Bernays, p. 168.

Si Einhard avait été l'auteur des Annales, comment se fait-il qu'aucun des contemporains n'en ait rien su ni rien dit, qu'aucun manuscrit ne porte son nom, que ni Walafrid Strabon, dans sa préface de la Vie de Charles, ni les auteurs des Annales de Saint Bertin, ni Hincmar, ni les amis d'Einhard dans leurs lettres, ni dans leurs vers, n'aient rien écrit où l'on puisse voir une allusion même lointaine à la composition des Annales? On a prétendu, il est vrai, que des témoignages directs et anciens font d'Einhard l'auteur des Annales de Lorsch. Examinons la valeur de ces témoignages.

Tritheim dit dans son *De scriptoribus ecclesiasticis* qu'Einhard a écrit *Vitam et Gesta Caroli imperatoris, libri 3, Historiam transacti temporis, liber 1,* et *Translatio Sanctorum Marcellini et Petri.* Tritheim écrit au xvᵉ siècle et a commis plus d'une erreur dans son Catalogue. Admettons qu'il désigne les Annales de Lorsch par les mots *Historiam transacti temporis,* il a évidemment englobé les récits du moine de Saint-Gall dans les trois livres de Vie et gestes de Charlemagne, et cette confusion n'est pas faite pour donner de l'autorité à son témoignage. Il s'est contenté de donner la table des matières d'un manuscrit où se trouvaient la *Vita Caroli* et la Translation des saints Marcellin et Pierre et il en a attribué tout le contenu à Einhard.

Un autre texte a en apparence plus de poids. Au xᵉ siècle, l'auteur d'un livre sur la Translation et les miracles de Saint Sébastien (le moine Odilon, d'après Mabillon) cite le passage des *Annales Laurissenses* de l'année 826 relatif aux reliques de Saint Sébastien et il l'attribue à Einhard en ces termes : « Agenardus cognomino sapiens ea qui tempestate habebatur insignis, hujus reverentissimi coelicolae mentionem *in gestis Caesarum Caroli Magni et filii ipsius Hludovici* faciens, inter alia quae annotino cursu dictabat, etc. » — Le passage qu'il cite est précisément le passage relatif à Hilduin que toutes les vraisemblances morales empêchent d'attribuer à Einhard. L'affirmation d'un auteur du xᵉ siècle, écrivant vers 932, est un bien faible témoignage en présence du silence des auteurs du ixᵉ siècle ; toutefois cette affirmation est si précise qu'on ne peut la rejeter qu'à la condition d'expliquer comment elle a pu se produire. Je l'explique de la même façon que celle de Tritheim ; Odilon aura eu entre les mains un manuscrit où les Annales anonymes se trouvaient avec la *Vita Caroli* d'Einhard, et il aura attribué à Einhard les deux ouvrages. Une expression de son

texte change pour moi cette supposition en certitude, c'est l'expression *in gestis Caesarum Caroli Magni et filii ipsius
Hludovici*. Cette expression semble empruntée à un des manuscrits des Annales de la fin du IX⁰ siècle conservé à la bibliothèque
de Vienne (*Hist. ecclés.*, 90). Dans ce manuscrit, où les Annales
sont précédées des *Gesta regum Francorum* et qui forme ainsi
une sorte d'histoire générale des rois francs, un véritable *Annale
regum*, comme eût dit Hincmar, nous trouvons en tête de l'année 768 des *Annales Laurissenses* les mots : *Incipit Gesta
Caroli Magni regis et Carolomanni fratris ejus*. A l'année
814 cet explicit : *Finiunt Gesta Caroli Magni et praecellen-
tissimi Francorum imperatoris*. A la suite est transcrite la
seconde partie de la *Vita Caroli* d'Einhard, puis les Annales
reprennent de 814 à 829, précédées du titre : *Incipit Gesta
Hludovici imperatoris filii K. M. Imperatoris*. C'est évidemment ce manuscrit ou un manuscrit semblable qu'Odilon aura
eu entre les mains[1]. Il a attribué à Einhard les Annales dans lesquelles sa biographie de Charlemagne se trouvait ainsi enchâssée.

M. Teulet, dans sa préface des *Œuvres d'Éginhard* publiées
dans la collection de la Société de l'Histoire de France, a prétendu trouver un témoignage bien plus ancien et plus pro-
bant que celui d'Odilon, celui du biographe anonyme de Louis
le Pieux. Ce biographe s'est servi des *Annales Laurissenses*
de 814 à 829 et les a suivies si exactement que son ouvrage
peut être par endroits considéré comme une transcription des
Annales. M. Teulet, ayant vu que dans sa préface le biographe
indique qu'il s'est servi des récits du moine Adhémar, en conclut
qu'Adhemarus est, comme l'Agenardus d'Odilon, une corruption
du mot Einhardus, et voit dans ce passage une éclatante confir-
mation de l'attribution des Annales à Eginhard[2]. Sans insister
sur l'invraisemblance d'une pareille altération d'un nom propre
du vivant même d'Einhard, le texte du biographe réduit à néant
l'explication de M. Teulet. Il nous dit, en effet, que le témoignage
d'Adhémar lui a servi *usque ad tempora imperii Ludovici*,
c'est-à-dire pour l'époque antérieure à 814, pour laquelle il ne

1. M. Kurze fait remarquer que, tous les manuscrits du remaniement contenant aussi la *Vita Caroli*, l'erreur d'Odilon peut être venue d'un de ces manuscrits dont il aura attribué à Einhard le contenu tout entier.

2. Le comte Nuénar avait sans doute commis une confusion analogue à celle
de M. Teulet quand il avait attribué les Annales à un certain Adelmus ou Ade-
marus ; mais il avait eu, du moins, le bon esprit de ne pas identifier Adémar
avec Éginhard.

se sert pas du tout des *Annales Laurissenses*. Cet *Adhemarus* est probablement le même qui est cité comme un des capitaines de Louis aux chapitres xiv et xv et qui, plus tard, s'étant voué à la vie religieuse, a raconté au biographe (*Adhemari... monachi relatione didici*) la jeunesse de Louis dont il avait été le compagnon d'enfance (*coaevus et connutritus est*). A partir de 814, le biographe a été avec Louis à la cour (*rebus interfui palatinis*) et il a raconté « quae vidi et comperire potui. » Si Einhard avait connu l'auteur des Annales, il eût été singulier que le biographe le copiant ne citât pas son nom. Son silence est un fort argument contre l'attribution des Annales à Einhard, et nous prouve que les Annales étaient considérées comme une œuvre impersonnelle, mise libéralement à la disposition des clercs du palais, des notes qu'on mettait sur le même pied que des témoignages oraux « quae vidi et comperire potui. » La seule supposition que puisse inspirer la ressemblance du texte des Annales avec celui du biographe de 814 à 829 serait que celui-ci eût été en même temps l'auteur de cette partie des Annales. Les erreurs qu'il a commises dans la transcription et le soin qu'il a de modifier presque tous les termes du texte qu'il reproduit rendent cette hypothèse inadmissible.

MM. Manitius et Dorr, reconnaissant la faiblesse des preuves externes sur lesquelles on se fonde pour faire d'Einhard l'auteur des Annales, ont adopté une autre méthode. Ils ont examiné à la loupe le style des œuvres certaines d'Einhard et celui des Annales, ils y ont relevé un nombre considérable d'expressions et de tournures semblables et en ont conclu que l'auteur de la *Vita Caroli* était aussi celui du remaniement et des Annales de 796 à 829[1]. Rien de plus fragile que cette démonstration. Einhard a connu les Annales et il s'en est servi ; rien d'étonnant que beaucoup d'expressions des Annales se retrouvent dans ses œuvres. En outre, l'auteur des Annales et celui du remaniement, en qui nous voyons des hommes de la cour, avaient été comme

---

1. M. Simson les a suivis dans cette voie, et M. Kurze, tout en les réfutant, a été influencé par leurs démonstrations. La seule raison nouvelle et directe qu'apporte M. Kurze de l'attribution à Einhard des Annales de 798 à 819 c'est qu'à l'année 806 il parle d'un envoi fait par Charlemagne à Léon III, *per Einhardum*. L'absence de tout qualificatif prouverait qu'Einhard lui-même a écrit ce passage, les noms de tous les autres personnages cités étant accompagnés de leur qualité ou fonction. Einhard était si connu à la cour que l'absence de tout qualificatif prouve seulement que c'est à la cour que ce passage a été écrit. De même, en 792, *Angilbertus* sans aucun qualificatif.

Einhard élèves de l'École du palais; ils avaient reçu les mêmes leçons et appris le latin dans les mêmes auteurs; ils se servaient des mêmes tournures exactement comme le faisaient naguère dans leurs dissertations latines des rhétoriciens de la même classe. Si encore on relevait dans les Annales et dans les œuvres d'Einhard des locutions et des tournures très caractéristiques, le raisonnement aurait quelque apparence de force, mais celles qu'on relève se retrouvent dans presque tous les récits de l'époque[1]. Enfin l'argumentation de MM. Dorr et Manitius ne tient aucun compte des différences de style qui se rencontrent dans les Annales elles-mêmes et qui permettent difficilement de les attribuer à un seul auteur, et moins encore à Einhard qu'à tout autre. Einhard écrit moins bien que les auteurs des années 796 à 800 et 819-829, et mieux que l'auteur des années 801 à 819.

Nous n'avons donc aucune raison de voir dans les Annales ni dans le remaniement une œuvre d'Einhard. Sans doute, sa position à la cour le préparait parfaitement à entreprendre ou à diriger un travail tel que la rédaction des Annales. Je ne nie pas qu'il ait pu s'en occuper; il est même vraisemblable qu'il a suivi ce travail de près et s'est intéressé vivement au remaniement des Annales exécuté en 801; mais rien ne nous permet de croire qu'il y a mis lui-même la main, et nous avons au contraire de fortes raisons de penser qu'il n'en a pas écrit une ligne.

APPENDICE.

LE POÈTE SAXON[2].

A la fin du IXe siècle, entre 888 et 891[3], un Saxon, dont le

1. Les ressemblances de style relevées par ces savants sont aussi frappantes dans les années 820 à 829 que pour les précédentes, peut-être plus encore, et pourtant je crois que l'attribution de ces années à Einhard doit être définitivement abandonnée.

2. Ce poème nous est connu par un seul manuscrit du XIIe siècle provenant du monastère de Lammspring, au diocèse de Hildesheim, conservé à la bibliothèque de Wolfenbuttel. Une copie du XVe ou du XVIe siècle se trouve à la bibliothèque de Bruxelles. La première édition du poème fut donnée par R. Reineccius, à Helmstadt, en 1594. La dernière et la meilleure se trouve dans les *Monumenta Carolina* de Jaffé (*Bibl. rerum Germanicarum*, t. IV). Voy. aussi les éditions de D. Bouquet, t. V; de Pertz, *Monum. Germaniae*, t. I; de Migne, t. XCIX.

3. Les vers 415 à 424 du liv. V nous prouvent que l'auteur écrit dans les pre-

nom est resté inconnu[1], mais qui était évidemment un partisan dévoué du Carolingien Arnulf, a composé en vers hexamètres une vie de Charlemagne divisée en quatre livres. Il y a ajouté un cinquième livre en distiques d'une allure enthousiaste et lyrique, où il résume la biographie de son héros et célèbre les vertus de Charlemagne, apôtre des Saxons.

Le Poète Saxon commence l'histoire de Charlemagne en 772, quand il devint seul maître de l'empire franc. De 772 à 801, le poème suit exactement année après année le remaniement des *Annales Laurissenses*[2]. M. Pückert a fait remarquer des détails de style assez nombreux qui prouveraient que le poète a aussi eu sous les yeux la chronique de l'année 805 qui a servi plus tard de source aux *Annales Mettenses*[3]. De l'année 802 à l'année 813, le poète n'a certainement pas eu sous les yeux le texte des *Annales Laurissenses,* mais d'abord les *Annales Lauresha-menses* de 802[4], puis des annales beaucoup plus courtes qui étaient ou un appendice aux *Laureshamenses* ou un extrait assez court et incorrect des *Laurissenses*[5]; il y a mêlé des passages empruntés à la *Vita Caroli* d'Einhard. D'après M. Simson, il se serait servi de notes historiques écrites en Saxe, à Hal-

miéres années d'Arnulf, probablement avant sa victoire de la Dyle sur les Normands.

1. Pertz (*Monum. Germaniae SS.*, IV, 165) a voulu l'identifier avec le moine Agius de Lammspring ou de Korvei, auteur de la vie en vers de l'abbesse Hathumod de Gandersheim, qui vivait à la même époque; mais il n'a pu fournir aucun argument direct en faveur de cette hypothèse.

2. Les dates données d'après l'an de l'Incarnation et l'indiction n'ont été conservées dans le manuscrit qu'aux années 782, 784-790, 792-800, 810-813; mais elles ont dû à l'origine se trouver partout.

3. Voy. *Bericht der k. sæchsischen Gesellschaft der Wissenschaften*, 8 juillet 1884.

4. A l'année 802 il célèbre l'œuvre législative de Charlemagne, dont parlent les *Annales Laureshamenses*, mais non les *Laurissenses*.

5. On retrouve, en effet, dans les *Annales Laurissenses*, tous les faits rapportés par le poète, mais aussi beaucoup d'autres dont il ne-dit rien. On s'étonnerait qu'il n'eût rien dit du roi normand Godefroid s'il avait connu ce qu'en disent les *Annales Laurissenses*. Ce qu'il dit à l'année 807 d'un prétendu roi normand Alfdenus semble bien être le résultat d'une confusion avec ce que les *Annales Laurissenses* rapportent du roi des Northumbres Eardulf. Il place immédiatement après l'expédition du jeune Charles contre les Slaves, en 808, la peste qui eut lieu en réalité en 810. La Chronique de Moissac, qui, comme le poète, appelle Linaï (Lini) les Slaves que les *Annales Laurissenses* nomment Linones, met aussi cette peste en 809. Ailleurs, il s'étend sur des faits sommairement rapportés dans les Annales. Ainsi, ce qu'il dit du partage de l'Empire en 806 paraît pris directement des Capitulaires de Charlemagne.

berstadt probablement, et dont on retrouve des traces dans le *Chronicon Quedlinburgense* (*Mon. Germ. SS.*, t. III), dans l'*Annalista Saxo* (*Ibid.*, t. VI) et dans les *Gesta episcoporum Halberstadensium* (*Ibid.*, t. XXIII). Il appuie cette hypothèse sur le récit qui est fait à l'année 803 de l'accord conclu à Salz entre Charlemagne et les Saxons et par lequel la soumission et la conversion définitives de la Saxe auraient été consommées[1]. L'hypothèse est plausible, mais il est possible aussi que le *Chronicon Quedlinburgense*, composé vers l'an 1000, se soit servi du *Poeta Saxo*.

L'année 813 du *Poeta Saxo* et tout le cinquième livre de son poème où il récapitule la vie et l'œuvre de Charlemagne sont empruntés à la *Vita Caroli*. L'emploi qu'il a fait du remaniement des *Annales Laurissenses* et de la *Vita Caroli* simultanément nous porte à croire qu'il avait sous les yeux un manuscrit où se trouvaient réunis la *Vita Caroli* et le remaniement jusqu'à l'année 801 à la phrase : « Imperator de Spoletio Ravennam veniens... Papiam perrexit[2]. »

Qui était l'auteur de ce poème et où vivait-il? Il était certainement un clerc, et un clerc occupant une situation assez élevée, car il attache une importance extrême à tous les événements qui

---

1. Le récit sur la paix de Salz semble bien provenir d'une confusion entre ce que rapportent les *Annales Laurissenses* (et que le poète aura pris soit dans la Chronique de 805, soit dans les Annales plus courtes de 802 à 805 qu'il avait sous les yeux) sur la paix signée à Salz avec les envoyés de Nicéphore et ce que raconte Einhard dans la *Vita Karoli* sur la soumission définitive de la Saxe. M. Simson, dans son excellent article *Der Poeta Saxo und der Friede von Salz* (*Forschungen zur deutschen Geschichte*, t. I, p. 301 et suiv.) et dans l'appendice III du tome II des *Jahrbücher des fränkischen Reichs unter Karl dem Grossen*, tout en montrant que cette soi-disant paix de Salz est une légende, en fait remonter la mention première à cette chronique supposée de Halberstadt et même à un document faux donnant le texte de la paix accordée par Charles aux Saxons. Il fait remarquer aussi que le récit de la mort d'Attila, tué par sa jeune femme qui veut venger la mort de son père (Anno 791, liv. III, vv. 25-34), est un résumé de deux lignes de la Chronique de Quedlinbourg. Il aurait pu rapprocher aussi ce que dit le poète des *Vulgaria Carmina* où sont chantés les ancêtres de Charlemagne, les *Hludovici* et les *Theodorici* (liv. V, vv. 117-119), du passage de la Chronique de Quedlinbourg sur Dietrich de Bern (Théodoric de Vérone), *de quo cantabant rustici olim*. Le rapport exact de ces textes est difficile à déterminer.

2. Nous avons dit que tous nos manuscrits du remaniement contiennent aussi la *Vita Caroli* et les *Annales Laurissenses* jusqu'à 829. Mais le texte du *Poeta Saxo* est à nos yeux, comme on l'a vu, un des arguments qui nous font placer entre les années 802 et 805 la date de la composition du remaniement (cf. *supra*, p. 145).

se rapportent à la conversion des Saxons et il adresse à Arnulf de pressantes exhortations pour qu'il vienne au secours de l'Église menacée[1]. Bien qu'il suive de très près le texte du remaniement des *Annales Laurissenses*, il conserve dans son récit les allusions à l'intervention de la Providence divine dans les victoires de Charlemagne, allusions qui se trouvent à chaque instant dans les *Annales Laurissenses* et qui se trouvaient aussi dans la Chronique de 805, mais que le remaniement a partout supprimées.

Les descriptions que nous donne le poète de Paderborn[2], du pont du Rhin à Mayence[3], nous font croire qu'il n'était pas un moine enfermé dans son couvent, mais qu'il avait voyagé et peut-être résidé à la cour. M. Pückert et M. Simson ont émis l'opinion qu'il avait peut-être séjourné à Metz, à Saint-Arnulf. C'est là qu'il aurait connu la chronique qui a plus tard servi à la composition des *Annales Mettenses*. C'est pour cela qu'il aurait parlé en termes si pompeux de l'évêque Saint Arnulf, qu'il aurait tenu à rappeler que Saint-Étienne de Metz fut la seule église qui échappa à la fureur dévastatrice d'Attila[4]. On trouverait enfin dans son poème un écho des plaintes formulées par le synode tenu à Metz au commencement du règne d'Arnulf, sur l'état lamentable de l'Église[5]. Quoi qu'il en soit, l'auteur est un Saxon très attaché à son pays et à sa race ; c'est en Saxe que son poème a probablement été écrit et qu'il a été conservé.

1. Cf. Simson, *op. cit.*, p. 325.

2. Liv. I, vv. 329-336.

3. Liv. V, vv. 457-462.

4. Ce renseignement se trouve dans Grégoire de Tours (*Hist. Francorum*, II, 6).

5. Simson, *Karl der Grosse*, II, 592-593. — Ce synode n'aurait eu lieu qu'en 893, d'après Duemmler (*Gesch. d. Ostfrænk. Reichs*, II, 360). Le poème n'aurait donc point, dans ce cas, été écrit entre 888 et 891. Les plaintes sur les maux de l'Église et les appels à la protection des princes sont trop répétés dans les textes des IXe, Xe, XIe siècles pour que le rapport entre les vers du *Poeta Saxo* et les actes du synode de Saint-Arnulf nous paraisse aussi évident qu'à M. Simson. D'autre part, il suffit du nom d'Arnulf pour que le poète ait été amené tout naturellement à parler du Saint, ancêtre des Carolingiens, dont le nouveau souverain portait le nom, et il n'y a rien d'étrange à ce que, parlant des Huns et d'Attila, il ait mentionné le seul fait relatif à la Germanie que Grégoire de Tours ait rapporté sur le roi des Huns.

CHAPITRE III.

LA PETITE CHRONIQUE DE LORSCH.

Si les *Annales Laurissenses Minores,* ou *Petite Chronique de Lorsch,* méritent l'attention de l'historien, ce n'est point par l'importance de leur contenu, mais uniquement parce qu'elles sont le premier essai qui nous ait été conservé d'une histoire abrégée des princes carolingiens, inspirée par le désir d'exalter leurs mérites et composée d'extraits des annales contemporaines. Le viiie siècle avait vu éclore une série d'annales dont le seul objet était de noter au fur et à mesure les événements importants qui frappaient l'imagination des contemporains, et dont les auteurs n'étaient guidés par aucune préoccupation de composition ni de style. Ils notaient des faits, mais ne composaient pas une histoire. Il est même difficile de discerner quelque intention politique dans les *Annales Petaviani, Alamannici, Guelferbytani, Sancti Amandi, Lobbienses, Laureshamenses;* et même dans les plus amples de toutes, les *Laurissenses majores.* Toutefois, la restauration de l'Empire, coïncidant avec la renaissance littéraire due aux maîtres de l'École du palais, devait ébranler les imaginations, élargir les esprits et suggérer l'idée d'œuvres plus réfléchies, inspirées à la fois par la grandeur des événements qui venaient de s'accomplir et par le désir d'imiter les écrits des anciens. Le poème sur Léon et Charlemagne attribué avec vraisemblance à Angilbert, sans parler d'un grand nombre de pièces de vers d'une moindre étendue, est une preuve de l'impression extraordinaire faite sur les esprits par l'expédition d'Italie de l'an 800. Les historiens prennent une conscience plus claire de l'enchaînement des faits, de la grandeur des temps où ils vivent, des progrès accomplis dans l'art d'écrire. Le moment n'est pas encore venu où Einhard écrira la vie de Charles, en s'inspirant des biographies des douze Césars; mais la préoccupation historique et littéraire à la fois qui a inspiré le remanieur des *Annales Laurissenses* est un remarquable témoignage du progrès qui s'est fait dans les esprits. Les fragments annalistiques dits de Vienne, de Dusseldorf, de Berne sont probablement des débris d'œuvres du même genre. Plus d'une compilation dut alors voir le jour, qui a péri sans retour. Le récit des règnes de Peppin et de Charlemagne dans les *Annales Mettenses* reproduit certainement des fragments d'une chronique qui s'étendait jusqu'à 805 environ. Nous en avons une preuve directe par la comparaison de leur texte avec celui des *Annales Guelferbytani* dont le manuscrit est du IXᵉ siècle. Les années 801 à 805 dans ces dernières ne sont qu'un extrait mutilé et informe du texte que nous retrouvons dans les *Annales Mettenses* et celui-ci est indispensable à leur intelligence. Si le fragment de Bâle (de 769-772), publié par M. Bæchtold, en 1872, est, comme le croient M. de Giesebrecht[1] et M. Kurze, tiré d'une compilation remontant à 714 et composée vers 805, cette source commune aux *Annales Mettenses* et aux *Annales Guelferbytani* serait une chronique où la forme annalistique aurait été remplacée par une division en chapitres[2]. C'est un premier essai de composition littéraire, un effort vers l'unité, au moins apparente. Le moment était venu en effet où des annales devaient sortir des chroniques, c'est-à-dire des œuvres qui ont pour but moins de noter au jour le jour les événements contemporains que de retracer les événements passés en soumettant les documents à un choix et à des combinaisons, et en suivant un certain plan, soit que l'on compose une histoire universelle comme le feront Fréculf, Adon ou Réginon, soit que l'on écrive seulement une histoire des rois. Ces chroniques pourront ajouter des annales contemporaines au récit du passé, elles pourront même suivre servilement leurs sources et conserver assez fidèlement la forme d'annales, elles n'en seront pas moins inspirées par une conception différente. Tandis que le premier auteur des *Annales Laurissenses*, qui pourtant est un compilateur et a déjà des préoccupations historiques et politiques, ne prend pas même la peine, en 741, de dire que Peppin et Carloman succèdent à leur père et paraît surtout soucieux de noter dans ces premières années ce qui a été omis ou mal rapporté par d'autres, le chroniqueur pourra négliger beaucoup de faits, lais-

---

1. *Forschungen zur deutschen Geschichte*, XIII, 627, etc. (cf. Simson, *Forschungen*, XX, 385).

2. Le fragment de Bâle est divisé en chapitres, de 56 à 59. Ces chapitres, il est vrai, correspondent à des années. M. Kurze, nous l'avons vu (*supra*, p. 127), croit que le début lui-même des Annales de Metz appartient à cette chronique de 805. S'il en était ainsi, la préoccupation et l'effort littéraires seraient encore plus marqués que la suite, à partir de 741, ne le ferait supposer. La Chronique universelle qui précède les *Annales Maximiniani* (cf. *supra*, p. 88-89) est aussi une preuve de l'élargissement d'idées produit par la renaissance carolingienne et l'établissement de l'Empire. Le *Chronicon de sex aetatibus mundi*, publié par Koller, *Analecta Vindobonensia*, et en partie dans les *Monumenta Germaniae*, t. II, p. 256, mérite à peine d'être cité ici.

ser de graves lacunes, mais il marquera du moins bien nettement
les faits saillants, ceux qui forment le cadre même de l'histoire,
et, avant tout, les avènements et les morts des rois.

I.

Le premier spécimen qui nous ait été conservé d'une chronique
ainsi conçue est l'écrit de peu d'étendue connu généralement
sous le titre d'*Annales Laurissenses minores*, mais auquel
M. Waitz a donné le nom plus exact de *Petite Chronique de
Lorsch*[1], M. Kurze celui de *Chronicon Laurissense*.

C'est le manuscrit de Valenciennes, pris par M. Waitz pour
base de son édition, qui représente le texte le plus pur. La Chronique commence par une introduction en quelques lignes sur
Peppin d'Héristall. Les sentiments d'attachement et d'admiration
pour la famille carolingienne qui ont inspiré la composition de
l'ouvrage y éclatent. Tertry est, pour l'auteur, le point de départ
de l'histoire de la dynastie nouvelle et les rois mérovingiens ne
sont que des rois de parade qui règnent sans gouverner : « Peppin,
duc des Francs, fils d'Ansigise, gouverna l'Austrasie après la
mort du duc Wulfoad ; il gouverna pendant vingt-sept ans le
royaume des Francs avec les rois Clovis, Childebert et Dagobert,
qui lui sont soumis. Il meurt la seconde année de l'empereur
Anastase, 714 de l'Incarnation. »

1. Éditions : Lambecius, *Comm. mss. Bibl. caes. Vindobonensi*, II, c. 5 ; —
Kollar, *Analecta*, I, 549 ; — Muratori, *SS. rer. Ital.*, II, 2, 98 ; — D. Bouquet,
Historiens de France, II, 645 ; V, 63 ; — Pertz, *Monum. Germaniae*, I, 112, et
II, 196 ; — Waitz, *Comptes-rendus de l'Académie de Berlin*, XIX. Phil. hist,
classe, 13 août 1882 : *Ueber die kleine Lorscher Franken-Chronik*.

Manuscrits : Bruxelles 15835 (s'étendant de 682 à 814, provenant de Saint-
Vaast, reproduit par Lambecius, Kollar, Muratori, Bouquet. Collationné dans
Pertz, II) ; Valenciennes (de 687-807, provenant de Saint-Amand, reproduit par
Waitz) ; Berne (de 687-817, provenant de Reims, mais transcrit sur un ms. de
Saint-Vaast) et Vienne hist. prof. 515 (de 687-817, provenant de Fulda, publié par
Pertz, I) ; Rome, Palat. 243 (de 687-817 ; analogue à Berne). Les Annales de Hildesheim ont aussi transcrit les *Annales Laurissenses minores* jusqu'à la trente-
neuvième année de Charlemagne (807). Consulter, outre la préface de l'édition
de Waitz, Dünzelmann, *Neues Archiv der Gesellschaft für Kunde der deutschen Geschichte*, II, 537 ; — Manitius, *Die Annales Sithienses, Laurissenses
minores et Einhardi Fuldenses*, Dresde, 1881 ; — Bernays, *Zur Kritik karolingischer Annalen*, Strasbourg, 1883 ; — Pückert, *Ueber die kleine Lorscher
Franken-Chronik, ihre verlorene Grundlage und die Annales Einhardi*
(Berichte der sæchsisch. Ges. des Wissenschaften. Hist. phil. Cl., 29 juill. 1884) ;
— Kurze, *Neues Archiv*, XXI, p. 30 et suiv. L'étude de M. Pückert est la plus
approfondie.

Remarquez que, pour donner la date de la mort de Peppin, l'auteur n'emploie pas l'an de règne d'un des rois francs, Dagobert ou Chilpéric, considérés comme sujets (*sibi subjecti*) de Peppin, mais l'an de règne de l'empereur d'Orient, seul supérieur du duc d'Austrasie. Les divisions de l'œuvre sont marquées par les noms des chefs carolingiens et les années sont indiquées par le chiffre des années de leur gouvernement. Il n'est pas sûr que cette numérotation existât dans la première rédaction de la Chronique. Le ms. du Vatican (Pal. 243), qui provient de Lorsch, ne les contient pas. En tout cas, le chroniqueur, tout en rangeant les événements d'après cette numérotation correspondant à des années, ne s'est pas donné la peine de rapporter exactement à chaque an de règne les faits qui s'y sont réellement passés. On aurait tort de se fier à cette apparente chronologie. Le texte de la Chronique de 805 suivi par les chroniqueurs, d'après M. Kurze, n'aurait donc pas été un texte strictement annalistique avec des dates exactes. Après les mots « Charles régna 27 ans », chaque paragraphe est numéroté de 1 à 27 et comprend un an de règne ; les 7 ans de Peppin et Carloman sont annoncés et comptés de même, et la même série de 8 à 27 continue pour les 20 ans de Peppin seul ; les 3 ans de Charles et Charloman sont annoncés comme ceux de Peppin et Carloman. Si pour Charlemagne le titre habituel manque, c'est que la Chronique a été écrite avant sa mort et les ans de son règne sont numérotés à la suite des 3 années de son association avec Carloman. A la 38e année, en 806, le chroniqueur s'arrête au moment du partage de l'empire de Charles entre ses trois fils. Ce partage suivant de si près la restauration de l'Empire, cet acte solennel par lequel le vieil empereur semblait ouvrir d'avance son héritage en présence de tous les grands de son royaume et cherchait à prévenir des discordes fatales fut sans doute l'événement qui provoqua la composition de notre Chronique.

Partout l'auteur a soin de constater l'impuissance des rois mérovingiens. Quand Charles Martel fait couronner Clotaire III, celui-ci est roi « nomine, non potestate. » Il ne prend point la peine de noter la mort de Thierry IV, ni le rétablissement de la royauté en 743, pour Childéric III. Celui-ci n'est mentionné qu'après le sacre de Peppin dans des termes dédaigneux : « Peppin est appelé roi et Childéric, faussement appelé roi, est tonsuré et cloîtré. » Cet avènement de Peppin forme le centre de la composition. Au lieu d'abréger le texte de ses sources, ici le chroniqueur le développe et y joint un tableau de l'oisiveté et de l'impuissance des rois mérovingiens qui fait contraste avec l'activité belliqueuse de Peppin : « L'an 750 de l'Incarnation, Peppin envoya des messagers à Rome auprès du pape Zacharie pour l'interroger au sujet des rois des Francs, qui étaient de race royale et étaient appelés rois, bien qu'ils n'eussent aucun pouvoir dans leur royaume. Les chartes et privilèges étaient, il est vrai, rédigés en leur nom, mais ils n'avaient rien de ce qui constitue l'autorité royale : ils faisaient tout ce que voulait le maire du palais; le jour du Champ de Mars, où, selon l'antique coutume, on offrait aux rois les dons annuels, le roi siégeait sur son trône au milieu de l'armée, le maire du palais devant lui, et il promulguait ce jour-là tout ce qui avait été décidé par les Francs. Le lendemain et tous les autres jours, il restait dans sa demeure. » Ce morceau, écrit avec une exagération et un parti pris évident, n'a pas manqué de frapper les contemporains. Einhard l'a imité et développé dans sa *Vita Caroli*. Les autres passages saillants sont, indépendamment de quelques détails d'un intérêt tout local sur lesquels nous reviendrons tout à l'heure, les campagnes d'Italie de 774 et 786, la révolte des Romains contre Léon III, le couronnement de Charlemagne à Rome et le partage de 806. Le chroniqueur ajoute même quelques détails originaux à ceux que nous fournissent les autres sources. Remarquons enfin que les seuls événements politiques dont il nous donne la date précise sont : la mort de Peppin, la mort de Charles Martel, la consultation du pape Zacharie par Peppin, le couronnement de Charlemagne. Les autres dates se rapportent à des événements qui intéressaient le monastère où vivait l'auteur. L'ouvrage auquel on a donné le nom d'*Annales Laurissenses minores* est donc une Chronique composée tout entière à une époque précise, après 806 et avant 814, avec l'intention ouvertement manifestée d'exalter les victoires, la puissance et les mérites des Carolingiens, et de montrer leur avènement au trône en 751, à l'Empire en 800, comme la conséquence naturelle et consacrée par l'Église de l'autorité qu'ils exerçaient et des services qu'ils rendaient depuis la fin du VIIe siècle.

II.

De quelles sources s'est servi l'auteur de cette Chronique? Les travaux de MM. Dünzelmann, Manitius, Waitz, Pückert et Kurze me paraissent l'avoir mis en lumière avec une clarté suffisante, malgré l'incertitude où nous restons et devrons rester sur un certain nombre de points. Les passages vraiment originaux, qui ne se retrouvent dans aucune source connue et ne sont pas de simples ornements de style, sont peu nombreux et se rapportent tous à l'histoire de Charlemagne. Nous pouvons retrouver tous les autres renseignements donnés par la Chronique dans les Continuateurs de Frédégaire, dans les *Annales Laureshamenses*[1] et dans les *Annales Laurissenses majores*. L'auteur a eu certainement sous les yeux les Continuateurs de Frédégaire et les *Annales Laureshamenses,* mais il n'est pas sûr qu'il ait connu directement les *Annales Laurissenses majores*. M. Waitz a montré que le texte de la Chronique se rapproche souvent beaucoup plus de celui des *Annales Mettenses* et des *Annales Lobienses* que de celui des *Laurissenses;* M. Pückert et M. Bernays, de leur côté, ont fait ressortir les rapports avec les *Annales Maximini* et la Chronique de Saint-Vaast, qui fut compilée à la fin du IXe siècle d'après les mêmes sources que les *Annales Mettenses*. M. Waitz, M. Pückert et M. Kurze pensent que la Chronique de Lorsch s'est servie de la compilation de 805 mentionnée plus haut, dont la comparaison des *Annales Guelferbytani* avec les Annales de Metz nous atteste l'existence, et qui se rapprochait beaucoup par le fond des Annales de Lorsch; M. Bernays pense au contraire que la Chronique de Lorsch a puisé directement, comme les *Annales Laurissenses*, comme les *Annales Mettenses* et comme la Chronique de Saint-Vaast, dans les prétendues Annales de la cour et dans des Annales perdues imaginées par Arnold[2] comme source des Annales Petaviennes, Maximiniennes et Mosellanes jusqu'en 771. — Il est difficile d'arriver à une opinion certaine sur ces questions; car rien ne nous prouve que l'auteur de la Chronique de Lorsch n'ait pas eu sous les yeux les *Annales Laurissenses*[3] et que, d'autre part, les auteurs du *Chronicon Vedastinum* et des *Annales Mettenses* ne se soient pas servis directement de la Chronique de Lorsch ou des extraits de cette Chronique faits par les Annales de Fulda. Ce qui nous importe, c'est que cette Chronique n'est pas une source originale, mais depuis 741 se sert des *Annales*

---

1. M. Waitz dit que le texte des *Annales Laureshamenses*, suivi par le chroniqueur de Lorsch, est celui qui se trouve au Vatican (Christ. 213) à la suite des continuateurs de Frédégaire.

2. *Beitræge zur Kritik karolingischer Annalen*, Kœnigsberg, 1878.

3. M. Bernays, p. 71, a montré avec raison que le passage relatif à Tassilon, à la fin de l'année XIX de Charlemagne, semble prouver un rapport direct.

Laurissenses et des *Annales Laureshamenses* ou d'annales dont le fond est identique.

III.

Nous savons donc pourquoi et comment la Chronique de Lorsch a été composée; nous savons aussi avec certitude que c'est à Lorsch qu'elle a été composée. A l'année 26ᵉ de Peppin est rapportée la translation, par Chrodegand, des reliques de Saint Nazaire *in monasterio nostro Laureshaim*[1]. A la huitième année de Charlemagne, nous lisons que le roi vint en personne célébrer la dédicace de l'église de Saint-Nazaire, *in monasterio nostro Laureshaim*, et la date de ce fait mémorable (1ᵉʳ septembre 774) est une des huit dates d'année et des deux dates de jour (l'autre est la date de la mort de Peppin) que donne la Chronique. Le monastère de Lorsch dépendait du diocèse de Mayence, aussi l'établissement de Saint Boniface comme légat du Saint-Siège a-t-il obtenu dans cette histoire si concise une notice de sept lignes rédigée avec une certaine emphase; la création des diocèses de Wurzbourg et d'Eichstedt est aussi mentionnée, ainsi que la participation de Saint Boniface au sacre de Peppin; enfin, la date du martyre de Saint Boniface et de son remplacement par Lull est une des huit dates fournies par la Chronique.

Qui était le moine à qui nous devons cette histoire de l'origine et des premiers temps de la dynastie carolingienne? Nous ne croyons pas nous tromper en disant que c'était probablement un moine anglo-saxon ou tout au moins un élève fidèle des maîtres anglo-saxons. J'en veux pour preuve non seulement la place excessive accordée à la personne de Saint Boniface, mais aussi le fait que la Chronique de Lorsch est une continuation de la Chronique de Bède[2], que la date de la mort de Bède (730) est une des huit dates qu'elle nous donne, qu'enfin elle fait l'éloge d'Alcuin à la 26ᵉ année de Charlemagne (794) : « Alcuinus, cognomento Albinus, diaconus et abbas sancti Martini, sanctitate

---

1. M. Manitius croit et nous croyons aussi que ce passage a été emprunté par la Chronique de Lorsch aux *Gesta episcoporum Mettensium* de Paul Diacre. Cet emprunt ne peut étonner quand on connaît les relations étroites de Lorsch avec le siège épiscopal de Metz. Toutefois, le souvenir de la translation des Saints Gorgon, Nabor et Nazaire devait être précieusement gardé à Lorsch, et une note identique sur ce fait pouvait être conservée à Gorze et à Lorsch.

2. Après avoir transcrit la Chronique de Bède, le moine de Lorsch ajoute : « Huc usque Beda chronica sua perducit : cui nos ista subjiciamus. »

ac doctrina clarus habetur. » Nous avons dit l'influence considérable exercée par les Anglo-Saxons sur l'empire franc au VIII° siècle par leurs missionnaires d'abord, puis par leurs maîtres. Les Anglo-Saxons, et Alcuin plus que tout autre, unissaient un sentiment monarchique très vif, ce sentiment qui persiste encore en Angleterre sous le nom de loyalisme, à un dévouement passionné pour le Saint-Siège. Ce sont ces deux sentiments, avec l'attachement au monastère de Lorsch et l'admiration pour Bède, Boniface et Alcuin, que nous retrouvons dans la Chronique de Lorsch.

Ce monastère de Lorsch, fondé par Chrodegand dans le voisinage des résidences impériales de Tribur, Worms et Ingelheim, protégé par Charlemagne et en relation constante avec les sièges épiscopaux de Mayence, de Worms, de Trèves et de Metz, avait une situation privilégiée. On a trouvé dans cette situation un argument en faveur de l'opinion qui place à Lorsch la composition des *Annales Laureshamenses* et de la première partie des *Laurissenses*. La composition de la Chronique de Lorsch, l'inspiration politique à laquelle elle a dû naissance nous sont une preuve encore plus certaine de l'intérêt qu'on prenait à Lorsch aux grands événements de l'histoire et des sentiments de fidélité qu'on y avait voués aux princes carolingiens. La révolte et la soumission de Tassilon tiennent ici, comme dans les *Annales Laureshamenses* et dans les *Annales Laurissenses*, une place relativement très grande (années 16, 19 et 20 de Charlemagne). Le lien entre les trois sources est évidemment très étroit et elles devront toujours être étudiées et consultées simultanément. Ce sont elles qui fournissent l'ensemble de renseignements le plus complet sur les événements du règne de Charlemagne, sur le gouvernement de ses États, sur les sentiments inspirés aux contemporains par la dynastie carolingienne et par la restauration de l'empire d'Occident.

IV.

La Chronique de Lorsch ne s'arrête que dans deux manuscrits à l'année 807[1]. Elle continue dans les autres jusqu'en 814 et 817. Dans les manuscrits de Berne et de Rome, les additions sont insignifiantes et n'ont pour but que d'indiquer les morts et avène-

---

1. Celui de Valenciennes et les *Annales Hildesheimenses*.

ments des princes et des papes; mais, dans celui de Vienne, ce sont de nouvelles annales qui sont ajoutées à la Chronique, et, de plus, le texte de la Chronique a été modifié aux années 788, 790, 794, 798, 801, 802, 804. Ces modifications et ces additions ont été faites à Fulda, qui dépendait, comme Lorsch, du diocèse de Mayence et qui était uni à ce siège archiépiscopal par des liens encore plus étroits. C'est de Fulda que vient le manuscrit qui nous a conservé le texte ainsi modifié. Il nous rapporte la consécration de Raban Maur comme diacre, la mort des abbés de Fulda et des archevêques de Mayence, il nous renseigne sur les épidémies et les dissensions survenues dans le monastère de Saint-Boniface ou de Fulda. Il qualifie d'ailleurs, en 812, ce monastère de *nostrum*, tandis qu'il supprime, en 774, cette épithète appliquée à Lorsch.

C'est sous cette forme nouvelle que la Chronique de Lorsch eut la plus heureuse fortune. Le monastère de Fulda grandit en importance sous Louis le Germanique et ses successeurs; les archevêques de Mayence tinrent le premier rang à la cour des Carolingiens d'Allemagne; ils furent les chanceliers et les premiers conseillers des rois. Fulda en profita et devint pendant quelque temps une sorte de monastère royal comme l'avaient été Saint-Germain et Saint-Denis pour les rois mérovingiens. Son rôle grandit encore quand son abbé Raban Maur occupa le siège de Mayence. Quand on entreprit, à Fulda, d'écrire des Annales royales, on ne se contenta pas, comme en France, de transcrire et de continuer les Annales de Lorsch; on prit pour point de départ la Chronique de Lorsch, interpolée à Fulda, et l'on y ajouta des extraits des *Annales Laureshamenses*. C'est ensuite par les Annales de Fulda que la Chronique de Lorsch fut connue et utilisée par les historiens du moyen âge.

ERRATA.

Page 100, ligne 11, effacer : et *minores*.
Page 123, ligne 27, au lieu de : *qui s'opposent à*, lire : *qui favorisent*.
Page 123, note 4, ligne 6, au lieu de : 787, lire : 797.
Page 129, ligne 25, au lieu de : *sources*, lire : *source*.
Page 155, ligne 9, au lieu de : *Annales*, lire : *Annale*.

TABLE DES MATIÈRES[1]

1. Cette table est provisoire. Une table générale et un index seront donnés à la fin du second fascicule.

Nogent-le-Rotrou, imprimerie DAUPELEY-GOUVERNEUR.

www.ingramcontent.com/pod-product-compliance
Lightning Source LLC
Chambersburg PA
CBHW072041080426
42733CB00010B/1955